모든 이에게
평화의
복음을

모든 이에게 평화의 복음을
2007년 11월 2일 교회인가
1991년 5월 1일 초판 1쇄 펴냄
2011년 4월 4일 개정판 2쇄 펴냄
지은이: 정태현
펴낸이: 조병우
펴낸곳: 한님성서연구소
등록: 제85호
주소: 480-844 경기도 의정부시 의정부 1동 227-23
전화: 031)846-3467 팩스: 031)846-3595
http://www.biblicum.or.kr

값: 12,000원

ISBN: 978-89-957309-2-8 93230

ⓒ 한님성서연구소 2007
성경 ⓒ 한국천주교중앙협의회 2005

모든 이에게 평화의 복음을

루카 복음과 사도행전의 신학적 주제 연구

정태현 지음

한님성서연구소
Hannim Biblical Institute

'모든 이에게 평화의 복음을'을 펴내며

　그리스도인들의 믿음은 나자렛 예수님의 삶과 가르침, 그리고 그분이 선포하신 평화의 복음을 실제로 살고 전파했던 초대 교회의 전통에 뿌리를 내리고 있다. 예수 그리스도의 정체와 초대 교회의 본질을 파악하기 위해 수많은 저자들이 손을 댔지만, 그 가운데서도 가장 권위 있는 저자들은 네 복음서를 기록한 마태오, 마르코, 루카, 요한이다. 그들이 보여 주는 나자렛 예수님의 모습과 교회의 생활상은 신학적 전망과 강조점에서 상당한 차이가 있다. 이러한 상이점들은 예수님과 초대 교회의 구체적 모습에 접근하려는 후대 그리스도인들에게 혼란을 불러일으킬 수도 있다. 본격적인 성서비평학을 받아들이기 이전의 교회 전통 안에서는 네 복음서의 상이점들을 어떻게 해서든지 서로 조화시켜서 예수님과 교회의 일관된 모습을 신자들에게 보여 주려고 한 여러 가지 시도를 엿볼 수 있는데, 이는 복음서의 상이점들에 대한 교회의 당혹감을 증언해 주는 명백한 예다.

　필자는 바로 이와 같은 상이점들을 이 책의 출발점으로 삼았다. 복음서마다 예수님과 교회를 다르게 보여 주고 있다는 사실은 예수님의 삶이 본디 뿌리와 성격이 다른 여러 공동체의 삶에 유연하게 적용되었다는 사실을 입증한다. 따라서 네 복음서의 다양한 표현과 사상은 우리를 나자렛 예수님의 실체와 초대 교회의 구체적 상황에 접근시켜 주는 표지판 역할을 한다. 이러한 의미에서 우리는 복음서의 상이점들에 대해 당혹과 혼란을 느끼기보다는 고마움을 표시해야 할 것이다. 이 표지판을 제대로 이해하고 그것이 지시하는 방향대로 따라간다면 결국 예수님과 초대 교회를 만나고, 더 나아가서는 아버지 하느님의 구원 계획에까지 다가갈 수 있기 때문이다.

복음서의 네 저자들 가운데 예수 그리스도의 생애와 초대 교회의 모습을 일관성 있고 계획적인 구도에 따라 가장 매끄럽게 연결한 저자는 루카다. 다른 저자들은 주로 예수님의 공적 삶과 가르침을 묘사하고 전달하는 일에 치중한 데다, 초대 교회의 목소리와 상황에 대해서는 그들이 보고하는 예수님의 말씀과 행적 곳곳에 간접적으로 반영했을 뿐이다. 하지만 루카는 예수님의 길과 교회의 길을 엄격하게 분리하면서 전자를 위해서는 복음서를, 후자를 위해서는 사도행전을 할애하였다.

루카가 쓴 복음서와 사도행전은 신약성경 전체의 사분의 일에 달하는 분량이다. 루카가 사용한 어휘와 표현의 풍부함과 신학적 주제의 다양성 면에서도 다른 복음서 저자들이 따를 수 없다. 그는 당대 그리스-로마의 역사문헌으로부터 다양한 문필기법을 익혔고 구약성경에도 정통하였다. 작가로서 이처럼 탁월한 문학적 소양을 갖춘 루카는 나자렛 예수님께서 이스라엘의 아들딸들에게 선포하신 평화의 복음이 이 세상 모든 민족의 구원을 지향한다고 믿는다. 루카의 저서에서 이런 거시적 구원관 못지않게 중요한 요소는 가난하고 소외당하는 사람들에 대한 따뜻한 애정이다. 루카는 나자렛 예수님이 선포하시고 초대 교회가 세상 구석구석까지 전파한 평화의 복음을, 온갖 모순과 갈등으로 일그러진 구체적 상황에 연결시키고자 했던 말씀의 참된 봉사자였다.

이 책은 본디 '성서와함께'에 1990년 1월부터 이듬해 3월까지 15회에 걸쳐 발표한 글들을 모은 것이다. 처음부터 단행본으로 엮을 계획이었기 때문에 이 책에 소개된 루카의 신학 주제 열 개가 서로 논리적 통일과 조화를 이루는 데는 별문제가 없으리라 믿는다. 서로 연관된 이 주제들은 루카 복음과 사도행전 곳곳에 흩어져 있으면서 루카가 그리고자 하는 예수님상과 교회상을 충실히 반영한다. 이 책을 대하는 독자나 공동체가 예수 그리스도의 생애와 초대 교회의 삶에 좀 더 접근하여 당면한 현실문제들에 대한 해답을 끌어낼 수 있다면 더할 나위 없이 기쁘겠다.

1991년 2월 서울 청담동에서

개정판을 내며

이 책 『모든 이에게 평화의 복음을』은 1991년 5월 '성서와함께'에서 초판을 출간한 이래, 그 내용이 전문적임에도 성서학자들뿐 아니라 말씀 봉사자들에게도 분에 넘치는 사랑을 받아왔다. 요즈음에도 심심치 않게 이 책을 찾는 이들이 있어 '성서와함께'에 문의를 해 보니 절판되었고 다시 찍을 계획이 없다는 답변이었다. 그동안 가톨릭에서는 새번역 『성경』이 나와 주교회의를 거쳐 공인본으로 자리 잡게 되었다(필자도 1991-1999년에 번역 전담자로 구약의 번역 작업에 동참하였다). 이런 사정을 고려하여 한님성서연구소가 이 책의 판권을 '성서와함께'에서 양도받아 전반적인 개정판을 내게 되었다. 개정판에서는 초판의 짜임과 내용은 그대로 유지한 채 원문에 충실한 가톨릭 『성경』을 바탕으로 이 책의 본문에 인용된 모든 성경대목과 구절들을 수정하고, 새 맞춤법과 외래어 표기 용례집, 그리고 가톨릭 교회의 고유명사 표기법에 맞게 본문의 내용을 꼼꼼히 가다듬었다.

조병우 베네딕토 이사장님을 비롯하여 한님성서연구소 모든 후원자들과 이 책의 개정 작업과 편집에 동참한 연구소 일꾼들에게 감사드리며 주님의 은총과 평화를 기원한다.

2007년 12월 마지막 날 남평 광주 신학교에서 지은이

차 례

'모든 이에게 평화의 복음을' 을 펴내며 · 5
차례 · 8

머리말: 루카 복음과 사도행전의 개괄적 소개 · 15
 1. 저자 · 17
 2. 집필 장소와 연대 · 19
 3. 사료 · 20
 4. 독자 · 23
 5. 집필 동기 · 25

I. 구세사와 하느님의 계획 · 29
 1. 루카의 세 단계 구세사관 · 30
  1.1. 이스라엘 시대(구약성경) · 31
  1.2. 예수님 시대(루카 3,1—24,51) · 32
  1.3. 교회 시대(사도 2,1—28,31) · 36
 2. 하느님의 계획 · 39
  2.1. 성경에 예고된 하느님의 계획 · 40
  2.2. 하느님의 구원 계획과 인간의 역할 · 42

II. 예수님의 길과 교회의 길 · 45
　1. 예수님의 길 · 47
　　1.1. 갈릴래아 선교(4,1—9,50) · 47
　　1.2. 예루살렘으로 향하는 여정(9,51—19,27) · 49
　　1.3. 예루살렘 선고와
　　　　　구원사업의 완성(19,28—24,51) · 50
　2. 교회의 길 · 53
　　2.1. 교회의 예루살렘 선교 · 53
　　2.2. 중간 지대인 사마리아 선교 · 54
　　2.3. 이방인 지역의 선교 · 55

III. 잃어버린 이들에 대한 관심 · 59
　1. 잃어버린 이들은 누구인가? · 61
　　1.1. 공적 죄인들 · 61
　　1.2. 가난한 이들 · 63
　2. 잃어버린 이들에 대한 예수님의 태도와
　　　　　유다 종교 지도자들의 반발 · 65
　　2.1. 잃어버린 이들을 찾아 나서신 예수님 · 65
　　2.2. 유다 종교 지도자들의 반발 · 67
　3. 기쁜 소식의 내용과 효과 · 69
　　3.1. 기쁜 소식의 내용 · 69
　　3.2. 기쁜 소식과 회개 · 73
　4. 기쁜 소식의 변호 · 75
　　4.1. 죄인들의 모습을 눈여겨 보라! · 76
　　4.2. 하느님의 자비와 사랑에 눈떠라! · 76
　　4.3. 자신을 돌아보라! · 77

IV. 부와 가난 · 79
1. 루카 공동체의 특수 상황 · 81
2. 초대 교회 공동체의 모범 · 82
3. 예수님의 삶과 가르침 · 84
　3.1. 예수님의 가난한 삶 · 85
　3.2. 예수님의 가르침 · 86

V. 기도(1): 기도에 대한 예수님의 가르침 · 97
1. 기도에 대한 복음서들의 언급 · 99
　1.1. 마르코 복음 · 99
　1.2. 마태오 복음 · 101
　1.3. 요한 복음 · 102
2. 루카 복음의 기도 · 103
　2.1. 예수님 생애의 중대한 순간들과 기도 · 103
　2.2. 기도의 요소들 · 105
　2.3. 기도의 본보기 '주님의 기도'
　　　(마태 6,9-13; 루카 11,2-4) · 109

VI. 기도(2): 초대 교회의 기도하는 모습 · 115
1. 기도하는 교회 · 116
　1.1. 원시 교회 공동체의 기도 · 117
　1.2. 사도들의 기도와 활동 · 119
　1.3. 이방인의 사도 바오로의 기도 · 122
2. 사도행전에 나타난 기도의 특징 · 125

VII. 성령(1): 성령의 인도를 받는 예수님 · 129
1. 유년설화에 등장하는 성령의 역할 · 132
2. 공생활의 시작과 성령 · 134
3. 예루살렘으로의 여정과 성령 · 135

VIII. 성령(2): 성령의 인도를 받는 교회 · 141
1. 성령과 부활하신 그리스도 · 142
2. 성령과 새로운 교회 공동체 · 145
3. 성령과 열두 사도단 · 148

IX. 루카의 정치적 호교론(1):
예수님과 그리스도인에 대한 팔레스티나 권력자들의 태도 · 153
1. 예수님에 대한 로마인들의 태도 · 157
   1.1. 카파르나움의 백인대장과
       카이사리아의 백인대장 · 157
   1.2. 빌라도의 무죄 선언과
       백인대장의 의인 선언 · 160
2. 바오로에 대한 로마인들의 태도 · 161
   2.1. 시 치안 책임자 · 162
   2.2. 바오로의 로마 여행기 · 163
3. 그리스도와 그리스도인들에 대한
   다른 지배세력의 태도 · 166
   3.1. 헤로데 가문 · 166
   3.2. 대사제, 수석 사제들, 사두가이들, 원로들 · 167
   3.3. 바리사이들 · 170

X. 루카의 정치적 호교론(2):
　　팔레스티나 권력자들에 대한 예수님과 그리스도인의 태도 · 173
　　1. 로마와 헤로데 가문의 권력에 대한
　　　　예수님의 태도 · 175
　　2. 성전의 불의한 권한과 최고 의회의 권위에 대한
　　　　예수님의 태도 · 177
　　3. 율법 교사와 바리사이들의 종교적 권위에 대한
　　　　예수님의 태도 · 180
　　4. 유다교에 대한 예수님과
　　　　초대 그리스도인들의 태도 · 184

XI. 로마의 평화와 예수님의 평화 · 191
　　1. 그리스인들과 로마인들의 평화 개념 · 193
　　2. 성경의 평화 개념 · 195
　　3. 루카의 평화 개념 · 197
　　　　3.1. 평화는 하느님이 주시는 구원의 선물 · 197
　　　　3.2. 정의와 평화 · 199

XII. 하느님의 공평성 · 205
　　1. 보편적 구원의 근거 · 207
　　　　1.1. 루카 복음 · 207
　　　　1.2. 사도행전 · 208
　　2. 그리스도교와 유다교의 갈등 · 210
　　　　2.1. 역사적 배경 · 210
　　　　2.2. 루카의 해결책 · 210
　　　　2.3. 음식 규정과 식탁 친교에 대한
　　　　　　바오로와 루카의 견해 차이 · 211

XIII. 구원의 보편주의 · 219
   1. 고대 역사 문헌의 연설과 구약성경의 설교와
           사도행전의 설교들 · 221
      1.1. 그리스-로마 역사 문헌의 연설 · 222
      1.2. 구약성경의 영향 · 225
      1.3. 사도행전 설교들의 내용 · 225
   2. 카이사리아 설교 본문(사도 10,34-43)의 용어와 표현 · 227
      2.1. 루카가 즐겨 쓰는 낱말과 표현 · 228
      2.2. 칠십인역 성경의 사용 · 228
      2.3. 루카 복음의 인용 · 229
   3. 카이사리아 설교의 신학 주제들 · 231
      3.1. 도입부에 드러난 하느님의 공평성과
            보편적 구원(34-36절) · 231
      3.2. 예수님의 공생활(37-39ㄱ절) · 234
      3.3. 예수님의 죽음과 부활(39ㄴ-41절) · 235
      3.4. 예수님의 최후 부탁과 보편적 구원(42-43절) · 238
      3.5. 설교의 축인 구원의 보편주의 · 240

맺음말 · 243

참고 문헌 · 248
성경 찾아보기 · 255

모든 이에게
평화의
복음을

머리말_
루카 복음과 사도행전의
개괄적 소개

신약성경의 약 사분의 일을 차지하는 루카의 두 저서 셋째 복음서와 사도행전을 연구하는 작업은, 예수님의 삶과 인격과 가르침뿐 아니라 그분의 가르침을 실생활에 적용해 나가고자 했던 초대 교회의 체험도 함께 배울 수 있는 기회를 제공한다. 더구나 루카의 저서는 문학적·신학적으로 풍부한 어휘와 사상을 내포하고 있어서, 오랫동안 수많은 성서학자들과 일반 독자들의 특별한 관심과 사랑을 받아 왔다.

이 두 책의 독서 방법은 여러 가지로 제시될 수 있다. 그 가운데 루카 복음의 첫머리부터 시작하여 사도행전 끝까지 읽어가면서 각 대목별로 해설을 제시하는 방법은, 독자의 인내심을 시험하기 위해서라면 몰라도 책의 내용을 넓고 깊은 안목으로 이해시키는 데에는 별로 큰 도움을 주지 못할 것 같다. 그보다는 저자의 신학 사상과 집필 의도를 주제별로 묶어 해당 성경 대목들과 함께 제시함으로써, 독자들로 하여금 두 권으로 된 이 책의 내용을 포괄적으로 이해하도록 도와주는 편이 바람직하다고 본다. 앞으로 소개할 열 개의 주제들을 올바로 파악한 독자라면, 루카 복음과 사도행전의 어떤 대목을 대하더라도 루카가 제시하는 풍부한 신학 사상의 단편들을 쉽게 만나게 될 것이다.

　루카의 신학 주제들을 별도로 다룬다고 해서 신약성경의 핵심이자 보편 사상, 곧 예수님의 구원적 삶과 죽음과 부활을 간략한 설교 형태로 선포하는 이른바 케리그마의 내용과 판이하게 다른, 또는 그 내용과 무관한 주제들을 연구하자는 의미는 물론 아니다. 루카 역시 예수님에 관한 전승을 받아들이면서 신약성경의 다른 저자들처럼 자신과 자신이 속한 공동체의 신앙 체험을 바탕으로 그 전승을 새로운 안목으로 바라보고, 나름대로 새롭게 이해한 옛 전승을 당대와 후대 사람들에게 전달하고자 했다. 따라서 루카의 다양한 신학 주제들은 예수님의 삶과 가르침을 담고 있는 원초 전승으로 우리를 인도해 주는 이정표들이다. 길 가는 사람들은 이정표가 최종 목적지가 아니라, 이정표가 가리키는 행선지가 자신들이 도착해야 할 곳임을 안다.

1. 저자

　편의상 루카라고 부르는 셋째 복음서와 사도행전의 저자를 두고 별의별 추측이 난무하다. 전통적 견해로는 이 저자가 바오로의 협조자(콜로 4,14; 2티모 4,11; 필레 1,24)인 의사 루카(콜로 4,14)라는 것이다. 180년경 로마에서 작성된 무라토리 경전목록과 2세기 후반에 활약했던 리옹의 주교 이레네우스의 『이단 논박』(3.1.1)이 이 사실을 처음으로 증언한다. 최근에 이를 강력히 뒷받침하기 위해 '만일 열두 사도의 무리에 끼지도 못한 평범한 이름의 루카가 이 두 책의 실제 저자가 아니었다면, 초세기 교부들이 어떻게 그토록 한결같이 그의 이름을 다른 사람의 것으로 대체하지 않고 보전하고 증언해 줄 수 있었겠는가?' 하는 그럴 듯한 이론도 제기되었다.

　그러나 복음서 저자들 가운데에는 마태오나 요한처럼 열두 사도들과 관련된 저자명을 가진 사람들이 있는가 하면, 루카 이외에도 마르코처럼 열두 사도들과 무관한 이름의 소유자도 있다. 그리고 130년 파피아스가 처음으로 증언한 마르코 복음의 저자를 베드로의 통역자요 바오로의 협력자로 보는 전통적 견해도 성서학계에서는 거의 받아들이지 않고 있다. 따라서 루카나 마르코와 같은 평범한 인물에 대해 초기 문헌들이 증언하고 있다고 해서 그 자체가 친저성을 주장하는 근거일 수는 없다. 오히려 2세기에 신약성경에 산발적으로 제시된 빈약한 자료들을 바탕으로 복음서에 이름을 붙여 주는 상황에서 루카 복음과 사도행전의 저자에게도 바오로계 문헌을 근거로 '루카'라는 이름이 주어졌고, 이후 신약성경의 기록들을 굳이 비판의 눈으로 분석하지 않았던 교부들은 이를 당연하게 받아들였다.

이 같은 사실은 바오로 자신이 소개하는 바오로상과 사도행전에 소개된 바오로상이 판이하게 다른 점으로 더욱 분명하게 드러난다. 그 가운데 대표적인 예 몇 가지를 소개하면 다음과 같다.

① 율법에 대해 철저히 자유로운 입장을 취했던 바오로가 사도행전에서는 나지르 예식을 치르고 티모테오에게 할례를 베풀기도 한다(사도 16,3).

② 연설가나 웅변가로서의 능력을 갖추지 못한 바오로를(2코린 10,10) 루카는 광분하는 유다인들과 이방인들, 로마의 총독과 그리스 철학자들을 모두 설득시킬 수 있는 뛰어난 연설가로 묘사한다.

③ 바오로의 회심이 서간에서는 내적 체험으로 간단하게 소개된 반면(1코린 9,1; 15,8; 갈라 1,15-16; 필리 3,12), 사도행전에서는 극적인 외부 사건으로 묘사된다(사도 9,1-19; 22,3-21; 26,9-18).

④ 바오로는 자신의 서간에서 회심 이후 단 한 번 예루살렘에 간 것(갈라 1,18)으로 보고하고 있는데, 루카는 두 차례 방문한 것으로 전한다(사도 9,26-30; 15,4).

이제까지 논의된 사실들을 근거로 루카 복음과 사도행전의 저자가 바오로의 협력자라기보다는 바오로 시대 이후 사람으로서, 사도 시대에 일어났던 일들을 자기가 얻어낸 자료를 바탕으로 나름대로 서술하고즈- 애썼던 사람임을 알 수 있다. 그리고 그가 팔레스티나 지리에 어둡고 유다인들의 관습이나 풍물에 대해서도 착각하고 있는 줄들로 미루어 단지 이방계 그리스도인이라고만 추정할 뿐이다.

2. 집필 장소와 연대

집필 장소로 카이사리아, 데카폴리스, 안티오키아, 아카이아, 로마 등 여러 곳이 거론되지만, 팔레스티나 밖에서 기록되었다는 사실 외에는 구체적 장소를 근거 있게 제시할 수 없다.

집필 연대는 루카 복음의 경우 로마군의 예루살렘 침공을 비교적 분명하게 암시하는 듯한 기록으로 보아(루카 21,20-24) 70년 이후가 확실하다. 그리고 루카의 기록들이 유다인 역사가 요세푸스의 저서(93년경)와 무관한 것으로 볼 때 사도행전과 더불어 루카 복음의 집필 연대는 최소한 90년대 초반 이전으로 앞당겨진다. 루카 복음이 출판된 뒤 사도행전을 기록하기 위해 저자에게 주어졌을 시간적 여유를 고려하면 루카 복음의 집필 연대는 80년 전후로 잡는 것이 무난할 것이다.

사도행전의 경우 바오로의 순교 사실을 보고하지 않는 점으로 미루어 60년대 네로 황제(54-68년)의 박해 이전으로 집필 연대를 앞당기는 학자도 있으나, 바오로의 순교 기록의 유무로 사도행전의 집필 연대를 추정하는 것은 무리라고 본다. 왜냐하면 바오로의 로마 도착으로 사도행전이 끝나는 것은 - 앞으로 다루겠지만 - '복음이 유다교의 중심인 예루살렘에서 이방인들의 중심인 로마까지 전파된다'는 루카의 신학적 구도로 볼 때 조금도 이상하지 않기 때문이다. 루카가 바오로의 순고에 대한 자료를 입수했다 하더라도 일단 복음이 로마까지 전파되었다는 사실을 기록한 이상, 사도행전이 바오로의 전기가 아니기 때문에 바오로의 순교를 반드시 기록해야 할 의무감을 느끼지는 않았을 것이다.

사도행전의 집필 연대를 70년 이전으로 앞당기는 또 다른 근거는, 사도행전의 저자가 묘사하는 교회의 모습이 교계제도와 성사제도가 확립된 '가톨릭주의'(Catholicism: 제도로서 정착된 교회)를 표방하지 않는다는 점이다. 그러나 사도행전에 소개된 교회는 분명 예루살렘의 사도들과 원로들을 중심으로 제도적 꼴을 갖추고 있고, 세례·안수·성찬 등과 같은 원초적 성사제도를 지니고 있다. 다만 이 제도적 교회의 모습이 루카의 신학 전망 때문에 부각되지 않았을 뿐이다. 루카는 하느님의 예정된 계획에 따라 성령의 인도를 받아 만민에게 복음을 힘차게 전하는 교회의 선교활동을 강조하는 데 애썼던 것이다. 다시 말해서 교회의 제도적 모습이 성령의 힘에 의해 움직이는 교회의 역동적 모습에 가리워진 셈이다. 실제로 본격적인 가톨릭주의는 2세기에 들어와서야 정착되었다. 이 사실을 감안할 때 루카가 그리는 교회의 모습은 오히려 초세기 말엽의 교회상을 충실히 반영한다고 할 수 있다.

앞에서 루카 복음의 집필 연대를 70년 이후 80년 전후반으로 잡은 만큼, 사도행전 서문에서 분명히 밝혔듯이(사도 1,1) 루카가 첫 번째 책에 이어 테오필로스에게 바치는 두 번째 책의 집필 연대는 80년에서 95년 사이가 될 것이다.

3. 사료

공관 복음의 전승사에서 일반적으로 받아들이는 견해는 이출전설이다. 이 가설에 따르면 마태오와 루카는 60-70년경에 쓰인 마르코 복음의 구조와 내용을 바탕으로, 50-60년경에 기록된 것으로 추정되는 예수 어록(Q)과 자기들 나름대로 수집한 특수사료를 이용하여 저마다 복음서를 썼다. 복음서를 써나가는 과정에서 마태오와 루카가 아무런 신학적 복안 없이 주어진 사료들을 모아 편찬한 것은 물론 아니다. 루카의 경우 사도행전까지 이어지는 신학적 구상 안에서, 그리고 자신의 신앙체험과 자신이 속한 신앙공동체의 특수한 상황들을 충분히 반영하면서 사료들을 정리하고 변형시켰으며 임의로 덧붙이거나 삭제하였고, 때로는 사료의 순서를 바꿔 편집하기도 했다. 이 같은 편집 활동은 정도의 차이는 있을망정 마르코 복음을 비롯한 다른 복음서들의 형성 과정에서도 마땅히 있었을 법하다.

편집과 사료의 요소들을 비교적 용이하게 가려낼 수 있는 루카 복음과는 달리, 사도행전에서는 저자가 어디에서 어떤 종류의 사료를 사용했는지 분명하게 밝히기가 어렵다. 19세기 초반부터 제기되기 시작했던 갖가지 문헌 가설들은 세월과 더불어 퇴색하거나 순수한 가설 그 자체로간 남아 주석서에서 지나가며 언급될 뿐이다. 그 가운데 오늘날까지 심심치 않게 거론되는 가설로는 아람어 번역설과 여행기록설이다.

전자를 지지하는 학자들은 사도행전의 문체(특히 전반부의 문체)가 아람어 어법을 닮았다는 데 착안하여, 적어도 사도행전의 전반부는 루카가 이미 아람어로 작성된 문헌을 번역한 것이고 후반부에서도 이곳저곳 번역한 흔적이 드러난다고 주장한다. 그러나 루카의 그리스어와 칠십인역 구약성경 그리스어를 자세히 비고 연구한 학자들은, 사도행전에 나타나는 아람어들이 루카가 칠십인역의 어법을 대폭 수용한 결과임을 확인하였다. 루카가 사용한 어휘 가운데 70%가 칠십인역에 나오기 때문이다.

두 번째 가설인 여행기록설은 사도행전의 '우리 대목'(16,10-17; 20,5-15; 21,1-18; 27,1-28,16)을 심각하게 받아들인 데에서 비롯한다. 이 대목들에서 사도행전 저자는 항해 이야기에 자신을 포함시키는 뜻에서 '우리'라는 복수 1인칭을 갑자기 주어로 넣었다가 이야기 중간에서 돌연 없애버린다. 여기서 '우리 대목'의 바탕이 되는 여행기록은 루카가 바오로와 여행을 같이 하면서 틈틈이 적어 놓은 것일 수도 있고 바오로가 써 놓은 것일 수도 있겠다. 그러나 주님의 임박한 재림을 기다리던 바오로가 이런 여행일지를 남겨 놓았을 리 만무하다. 이것은 바오로의 동반자로서 여행하였을 것으로 추정되는 루카의 경우에도 마찬가지다. 그 역시 바오로와 더불어 주님의 임박한 재림사상을 간직했을 것이기 때문이다. 더구나 언제 난파할지 모를 바다 여행 중에 값비싼 파피루스 두루마리들을 사들고 다닐 수 있었는지도 의심스럽다. 실제로 루카는 바다 가운데에서 태풍을 만나 짐뿐 아니라 배에 딸린 도구들까지도 다 내던진 체험담을 전해 준다(사도 27,13-20). 어떻든 이 여행기록설은 바오로의 동반자 루카가 셋째 복음서와 사도행전의 저자라고 보는 전통적 견해를 지지하는 사람들에게는 매우 매력적인 가설이긴 하나 개연성은 희박하다.

'우리 대목'의 문체가 사도행전의 다른 부분의 문체와 동일한 점으로 미루어, 복수 1인칭 주어의 갑작스러운 출현은 독자들이 자신의 여행담을 좀 더 박진감 있게 받아들이도록 유도하기 위한 단순한 문학 기교일 가능성이 높다. 루카가 말하는 '우리'는 보통 자신이 포함된 '바오로와 그의 동료들'을 가리키지만, 때로는 바오로가 '우리'에서 분리되기도 한다(사도 16,17; 21,18). 이 같은 모순은 저자가 1인칭 주어의 사용에 그다지 큰 의미를 부여하지 않았다는 명백한 증거다. 이런 문학 기법을 사용한 저자는 루카만이 아니다. 루카에 앞서 구약성경 느헤미야기의 저자는 단수 1인칭, 복수 1인칭, 3인칭 주어들을 번갈아 사용하면서 바빌론 유배 이후 예루살렘이 어떻게 재건되었는지를 전해 준다.

특별한 사료를 제시하기가 어렵다고 해서 사도행전의 저자가 아무런 사료 없이 그 책을 집필했다는 뜻은 결코 아니다. 루카는 여러 가지 방법을 통해서 기록전승이든 구전전승이든 사료를 모으는 데 힘썼을 것이다. 특히 목격자들의 증언담이나 증언록을 귀중한 자료로 채택했음이 분명하다. 다만 루카의 두드러진 편집 활동 때문에 그가 수집한 자료들을 가려내기가 거의 불가능하다는 점을 인정해야 한다. 이는 루카 복음과 공관복음 전승을 비교해 보아도 알 수 있는데, 만일 마르코 복음이나 마태오 복음이 없었던들 루카 복음에서 어느 부분이 사료에 속하고 어느 부분이 그의 편집 활동에서 비롯된 것인지 과연 분간해 낼 수 있었을까? 대답은 매우 회의적이다. 비교적 자신 있게 확인할 수 있는 것들은 루카가 채택한 칠십인역의 직접 또는 암시적 인용문들과 주로 사도행전의 설교들에 다시 반복되는 루카 복음의 용어와 신학 사상들이다. 루카 복음과 칠십인역 이외의 사료에 대해서는 추측에 맡길 뿐이다.

4. 독자

성서학계에서는 보통 루카 복음과 사도행전의 저자가 마음에 둔 독자는 이방계 그리스도인 또는 이방계 그리스도교 공동체였음을 인정한다. 이 견해의 근거로 우선 루카의 문학 기법이 그리스-로마 문학 전통을 따르고 있다는 점이 지적된다. 루카 복음과 사도행전의 서문에 집필 대상과 동기를 밝히는 헌정사가 나오는데, 이는 당대의 그리스 작가들이 즐겨 사용하던 문학 관습이었다. 이 헌정사에 나오는 후원자는 테오필로스(하느님의 사랑을 받는 사람 또는 하느님을 사랑하는 사람)다. 이 이름은 3세기경부터 그리스-로마인들과 유다인들 사이에 흔히 사용되었다. 테오필로스를 그리스도인 독자를 상징하는 가상 인물로 보는 견해도 있으나, 이 이름에 대한 상징적 해석은 3세기 오리게네스 이후에나 발견되기 때문에 루카 복음의 서문에는 해당되지 않는다. 그가 실제 인물이라면 당대의 관습대로 그에게는 루카에게서 헌정받은 이 작품을 필경사들의 노고를 빌려 복사하고 판매해야 할 책임이 있다. 루카 복음의 서문이 뜻하는 바로는 그는 아직 예비자이거나 갓 입교한 신자였을 가능성이 높다.

루카 복음에도 독자가 이방계 그리스도인들이었다는 증거가 풍부하다. 루카는 주요 사료인 마르코 복음과 예수 어록에서 유다적 특징을 강하게 나타내는 부분들을 과감히 삭제하곤 하였다. 유다교의 정결례와 신심에 관한 기록의 삭제, 정淨과 부정不淨에 관한 논쟁(마르 7,1-23)의 삭제, 그리고 반명제에 등장하는 여러 율법 요소들(마태 5,21-48)의 누락 등은 그 좋은 예일 것이다. 때로는 팔레스티나의 전통이 루카의 편집을 통해서 그리스 상황에 맞게 변형되기도 하고(마르 2,4에 대한 루카 5,19; 마태 7,24-27에 대한 루카 6,48-49), 히브리어 또는 아람어 이름들이 그리스식으로 바뀌어 소개되기도 한다. 곧 라삐와 라뿌니가 스승님(에피스타테스: 루카 9,33 비교 마르 9,5)과 주님(키리오스: 루카 18,41 비교 마르 10,51)으로, 카나나이오스가 열혈당원(젤로테스: 루카 6,15과 사도 1,13 비교 마르 3,18)으로, 그리고 골고타가 해골(크라니온: 루카 23,33 비교 마르 15,22)로 바뀐다.

예수님의 족보는 마태오 복음과는 달리 다윗과 아브라함에서 그치지 않고 아담과 하느님에게까지 소급된다. 그가 인용하는 구약성경도 그리스어 역본인 칠십인역이다. 그가 '유다'라는 이름을 팔레스티나 전체를 가리키는 넓은 의미로도 사용했다는 사실은(루카 1,5; 4,44; 6,17; 7,17; 23,5; 사도 2,2; 10,37), 스스로 팔레스티나 밖에 있는 사람들을 염두에 두고 집필했다는 또 하나의 증거가 된다. 루카 당대의 그리스-로마 문헌을 보면 유다를 이처럼 넓게 해석했기 때문이다. 그 무엇보다 루카 복음과 사도행전 전체를 관통하는 일관된 사상인 '하느님이 예수 그리스도를 통하여 선포하신 평화의 복음은 유다교의 울타리를 넘어 만민에게 전해진다'는 구원의 보편주의가 루카의 독자를 이방계 그리스도인으로 명백하게 규정한다.

5. 집필 동기

집필 동기는 저자의 편집 의도와 신학 전망에 반드시 연결되지만, 여기서는 저자가 책을 펴내게 된 직접적 의도를 밝히고자 한다. 저자는 집필 동기를 루카 복음과 사도행전의 서문인 헌정사에서 분명히 밝힌다.

두 책의 헌정사 가운데 특히 첫 번째 책의 서문이 흥미롭다. 이 서문이 루카 복음에만 해당하는지 아니면 사도행전까지 염두에 둔 것인지는 분별하기가 쉽지 않다. 그러나 아래 소개되는 서문 가운데 1,1의 "우리 가운데서 이루어진 일들"이 의미하는 바가 예수님 당시의 일들뿐 아니라 승천 이후 저자의 시대까지 일어났던 일들도 포함할 것이기 때문에, 이 서문은 사도행전도 염두에 두었다고 볼 수 있다. 이 때문에 저자는 두 번째 책의 서문에서 "첫 번째 책"(사도 1,1)의 전체 내용을 요약하며 언급할 뿐 새로운 집필 동기를 부여하지 않았다. 그러면 이제 두 책 저자의 집필 동기를 더욱 분명하게 밝히기 위해 루카 복음의 서문을 좀 더 가까이 놓고 살펴보자.

[1]우리 가운데서 이루어진 일들에 관한 이야기를 엮는 작업에 많은 이가 손을 대었습니다. [2]처음부터 목격자로서 말씀의 종이 된 이들이 우리에게 전해 준 것을 그대로 엮은 것입니다. [3]존귀하신 테오필로스 님, 이 모든 일을 처음부터 자세히 살펴본 저도 귀하게 순서대로 적어 드리는 것이 좋겠다고 생각하였습니다. [4]이는 귀하께서 배우신 것들이 진실임을 알게 해 드리려는 것입니다(루카 1,1-4).

우선 루카 복음의 저자는 1절에서 자신보다 앞서 팔레스티나와 지중해 연안 모든 지역에서 일어난 나자렛 예수님과 관련된 사건을 기록한 선임자들이 있었다고 고백한다. 이 선임자들은 마르코와 Q로 표기되는

'예수 어록'의 저자를 포함하여, 루카가 복음서와 사도행전을 쓰기 위해 이용한 기록전승의 저자 모두를 가리킨다. 위에서 내비쳤듯이 그들에게 일어난 예수 사건은 루카 복음의 내용인 세례자 요한의 공적 출현부터 시작하여 예수님의 승천 사이에 일어났던 일들은 물론(사도 1,1-2.21-22; 10,37), 사도행전에서 보고하는 선택된 증인들의 활동에 힘입어 '주님의 복음'이 예루살렘에서부터 이방민족들의 중심지인 로마까지 퍼져 나간 과정도 포함한다.

2절에서 루카는 자신의 선임자들이 믿을 만한 사람들의 증언을 바탕으로 기록전승을 남겼다고 주장한다. 이 증인들은 예수 사건을 목격하고 그 사건에 동참했으며 나중에 그것을 전파한 말씀의 시종들이 된 사람들이다. 그들이 전해 준 내용에는 나자렛 예수님의 삶과 더불어 말씀의 시종으로서 초창기 교회 안에서 보여 주었던 자신들의 활동도 함께 들어 있었을 것이다. 그런데 여기서 루카는 나자렛 예수님의 목격 증인들이었다가 말씀의 시종이 된 사람들의 대열, 이른바 '복음의 첫째 세대'와 자신을 분명히 구별한다.

3절은 저자가 선임자들의 모범을 따라 예수 사건을 다루되 이 사건을 그 시초부터, 곧 마르코 복음 저자의 선례를 따른다면 세례자 요한의 출현(루카 3,1)부터, 예수 어록을 따른다면 세례자 요한의 출생 예고(1,5)부터 주도면밀하게 검토하고 순서대로 정리하여 기록했다고 보고한다. "이 모든 일을 처음부터 자세히 살펴본"이라는 표현은 루카가 자기 작품에 바친 세 가지 노력, 곧 온전함과 철저함과 정확함을 의미한다.

4절에는 저자의 집필 동기가 분명하게 밝혀진다. 루카는 테오필로스가 이미 그리스도교의 핵심 메시지나 교리를 기본적으로 들어 알고 있음을 전제하면서, 그가 전해 들은 지식이 올바른 전승, 곧 신뢰할 수 있는 목격자들의 증언에 근거한다는 확신을 심어 주기 위해 두 권의 책을 쓰는 것이다. 물론 루카의 이 집필 의도는 테오필로스 한 개인에게만 초점을 맞춘 것이 아니고, 테오필로스와 비슷한 처지에 놓여 있는 모든 그리스도교 입문자들이나 아직 신앙이 확고하지 못한 갓 입교한 그리스도인들에게도 적용되어야 한다. 이 방대한 양의 저서가 한 개인만을 위한 보고서일 수는 없기 때문이다.

첫 번째 책에서 테오필로스와 그 밖의 다른 독자들에게 예수 사건을 순서대로 남김없이 보고한 루카는, 이제 교회의 이야기를 전하는 두 번째 책을 시작하면서 첫 권의 내용을 간단하게 요약한다. "테오필로스 님, 첫 번째 책에서 저는 예수님의 행적과 가르침을 처음부터 다 다루었습니다. 예수님께서 당신이 뽑으신 사도들에게 성령을 통하여 분부를 내리시고 나서 승천하신 날까지의 일을 다 다루었습니다"(사도 1,1-2). 그리고 승천하시기 직전의 이야기를 상세히 전하면서 자연스럽게 첫 번째 책의 끄트머리에 두 번째 책의 처음을 연결시킨다. 루카 복음이 쓰인 뒤 상당한 시간이 흐른 다음 사도행전이 기록되었을 것이기 때문에, 루카는 지각 있는 저자로서 이러한 절차의 필요성을 당연히 느꼈을 것이다.

팔레스티나에서 발생하여 세계의 중심인 로마까지 퍼져 나간 예수 사건은 후대 사람들이 루카라고 부르는 한 이방계 그리스도인을 통해서 두 권의 방대한 저서로 기록되었다. 저자는 예수 사건의 목격 증인들로부터 전해 들은 바를 기록한 선임자들의 글들을 수집하여 그것들을 순서에 맞춰 온전하고 정확하고 철저하게 정리하였다. 이 두 권의 집필 연대는 70-95년 사이이며, 집필 장소는 팔레스티나 밖 어느 곳이다. 그는 각 권의 헌정사에서 그리스도교 입문자이거나 갓 입교한 그리스도인으로 보이는 테오필로스와 그 같은 사람들에게, 그들이 이미 전해 들은 예수 사건과 관련된 이야기나 교리들이 올바른 그리스도교 전통에 뿌리내리고 있음을 확신시켜 주기 위해 이 저서를 남긴다고 집필 동기를 밝힌다.

모든 이에게
평화의
복음을

I

구세사와 하느님의 계획

신약성경 저자들이 공통으로 지니는 구원관은 하느님께서 구약의 이스라엘 백성에게 선포하신 구원의 약속이 신약에 와서 예수 그리스도와 제자들의 선교활동을 통하여 모든 민족에게서 완성된다는 생각이다. 그렇다면 루카는 이런 일반적 구원관을 자신의 두 작품에서 어떻게 전개시켜 나가는가? 그가 강조하고 덧붙인 내용은 무엇이며, 이 과정에서 드러난 그의 신학 관점은 무엇인가?

1. 루카의 세 단계 구세사관

공관 복음의 저자들이 모두 구원의 역사를 인류 역사와 결부시켜 설명하지만, 그들 가운데 루카는 독특한 방법으로 구세사관을 전개시킨다. 어떤 학자들은 루카의 구세사관을 다른 신약성경의 저자들의 견해와 동일시하여, 앞에서 밝힌 약속과 성취라는 두 가지 역사적 단계로 나누어 고찰한다. 그러나 루카 복음과 사도행전을 자세히 살펴보면, 루카는 두 단계가 아니라 세 단계 구세사관을 전개시키고 있음을 알 수 있다. 우선 구약에서의 약속 시대를 첫 단계로 보는 관점은 다른 신약 저자들과 견해가 같지만, 약속의 성취 시대에서 루카는 예수님의 활동과 제자들과 교회 활동 사이를 엄격하게 구분한다. 여러 장소와 시간의 표지들을 자신의 복음서와 사도행전에 적절히 배치하면서 이 구분을 철저히 지킨다. 그러면서도 저자는 세 단계가 자연스럽게 이어지도록 세심한 주의를 기울인다.

1.1. 이스라엘 시대(구약성경)

머리말(1,1-4)에 이어 루카 복음은 예수 그리스도의 유년설화(1,5-2,52)로 시작한다. 유년설화는 하느님의 구원이 약속되는 이스라엘 시대와 구세사의 정점을 이루는 예수님 시대를 자연스럽게 연결한다. 주님의 성소의 사제로 뽑힌 즈카르야와 그의 부인 불임녀 엘리사벳은 아직 구약의 어둠에 속해 있다. 이들에게 하느님의 천사 가브리엘이 나타나 아이를 점지해 주는데, 이 아이가 바로 예수 그리스도의 앞길을 준비하게 될 서례자 요한이다. 요한의 출생 예고에 뒤이어 나자렛 처녀 마리아에게도 성령의 힘을 입은 구세주의 잉태가 예고된다. 구세주 예수님의 탄생 소식은 오랫동안 어둠 속에서 약속의 성취를 갈망하던 이스라엘의 모든 가난한 자들에게 성취의 시대를 알리는 서곡이 되었다.

루카는 유년설화를 통하여 약속의 시대인 이스라엘 시대를 예수님 시대와 자연스럽게 연결한다. 특히 이 설화에 나타난 마리아의 노래, 즈카르야의 노래, 시메온의 노래는 루카의 이런 신학 의도를 가장 적절하게 반영한다. 중요한 구절들을 뽑아 보면 다음과 같다.

① 마리아의 노래: "당신의 자비를 기억하시어 당신 종 이스라엘을

거두어 주셨으니 우리 조상들에게 말씀하신 대로 그 자비가 아브라함과 그 후손에게 영원히 미칠 것입니다"(1,54-55).

② 즈카르야의 노래: "주 이스라엘의 하느님께서는 찬미받으소서. 그분께서는 당신의 백성을 찾아와 속량하시고 … 그분께서는 우리 조상들에게 자비를 베푸시고 당신의 거룩한 계약을 기억하셨습니다. … 우리 하느님의 크신 자비로 높은 곳에서 별이 우리를 찾아오시어 어둠과 죽음의 그늘에 앉아 있는 이들을 비추시고 우리 발을 평화의 길로 이끌어 주실 것이다"(1,68.72.78-79).

③ 시메온의 노래: "주님, 이제야 말씀하신 대로 당신 종을 평화로이 떠나게 해 주셨습니다. 제 눈이 당신의 구원을 본 것입니다. 이는 당신께서 모든 민족들 앞에서 마련하신 것으로 다른 민족들에게는 계시의 빛이며 당신 백성 이스라엘에게는 영광입니다"(2,29-32).

1.2. 예수님 시대 (루카 3,1—24,51)

예수님의 탄생과 더불어 성취의 시대가 예고되었으나, 구원의 직접적 표지는 예수님의 공생활이 시작되면서 본격적으로 드러난다. 그리고 예수님의 이 공생활에 앞서 세례자 요한이 그분을 올바로 맞이할 수 있도록 준비시킨다.

루카는 요한과 예수님의 공생활이 시작되는 연대를 로마 역사와 직접 연결시키면서 "티베리우스 황제의 치세 제십오년"이라고 장중하게 밝힌다. 이로써 그는 예수 사건이 다른 복음서들처럼 팔레스티나 한 구석에서 일어난 사건이 아니라 세계사의 한복판에서 일어난 중대한 사건임을 은근히 암시한다(참조: 3,1-2; 사도 26,26). "티베리우스 황제의 치세 제십오년"을 서기로 환산하면 기원후 27-28년경이 되는데, 이는 예루살렘 성전의 건축 기간을 명기한 요한 2,20의 연대와 맞아 떨어진다.

로마 연대와 더불어 루카는 예수 사건을 팔레스티나의 역사와 밀접하게 연결시키기 위해서 팔레스티나의 정치 · 종교 지도자들의 이름을 나열한다. 그런데 이들의 연대는 로마 황제의 연대와는 달리 몇 년째라고 정확하게 소개하지 않는다. 루카는 단지 "본시오 빌라도가 유다 총독으로, 헤로데가 갈릴래아의 영주로, 그의 동생 필리포스가 이투래아와 트라코니티스 지방의 영주로, 리사니아스가 아빌레네의 영주로 있을 때, 또 한나스와 카야파가 대사제로 있을 때"(3,1-2ㄱ) 요한이 소명을 받았다고만 기록한다. 빌라도는 기원후 26-36년에 유다와 사마리아 지방의 총독으로 있었고, 헤로데 대왕의 아들 헤로데 안티파스는 기원전 4-기원후 39년에, 그의 이복 형제 필리포스는 기원전 4-기원후 34년에 로마의 감독을 받으며 저마다 사분영주로서 팔레스티나의 일부를 다스렸다. 하지만 아빌레네 지방을 다스렸다는 리사니아스의 신분이 묘연하다. 아빌레네는 아빌라를 중심으로 하는 다마스쿠스 북서 지방을 가리키는 것이 틀림없기는 한데, 이곳을 다스렸다는 리사니아스가 이집트의 클레오파트라 내란 때(기원후 36년) 프톨레마이오스의 아들로서 안토니우스에게 살해된 시리아의 작은 영토 칼키스의 임금 리사니아스를 지칭하는지, 아니면 프톨레마이오스의 손자로서 요세푸스가 막연히 이야기하던 아빌레네 지방의 사분영주를 가리키는지 알 수 없다. 더구나 루카가 왜 별로 중요하지도 않은 작은 지방의 영주 이름을 여기에 집어넣었는지는 더욱 모를 일이다.

그다음 루카는 종교 지도자인 두 사람의 대사제를 등장시키는데 한나스는 기원후 6-15년, 그의 사위 카야파는 기원후 18-37년에 대사제직을 수행하였다. 따라서 한나스의 연대는 이 대목 서두에서 저자가 명백히 밝힌 정확한 연대 "티베리우스 황제의 치세 제십오년"에 전혀 맞지 않는다.

여기서 이 연대 표시는 요한의 출현과 예수님의 공생활 시작의 정확한 때를 알려 주기 위해서라기보다는, 예수 사건의 시작에서 그 배경을 이루는 로마와 팔레스티나의 역사적 상황을 장중하게 묘사하기 위한 것이다. 그 안에서 '모든 사람이 하느님의 구원을 보게 될'(3,6) 예수 사건은 결코 팔레스티나의 한 구석에서 언제 일어났다가 사라졌는지도 잘 모르는 은밀한 사건이 아니라, 로마 역사의 한복판에서 백일하에 드러난 중대한 사건이었다는 것이다. 그의 수난과 죽음 또한 모든 사람이 당연히 알았어야 할 사건이었다. 이는 엠마오로 가는 제자들이 동행하던 예수님께 던진 질문에서 잘 나타난다. "예루살렘에 머물렀으면서 이 며칠 동안 그곳에서 일어난 일을 혼자만 모른다는 말입니까?"(24,18).

세례자 요한의 공적 출현을 예수님 시대에 속한 사건으로 보느냐 아니면 이스라엘 시대에 귀속시키느냐 하는 문제로 많은 학자들이 논란을 벌여왔다. 논란의 근거는 루카 16,16에 대한 서로 다른 해석에 바탕을 둔다. 우선 해당 본문을 비교적 정확하게 옮겨보면 다음과 같다.

"율법과 예언들은 요한까지입니다. 그때부터 하느님 나라의 복음이 전해지고 있는데 모두 거기에 (들어가려고) 힘쓰고 있습니다."

이 번역에서는 『성경』 번역과는 달리 '예언자들' 보다는 '율법'과 대칭하여 총제적 의미로서의 '예언들'을 택했다. 또 『성경』에서는 '그때부터'를 '그 뒤로는'이라고 번역했는데, 이는 역자의 해석이 노출될 소지가 있어 이 번역에서는 직역인 전자를 택했다.

위의 본문에서 문제가 되는 대목은 "요한까지"와 "그때부터"라는 전치사구다. 율법과 예언들이 요한 앞에서 끝나는지, 요한을 포함해서 요한 바로 직후에 끝나는지는 명확하지 않다. "그때부터"는 요한부터를 가리키겠는데, 이 역시 요한을 포함하는지의 여부가 분명하지 않다. 따라서 이 본문 자체를 바탕으로 해서는 요한이 이스라엘 시대에 속하는지 예수님 시대에 속하는지를 판정할 수 없다.

루카가 요한을 예수님 시대에서 배제하였다고 주장하는 학자들은 루카 복음의 다른 대목들을 근거로 제시한다. 그들은 "… (그는) 예언자보다 더 중요한 인물이다. … 여자에게서 태어난 이들 가운데 요한보다 더 큰 인물은 없다. 그러나 하느님의 나라에서는 가장 작은 이라도 그보다 더 크다"(7,26-28)라는 예수님의 말씀을 인용하면서, 루카가 예수님의 기쁜 소식을 이해하지 못하는 요한을 예수님 시대에서 배제시켰다고 주장한다. 그러나 예수님은 요한을 예언자보다 더 중요하다고 하셨지 예언자들 가운데 가장 중요한 자라고 하지는 않으셨다. 후반부의 하느님 나라에서 '가장 작은 이'는 두 가지로 번역할 수 있는데, 하나는 최상급으로, 다른 하나는 '보다 작은 이'의 비교급으로 번역할 수 있다. 전자의 경우 하느님 나라의 위치가 한 인간의 본성적 위치보다 위대함을 가리키고, 후자의 경우 요한에 비해 나이가 더 젊은 그리스도를 그와 비교하여 그리스도의 우월성을 표시한다고 할 수 있겠다. 다시 말해 이 말씀을 바탕으로 루카가 요한을 예수님 시대에서 배제하였다고 판단하기는 어렵다고 본다.

오히려 루카는 다른 곳에서 요한을 예수님의 생애와 밀접하게 연결한다. 목매어 죽은 유다 이스카리옷의 빈 자리를 메우기 위해 사도단이 내놓은 사도 자격은, "주 예수님께서 우리와 함께 지내시는 동안 줄곧 우리와 동행한 이들 가운데에서, 곧 요한이 세례를 주던 때부터 시작하여 예수님께서 우리를 떠나 승천하신 날까지 그렇게 한 이들 가운데에서 한 사람이 우리와 함께 예수님 부활의 증인이 되어야"(사도 1,21-22) 하는 것이었다. 카이사리아에서 첫 이방인 개종 시에 베드로 사도가 한 연설에서도 요한의 세례가 예수님 시대의 개막을 알리는 신호로 되어 있다. "요한이 세례를 선포한 이래 갈릴래아에서 시작하여 온 유다 지방에 걸쳐 일어난 일과, 하느님께서 나자렛 출신 예수님께 성령과 힘을 부어 주신 일도 알고 있습니다"(사도 10,37-38ㄱ).

이상 몇 가지 기록을 바탕으로 루카가 요한을 마르코(1,4-5)나 마태오(3,2)처럼 하느님 나라의 본격적인 설교가로 묘사하지는 않지만, 그 설교

I. 구세사와 하느님의 계획 · 35

가의 소개자요 새 시대의 선구자로 묘사하고 있음을 알 수 있다. 말하자면 그는 이스라엘 시대를 마감하고 새로운 예수님 시대의 도래를 선포한 인물로서 예수님의 공생활에서 도저히 분리시킬 수 없는 예수님 시대의 선구자다. 루카가 요한의 출현에 덧붙인 장중한 연대 표시도 이를 강력히 뒷받침한다.

요한의 세례로부터 시작된 예수님 시대는 예수님 승천으로 끝을 맺는다. "예수님께서는 그들을 베타니아 근처까지 데리고 나가신 다음, 손을 드시어 그들에게 강복하셨다. 이렇게 강복하시며 그들을 떠나 하늘로 올라가셨다"(루카 24,50-51). 이 기록 다음에 나오는 루카 복음의 마지막 두 절은 사도행전의 첫 부분과 더불어 예수님 시대와 교회 시대를 자연스럽게 연결하는 이음매 부분이다. "그들은 예수님께 경배하고 나서 크게 기뻐하며 예루살렘으로 돌아갔다. 그리고 줄곧 성전에서 하느님을 찬미하며 지냈다"(24,52-53).

1.3. 교회 시대(사도 2,1—28,31)

사도행전은 예수님의 분부를 받은 사도들과 그들이 세운 초기 공동체들이 어떻게 구원의 기쁜 소식을 이 세상 끝까지 전파시켰는지 전해 주기 위해 기록되었다. 루카는 머리글에서 첫 번째 책이 예수님의 생애를 소개한 것이었음을 밝히면서 그 책의 내용을 간추려 소개한다(1,1-5). 곧이어 예수님이 승천하시는 모습을 보다 회화적으로 묘사한다. "예수님께서는 이렇게 이르신 다음 그들이 보는 앞에서 하늘로 오르셨는데, 구름에 감싸여 그들의 시야에서 사라지셨다"(1,9). 멍하니 하늘을 쳐다보는 그들에게 천사가 나타나 꾸지람과 위로가 섞인 말을 건넨다. "갈릴래아 사람들아, 왜 하늘을 쳐다보며 서 있느냐? 너희를 떠나 승천하신 저 예수님께서는, 너희가 보는 앞에서 하늘로 올라가신 모습 그대로 다시 오실 것이다"(1,11).

천사의 말을 받잡고 예수님의 제자들은 "올리브 산이라고 하는 그곳을 떠나 예루살렘으로 돌아갔다. 그 산은 안식일에도 걸어갈 수 있을 만큼 예루살렘에 가까이 있었다"(1,12). 이 구절은 위에서 인용한 루카 복음의 마지막 두 구절에 직결된다. 특히 '예루살렘으로 돌아간다'는 표현이 두 대목을 연결하여 주는 고리다. 그리고 "언제나 성전에서 하느님을 찬양하며 지냈다"는 복음서의 마지막 절을 사도 1,13-14에서 좀 더 구체적으로 설명한다. "성안에 들어간 그들은 자기들이 묵고 있던 위층 방으로 올라갔다. … 그들은 모두, … 한마음으로 기도에 전념하였다".

마침내 교회 시대는 성령강림을 신호로 장엄하게 개막된다. "오순절이 되었을 때 그들은 모두 한자리에 모여 있었다. 그런데 갑자기 하늘에서 거센 바람이 부는 듯한 소리가 나더니, 그들이 앉아 있는 온 집 안을 가득 채웠다. 그리고 불꽃 모양의 혀들이 나타나 갈라지면서 각 사람 위에 내려앉았다. 그러자 그들은 모두 성령으로 가득 차, 성령께서 표현의 능력을 주시는 대로 다른 언어들로 말하기 시작하였다"(2,1-4).

이렇게 시작된 모교회는 베드로와 바오로 사도를 중심으로 하는 사도들과 그의 협력자들의 활약에 힘입어 유다교의 심장부인 예루살렘에서 출발하여 유다와 갈릴래아, 유다인들과 이방인들의 중간 지역인 사마리아를 거쳐(9,31) 이방인의 지역까지 확장된다. 바오로는 이방 문화의 중심지인 아테네의 아레오파고스 법정에서 그리스 철학을 대표하던 에피쿠로스 학파와 스토아 학파를 비롯한 당대 최고의 지성과 예술을 갖춘 사람들로 자타가 공인하던 아테네 시민들에게 복음을 전한다(17,16-18).

사도행전의 마지막은 바오로가 황제 앞에서 재판을 받던 중에 갑자기 끝나버린다. 그 이유에 대하여 학자들 사이에 이론들이 구구하다. 루카에게 시간 여유가 없었다든가, 건강이 악화되어 집필을 부득이 중단하지 않을 수 없었다든가, 아니면 정해진 양피지나 파피루스 두루마리의 분량이 얼마 남지 않아서 서둘러 끝을 맺었다든가 등등. 여러 가지 상상의 날개를 펼 수 있겠으나 다른 한편 루카의 세 단계 구세사관에 따르면 사도행전의 현재대로의 끝이 무리가 아니라고 본다. 사도행전의 마지막 두 절은 이방인들의 사도 바오로가 로마에 도착하여 복음을 전파한 것으로 끝난다.

"바오로는 자기의 셋집에서 만 이 년 동안 지내며, 자기를 찾아오는 모든 사람을 맞아들였다. 그는 아무 방해도 받지 않고 아주 담대히 하느님의 나라를 선포하며 주 예수 그리스도에 관하여 가르쳤다"(28,30-31).

정치적으로 세계의 중심인 로마에 복음이 전해졌다고 보고함으로써 루카는 교회가 '이 세상 끝까지 구원의 소식을 전하라'는 그리스도의 지상 명령을 일단 실천한 것으로 보았던 것이 아닐까? 루카의 구세사적 관점에서 볼 때 바오로가 로마에서 완전 사면 복권되었는지의 여부는 그리 큰 문제가 안 된다. 이제 교회가 기다릴 것이라곤 그리스도께서 오시어 하늘과 땅을 완성시킬 마지막 때, 곧 재림(파루시아)뿐이다.

세 단계의 구세사관은 루카의 구원신학을 연구하는 데 결정적 개념이다. 그런데 이러한 구세사관을 루카가 피력하게 된 근본 이유는 무엇이었을까? 어떤 학자는 고대했던 주님의 재림이 연기되고 세속사 안에 교회가 그 현존을 지속시켜야 할 상황에서 루카의 공동체가 불안을 느끼고 있었다고 진단하고, 이 불안을 해소하기 위해 루카가 이런 세 단계 구세사관을 창출했다고 추정한다. 주님의 재림은 예고 없이 별안간 오는 것이 아니라 사전에 필요한 단계를 반드시 밟게 되어 있다는 것이다. 곧 먼저 교회의 활동을 통해서 복음이 이방인들의 영토 구석구석까지 전파되어야 한다는 것이다. 이 세 단계 구세사관을 제시함으로써 루카는 그리스도교 공동체에게 주님의 재림이 늦어진다고 걱정하지 말고 세상 끝까지 복음을 전하는 일에 진력해야 함을 역설한다.

그러나 루카 복음과 사도행전이 쓰였을 초세기 말엽에는 예수님 바로 다음 세대에 속했던 바오로와 그의 공동체들처럼 연기된 주님의 재림이 더 이상 큰 문제가 되지 않았을 것이다. 오히려 루카 공동체가 당면한 문제는 이방인들을 대거 맞아들이면서 생긴 교회 내의 갈등이었다. 예루살렘의 일부 수구파 유다인들은 이방인들이 할례를 받아 유다교로 먼저 개종하지 않고 직접 그리스도인들이 되는 것을 반대했다. 이를 두고 루카는 유다교의 율법에 구속될 없이 이방인들이 그리스도교에 입문하는 것은 하느님께서 세우신 세 단계 구원 계획에 따른 것이라고 보았다. 먼저 하느님은 율법과 예언들을 통하여 구원 약속을 이스라엘에게 주시고(일 단계), 때가 찼을 때 그분은 예수 그리스도를 통하여 평화의 복음을 이스라엘 후손들에게 선포하시는 한편 바로 이분을 만민의 주님으로 삼으셨으며(이 단계), 이제 그분을 믿는 모든 민족에게 구원의 길을 열어 주셨다(삼 단계). 이 계획에 따르면 이제 유다인들은 구원의 특권을 내세우지 못한다. 루카는 베드로의 카이사리아 설교에서 이를 명백하게 선언한다. "나는 이제 참으로 깨달았습니다. 하느님께서는 사람을 차별하지 않으시고, 어떤 민족에서건 당신을 경외하며 의로운 일을 하는 사람은 다 받아 주십니다"(10,34ㄴ-35).

2. 하느님의 계획

이방인들이 대거 들어오는 바람에 루카 공동체가 갈등을 겪게 되었고, 이를 해소하기 위해 루카가 하느님에 의해 계획된 세 단계 구세사관을 피력하게 되었다고 앞에서 결론지었다. 그렇다면 여기서 '하느님에 의해서 계획된다'는 말은 루카의 두 저서에서 어떻게 표현되며 그 의미는 무엇인가?

2.1. 성경에 예고된 하느님의 계획

유다인들은 하느님을 이 세상 만물의 주인으로 모시기 때문에 세상에서 일어나는 모든 일을 우연으로 돌리지 않고 하느님의 계획과 의지에 따른 것으로 본다. 그리고 이 하느님의 계획은 반드시 이루어져야 하는데 성경의 기록이 이를 뒷받침해 준다. 루카를 포함하여 공관 복음 저자들 모두가 예수님의 죽음과 부활의 필연성을 역설하면서 성경에 기록된 하느님의 뜻이 이루어질 수밖에 없었다고 증언한다. 루카 복음의 특이한 점은 이 필연성이 다른 신약 저자들보다 더 자주 강조되고 있어서, 하느님의 계획과 의지를 나타내는 성경의 예언이 예수님의 죽음과 부활에만 집중되지 않고 그분의 삶과 인격 전체, 더 나아가 교회 활동과 복음 전파의 과정에까지 적용된다는 사실이다. 한마디로 구원을 위한 예수 그리스도와 교회의 활동 전체가 성경에 기록된 대로 하느님의 구원 계획에 따라 반드시 성취된다는 것이다.

복음서의 첫 장에서 이미 루카는 즈카르야의 입을 통하여 예수님 탄생에서 드러난 하느님의 구원 의지를 밝힌다. "당신의 거룩한 예언자들의 입을 통하여 예로부터 말씀하신 대로 우리 원수들에게서, 우리를 미워하는 모든 자의 손에서 우리를 구원하시려는 것입니다"(루카 1,70-71). 또한 마지막 장에서 예수님에 대한 성경의 모든 말씀이 성취되어야 함을 다시 강조한다. "내가 전에 너희와 함께 있을 때에 말한 것처럼, 나에 관하여 모세의 율법과 예언서와 시편에 기록된 모든 것이 다 이루어져야 한다"(루카 24,44).

사도행전에서 하느님의 의지가 반드시 실현되어야 함은 이방인들에 대한 복음의 전파와 세상 끝까지 확장될 교회의 모습에 적용된다. 하느님의 구원 말씀은 우선 유다인들에게 전해져야 했다. 그런데 유다인들이 그 말씀을 배척했기 때문에 사도들은 이방인들에게 말씀을 선포하였다.

이 과정은 이미 성경에 기록된 하느님의 계획에 따른 것이다. 안티오키아에서 바오로와 바르나바는 유다교 회당에서 회중들에게 다음과 같이 경고한다. "보아라, 너희 비웃는 자들아! 놀라다 망해 버려라. 내가 너희 시대에 한 가지 일을 하리라. 누가 너희에게 일러 주어도 너희가 도무지 믿지 못할 그런 일이다"(사도 13,41 = 하바 1,5). 이 경고에도 아랑곳없이 자신들을 반대하는 유다인들을 보고 바오로와 바르나바는 주님의 명령을 떠올리면서 이방인 선교에 관심을 돌린다. "땅 끝까지 구원을 가져다주도록 내가 너를 다른 민족들의 빛으로 세웠다"(사도 13,47 = 이사 49,6).

하느님의 예정된 구원 계획은 어떤 인간적 반대에도 반드시 실현된다. 베드로와 예루살렘 수구파 유다인들이 할례받지 않은 이방인들을 교회에 받아들이기를 거부한다 하더라도 구원을 주시고자 하는 하느님의 의지를 꺾을 수는 없다. 첫 이방인 개종자 코르넬리우스와 그의 식구들은 베드로가 세례를 베풀기도 전에 성령을 받았다. 곧 첫 이방인을 교회에 받아들이는 이 중대한 순간에 하느님의 승인이 인간의 영입보다 앞섰다. 루카는 교회의 우두머리인 베드로의 입을 통하여 이 사실을 공동체에 확인시킨다. "우리처럼 성령을 받은 이 사람들에게 물로 세례를 주는 일을 누가 막을 수 있겠습니까?"(사도 10,47). "이렇게 하느님께서는 우리가 주 예수 그리스도를 믿게 되었을 때에 우리에게 주신 것과 똑같은 선물을 그들에게도 주셨는데, 내가 무엇이기에 하느님을 막을 수 있었겠습니까?"(11,17).

마침내 이방인의 사도 바오로는 세계의 중심인 로마에 도착하여 그곳에서 이방인들에게 구원 소식을 마음껏 전한다. 여기서 루카는 바오로의 입을 통하여 다시 한 번 이방인 선교가 성경에 기록된 하느님의 뜻이었음을 강조한다. "성령께서 이사야 예언자를 통하여 여러분의 조상들에게 하신 말씀이 지당합니다. 곧 이 말씀입니다. '너는 저 백성에게 가서 말하여라. '너희는 듣고 또 들어도 깨닫지 못하고 보고 또 보아도 알아보지 못하리라.' 저 백성이 마음은 무디고 귀로는 제대로 듣지 못하며 눈은 감았기 때문이다. 이는 그들이 눈으로 보고 귀로 듣고 마음으로 깨닫고서는 돌아와 내가 그들을 고쳐 주는 일이 없게 하려는 것이다'(이사 6,9-10). 그러므로 여러분은 하느님의 이 구원이 다른 민족들에게 보내졌다는 것을 알아야 합니다. 그들은 들을 것입니다"(사도 28,25-28).

이렇듯 하느님은 인간의 구원 문제에 처음부터 주도권을 쥐고 계시면서 구원의 실현 과정을 당신의 계획에 따라 이끄신다. 율법과 예언을 통하여 구원을 약속하시고, 그리스도를 통하여 이스라엘 자손들에게 평화의 복음을 선포하시며, 교회를 통하여 그 복음이 모든 민족들에게 전달되도록 하신다. 이 모든 과정이 성경의 기록과 부합한다.

2.2. 하느님의 구원 계획과 인간의 역할

하느님의 예정된 계획을 강조하다 보면 인간의 자유의지를 무기력한 것으로 만들 수 있다. 그러나 루카가 말하는 하느님의 계획된 구세사는 하느님께서 구원될 사람을 미리 정하셨다는 칼빈의 예정설과는 거리가 멀다. 다른 신약성경 저자들도 마찬가지지만 루카 역시 아직 몇 세기 이후에 나타날 하느님의 은총과 인간의 자유에 대한 격렬한 논쟁들에 대해서는 전혀 아는 바가 없다. 루카는 하느님의 구원경륜을 인간의 역사와 결부시켜 단순하고 소박하게 정리해 보고자 했을 따름이다.

유다인들뿐 아니라 모든 민족에게도 구원의 길을 열어 놓으려는 계획이야말로 차별대우하지 않으시는 하느님의 진심이다. 다만 인간 역사와 더불어 이 계획이 단계적으로 전개된다. 우선 이스라엘 사람들에게 구원이 예고되고 그 후손들에게 구원이 주어지며, 마침내 모든 민족에게까지 구원이 선포된다. 유다인이건 이방인이건 자신들에게 주어진 구원의 기쁜 소식을 고맙게 받아들이는 사람은 구원을 받는다. 구체적으로 예수 그리스도를 믿고 회개하는 사람은 누구나 죄사함을 얻을 것이다. "하느님께서는 그분을 영도자와 구원자로 삼아 당신의 오른쪽에 들어 올리시어, 이스라엘이 회개하고 죄를 용서받게 하셨습니다"(사도 5,31). "이 예수님을 두고 모든 예언자가 증언합니다. 그분을 믿는 사람은 누구나 그분의 이름으로 죄를 용서받는다는 것입니다"(사도 10,43). 이와는 반대로 그분과 사도들을 통해서 선포된 구원의 기쁜 소식을 배척하는 사람은 그가 유다인이건 이방인이건 구원의 길에서 제외된다. 루카에 따르면 예수님 시대나 교회 시대나 복음을 받아들인 유다인들이 있었는가 하면 복음을 배척한 이방인들이 있었다. 루카의 두 저서 어느 곳에도 구원의 말씀이 모든 유다인에게 일률적으로 배척을 당한 다음 모든 이방인에게 자동으로 받아들여졌다는 내용은 없다.

예수 그리스도의 인격과 삶과 가르침을 바탕으로 인간 구원의 길을 제시하려는 의도는 모든 신약성경 저자들의 공통된 생각이다. 셋째 복음서와 사도행전의 저자 루카를 신약의 다른 저자들과 구별해 주는 특징은 그가 자신의 구원 신학을 인간 역사의 진행과정에 연결시켜 풀어나갔다는 것이다. 루카의 세 단계 구세사관, 곧 구원을 예그하는 이스라엘 시대, 구원의 원동력이 되신 예수님 시대, 예수님이 선포하신 구원이 세상 끝까지 전파되는 교회 시대로 나눠 고찰하는 구원관은, 그가 다른 공관복음 저자들보다 폭넓은 구원관과 역사관을 지니고 있음을 증언한다.

이 구세사관에서 강조하는 것은 하느님 중심 사상이다. 율법과 예언을 통하여 구원을 약속하신 하느님이 예수 그리스도의 구원적 삶을 주도하시고 제자들의 활동과 초대 교회의 확장 과정에도 깊이 개입해 들어오신다. 그러나 하느님이 당신 자신의 구원 계획을 어느 누구의 방해도 허락하지 않으시고 실현시켜 나가신다고 해서 인간의 자유를 구속하는 분으로 오해해서는 안 된다. 루카의 단순한 의도는 인간구원에 대한 그분의 열망과 선의를 표현하는 것이었다. 구원 계획이 인간의 역사에서 진행되는 동안 하느님을 두려워하고 의롭게 살아가는 인간이면 누구나 인종에 관계없이 하느님의 구원을 얻을 자격이 있으며, 만일 그가 하느님께서 만민의 주님으로 삼아 주신 예수 그리스도를 믿고 따른다면 구원의 확실한 표시인 죄사함을 얻게 될 것이다.

모든 이에게
평화의
복음을

II

예수님의 길과 교회의 길

공관 복음 저자들이 예수님의 생애와 활동을 '길'로 표현한 것은 우연의 일치가 아니다. 이는 구약의 오랜 전통에 뿌리를 내리고 있다. 이스라엘의 성경 전통은 구세사의 주역인 하느님의 위업을 순례 여정으로 본다. 예수님께서 이 순례하시는 하느님과 보조를 맞추셨다는 확신에서 공관 복음 저자들은 그분의 생애와 선교활동을 '길'로 표현한 것이다. 마르코는 자신의 복음서 첫 대목에 이사야 예언서(40,3)를 인용하여 예수님의 공생활을 '길'이라고 밝힌다. "보라, 내가 네 앞에 내 사자를 보내니 그가 너의 길을 닦아 놓으리라. 광야에서 외치는 이의 소리, 너희는 주님의 길을 마련하여라. 그분의 길을 곧게 내어라"(마르 1,2-3; 참조: 마태 3,10; 루카 3,4-6; 7,27).

　루카는 마르코 전승을 받아들이는 한편 '길'의 개념을 더욱 세밀하게 발전시켜 예수님의 길은 물론, 그분의 가르침을 이어받은 그리스도인들의 길 또는 교회의 길도 아울러 소개한다. 예수님의 길과 교회의 길은 루카의 세 단계 구세사관의 둘째와 셋째 단계에 해당한다. 루카는 예수님의 길을 자신의 복음서에서 소개하였고 교회의 길은 사도행전에서 소개하였다. 그리고 예수님의 길은 엄격하게 유다인들의 영역으로 제한하는 반면 교회의 길은 유다인의 영역에서 전 세계로 확장시킨다.

1. 예수님의 길

루카 복음에 소개된 예수님의 생애와 선교활동은 지역에 따라 세 가지로 나뉜다. 갈릴래아를 중심으로 제자들을 모으는 과정, 예루살렘으로 향하는 여정 가운데 제자들을 교육하는 과정, 그리고 예루살렘에서 수난과 죽음과 부활을 통하여 구원사업을 완성하는 과정이 바로 그것이다.

1.1. 갈릴래아 선교(루카 4,1—9,50)

루카는 구세사의 과정을 길로 표현하면서 앞에서 언급한 대로 이사 40,3을 인용하는 과정에서 뒤따르는 구절 둘을 더 보탠다. "골짜기는 모두 메워지고 산과 언덕은 모두 낮아져라. 굽은 데는 곧아지고 거친 길은 평탄하게 되어라. 그리하여 모든 사람이 하느님의 구원을 보리라"(루카 3,5-6 = 이사 40,4-5). 여기서 "골짜기"와 "산과 언덕" 그리고 "모든 사람"은 루카의 보편적 구원관을 시사한다. 루카는 이 표현들을 통하여 '이방인들에게로 향하는 주님의 길'을 제시하고자 한다. 주님의 길은 목적 없는 단순한 '이동'이나 '과정'을 의미하는 것이 아니라, 미리 정해진 하느님의 계획에 따라 출발점과 도착점을 가지고 분명히 한 방향으로 움직이는 여정을 말한다. "이자는 갈릴래아에서 시작하여 이곳에 이르기까지, 온 유다 곳곳에서 백성을 가르치며 선동하고 있습니다"(루카 23,5). "여러분은 알고 있습니다. 그리고 요한이 세례를 선포한 이래 갈릴래아에서 시작하여 온 유다 지방에 걸쳐 일어난 일과, 하느님께서 나자렛 출신 예수님께 성령과 힘을 부어 주신 일도 알고 있습니다. … 우리는 그분께서 유다 지방과 예루살렘에서 하신 모든 일의 증인입니다"(사도 10,37-39).

그런데 루카는 이방인들을 향한 주님의 길을 순서에 입각해서 소개하고 있다. 이방인들과 접경지대에 살고 있는 갈릴래아 선교에서도 예수님의 활동은 유다인들 지역으로만 제한된다. 루카는 갈릴래아 지역에 연결된 페니키아 지방의 그리스도인들(사도 11,19)과 티로와 시돈 지방의 믿는 이들(루카 6,17)을 알고 있으면서도 이런 지역에서 예수님이 선교하신 것은 언급을 피한다. 루카는 갈릴래아로부터 시작하여 예루살렘으로의 예수님의 여정이 이미 예정된 것이기에 벳사이다(마르 6,45), 티로와 시돈(마르 7,24.31), 그리고 데카폴리스(마르 7,31) 등 이방인 지역에서의 선교활동을 담고 있는 마르 6,45—8,26 전체를 대거 탈락시킨다.

또한 마르코 복음의 기록들을 옮겨 적을 경우에 루카는 이방인 지역의 이름을 고의로 삭제하거나 그런 이름을 포함한 구절을 제외하기도 한다. 베드로가 예수님를 메시아로 고백하는 대목에서 그는 카이사리아 필리피 근처 마을이라는 지명을 언급하지 않고(루카 9,18; 참조: 마르 8,27), 예수님께서 갈릴래아로 돌아오셨다는 마르 9,30의 기록을 삭제한다(루카 9,43). 티로와 시돈 지방에 대한 언급에서도 그곳 사람들이 예수님께 찾아왔을지라도 그분이 그 지역에 찾아가서 그들에게 전도하시지는 않는다(6,17). 루카가 소개하는 카파르나움의 백인대장은 마태오 복음의 백인대장과는 달리 자신이 직접 예수님께 청을 드리지 않고 유다인들의 원로를 통하여 종을 고쳐 주시라고 간청한다(루카 7,1-10 병행 마태 8,5-10; 참조: 요한 4,46-54). 예수님께서 게라사 지방에 들어가시는 대목에서도 루카는 그 지역을 "갈릴래아 맞은쪽"이라고 부연 설명함으로써(8,26 비교 마르 5,1 "호수 건너편" = 마태 8,28), 그곳을 갈릴래아 지방에 속한 영토로 간주하는 것 같다.

루카가 보기에 예수님이 갈릴래아 선교에서 거두신 가장 큰 수확은 열두 제자를 중심으로 추종자들을 규합하신 것이다. 열두 제자는 예루살렘으로 가는 여정에서 예수님의 동반자가 될 뿐 아니라 그곳에서 일어날 사건들의 증인이 될 것이다.

1.2. 예루살렘으로 향하는 여정(루카 9,51-19,27)

이 대목의 시작인 9,51은 예수님의 세 단계 선교활동을 이해하는 데 가장 중요한 본문이다. "하늘에 올라가실 때가 차자, 예수님께서는 예루살렘으로 가시려고 마음을 굳히셨다." 루카는 '예루살렘으로 가신다'는 표현을 여러 번 반복한다(9,51.53; 13,22; 17,11; 18,31; 19,11.28). 구체적인 행선지는 밝히지 않은 채 '간다' 또는 '여행한다'는 표현을 자주 사용한다(9,57; 10,38; 14,25; 18,37; 19,1).

어떤 학자들은 루카가 구상했던, 예수님과 제자들이 갈릴래아에서 예루살렘으로 여행한 지리적 경로를 구체적 지명과 더불어 밝히고자 했다. 예를 들어 예수님께서 사마리아를 거쳐 예루살렘에 들어가셨다고 주장하거나 요르단 강을 건너 베로이아 지방을 지나 예루살렘으로 입성하셨다고 주장한다. 그러나 루카는 예수님 일행의 여정에 대해서 전혀 관심이 없다. 기껏해야 예수님께서 갈릴래아에서 출발하여 사마리아를 거쳐 예루살렘에 가셨다는 일반적인 통념 정도만을 전할 뿐이다.

예루살렘으로의 여정 기톤에서 루카가 가장 부각시키고자 했던 것은, 예루살렘에서 이루어질 구원의 대역사는 확고부동한 하느님의 예정된 계획에 따라 이루어지는 것이기 때문에 예수님 자신도 그 계획을 실현시키기 위해 갈릴래아에서부터 이미 마음을 정하시고 굳은 의지로 예루살렘으로의 여정을 감행하셨다는 사실이다. 이를 위해 예수님께서는 일정한 거주지도 포기하셨다. "여우들도 굴이 있고 하늘의 새들도 보금자리가 있지만, 사람의 아들은 머리를 기댈 곳조차 없다"(9,58). 예수님을 따르는 제자들도 스승의 결연한 뜻을 받들어 아버지의 장례와 같은 집안 문제에 구애받아서는 안 된다(9,59-60). 심지어 그분을 따르기 전에 가족들에게 작별 인사 나누는 것조차 허락되지 않는다. "쟁기에 손을 대고 뒤를 돌아보는 자는 하느님 나라에 합당하지 않기"(9,62) 때문이다.

루카는 이 대목의 대부분(9,51—18,14)을 마르코 복음이 아닌 예수 어록과 자신의 특수사료에 의존한다. 이 대목이 전하는 바에 따르면 예수님께서는 예루살렘으로 향하는 길에서 제자 교육에 특별한 관심을 기울이신다. 수시로 제자들을 군중들과 분리시켜 교육하신다. "예수님께서 그들에게(또는 제자들에게) 이르셨다"(10,2.18; 11,2.5; 12,1.15.16.22; 16,1; 17,1.22.37; 18,1.31)는 잦은 표현이 이를 잘 증명한다.

이 대목의 마지막 부분을 19,46로 잡아 예루살렘으로의 성대한 입성(19,28-40), 예루살렘의 멸망을 예고하며 우심(19,41-44), 성전정화(19,45-46)의 세 일화를 포함시키는 학자들도 있으나, 19,27에서 끝난다고 보는 것이 타당하다. 예루살렘으로 향하는 여정이니만큼 예루살렘에 도착하기 전에 끝나는 편이 더 논리적이기 때문이다.

1.3. 예루살렘 선교와 구원사업의 완성(루카 19,28—24,51)

루카는 예루살렘을 민족들에게 구원을 가져다 주는 중심지요 정점으로 보는데 이는 구약성경에 바탕을 둔다. "나의 구원이 땅 끝까지 다다르도록 나는 너를 민족들의 빛으로 세운다"(이사 49,6; 참조: 루카 2,32; 사도 13,47).

갈릴래아에서 시작된 예수님의 여정은 온 유다를 거쳐 마침내 예루살렘 도성에 도착함으로써 그 대단원의 막을 내린다. 그곳에서의 대결전을 목전에 두고 예수님께서는 결연한 태도로 주저함 없이 입성을 준비하신다. "예수님께서는 이 말씀을 하시고 앞장서서 예루살렘으로 오르는 길을 걸어가셨다"(루카 19,28). 겸손한 임금의 모습을 취하시기 위해 어린 나귀를 타고 무리의 환호를 받으며 입성하시던 예수님께서는 예루살렘의 멸망을 예고하시며 우신다(19,36-44).

　예루살렘에 도착하신 예수님의 첫 번째 활동은 이스라엘 종교 지도자들을 극도로 자극시킨 성전 정화였다(19,45-47). 이 성전 정화를 도화선으로 그동안 예수님과 종교 지도자들 사이에 지속되어 왔던 갈등이 첨예화된다. 예수님의 잇따른 경고와 회개의 마지막 호소에도 아랑곳없이 수석 사제들, 바리사이들과 율법 학자들과 사두가이 등 유다의 종교 지도자들은 백성을 선동하고 로마의 총독 빌라도를 설득하여 예수님을 십자가형에 처하도록 유도한다. 이제 예수님께서는 온전히 수동적인 자세로 모든 것을 받아들이신다. 그분은 체포되어 끌려가시고, 법정에 세워져 문초 당하시며, 빌라도에게서 헤로데에게로, 헤로데에게서 다시 빌라도에게 넘겨지신다. 군인들은 그분께 침 뱉고 기둥에 묶은 채 때리고 조롱한다. 그분에게 사형선고가 내려지고 십자가가 지워져 그분은 성 밖으로 끌려가신다. 해골산(골고타)에 이르러 두 손과 두 발에 못이 박힌 그분의 몸은 십자가에 매달린 채 하늘과 땅 사이에 세워진다. 그분의 수동적 태도는 이런 끔찍한 고통 속에서 그분이 지키는 깊은 침묵으로 더욱 강조된다. "그는 양처럼 도살장으로 끌려갔다. 털 깎는 사람 앞에 잠자코 서 있는 어린 양처럼 자기 입을 열지 않았다"(사도 8,32 = 이사 53,7). 예수님의 죽음, 특히 싸늘한 시신으로 무덤에 안장되어 여인들의 마지막 치장을 기다리는 상황은 그분의 수동적 태도를 극도로 함축시켜 표현해 준다. 그러나 그분은 이렇듯 철저한 수동성을 통하여 아버지의 뜻을 가장 능동적으로 수용했고 가장 완전하게 실현하셨다. 하느님은 이 순수성을 받아들이시어 그분을 죽은 이들로부터 살리신다(사도 2,23; 3,14; 4,10; 5,30; 10,40; 13,37 참조). 이 모든 사건이 예루살렘에서 일어났다. 유다교의 중심이었던 예루살렘이 이제 그리스도교의 중심이 되어 거기서부터 복음이 퍼져나가게 된 것이다. 갈릴래아에서 시작된 예수님의 선교활동은 그분의 죽음과 부활을 통하여 예루살렘에서 완성된다. 요한의 세례 이후에 갈릴래아에서 시작된 그분의 길은 예루살렘 성 밖 베타니아 근처에서 승천을 끝으로 대단원의 막을 내린다(루카 24,50-51). 루카에게 예루살렘은 완성의 장소요 '새로운 탈출'의 장소다. 이 새로운 '탈출' Exodus을 루카는 이미 예수님의 변모 때에 모세와 엘리야가 이야기하고 있었다고 전한다(루카 9,30-31). 물론 이 탈출은 예수님의 수난뿐 아니라 그분의 죽음과 부활과 승천까지 포함하여 예루살렘에서 일어난 모든 극적인 사건을 통하여 '아버지께로 온전히 건너가심'을 의미한다.

이제 구원의 기쁜 소식이 예루살렘에서 선포되기 시작하여 만민에게 선포될 교회의 길이 시작된다. 루카는 이를 부활하신 예수님의 입을 통하여 증언한다. "예루살렘에서부터 시작하여, 죄의 용서를 위한 회개가 그의 이름으로 모든 민족들에게 선포되어야 한다"(24,47; 참조: 사도 10,43). 교회의 길을 시작하기 전에 예수님의 제자들에게는 '높은 데에서 오는 힘', 곧 성령이 필요하고, 이 힘 역시 예루살렘에서 주어지기 때문에 그들은 그 도시에 머물면서 성령을 기다려야 한다. "내 아버지께서 약속하신 분을 내가 너희에게 보내주겠다. 그러나 너희는 높은 데에서 오는 힘을 입을 때까지 예루살렘에 머물러 있어라"(루카 24,49). 이리하여 제자들은 "예수님께 경배하고 나서 크게 기뻐하며 예루살렘으로 돌아갔다. 그리고 줄곧 성전에서 하느님을 찬미하며 지냈다"(루카 24,52-53).

루카는 예수님의 길을 유다에 한정한다. 그것은 갈릴래아에서 출발하여 예루살렘에서 끝나게 되어 있는 일회적 여정이다. 예수님의 최우선 사명은 아버지의 예정된 뜻에 따라 구원의 확고한 기틀을 마련하는 것이다. 이를 위해 예수님께서는 이방인 선교에 나서지 않으신다. 그 선교는 교회에서 맡아 할 것이다. 제자들이 예루살렘에서 끝난 예수님의 길을 교회의 길과 연결한다. 이 교회의 길은 예루살렘에서 출발하여 세상 끝까지 펼쳐질 것이다.

2. 교회의 길

교회의 길은 유다교의 중심인 예루살렘에서 출발하여 이방인들의 땅을 두루 거쳐 세계의 중심인 로마에 이른다. 루카의 두 번째 저서 사도행전은 예루살렘 중심의 유다인 선교를 먼저 다루고, 중간 지대인 사마리아 선교를 지나가면서 언급한 뒤 본격적으로 이방인 선교를 다룬다.

2.1. 교회의 예루살렘 선교

사도행전은 루카 복음의 마지막 일화인 예수님의 승천 이야기를 반복하면서 자연스럽게 예수님의 길과 교회의 길을 연결한다. 사울은 그리스도인들을 "새로운 길을 따르는 이들"(사도 9,2)로 규정한다. 이 길은 '구원의 길'(16,17)인 '주님의 길'(18,25)을 말한다. 사도행전어서 이 길은 아무런 수식 없이 단순히 '길'이라고만 지칭된다(9,2; 18,26; 19,9.23; 22,4; 24,14.22). 예수님의 길과 교회의 길이 만나는 장소는 예루살렘이다. 특히 루카 24,52에 언급된 '예루살렘으로 돌아간다'는 표현은 사도 1,12에 반복되면서 사도행전의 이야기를 이어 주는 고리 역할을 한다.

예루살렘에 돌아온 제자들은 예수님의 분부대로 "한마음으로 기도에 전념"(사도 1,14)하며 위로부터의 힘을 기다린다. 그동안에 예수님을 팔아넘기고 스스로 목숨을 끊은 유다 이스카리옷의 자리를 채우기 위해 제비로 마티아 사도를 뽑는다. 마침내 오순절에 성령이 그들 위에 내리고 성령으로 충만한 베드로 사도가 열두 제자들을 대표하여 예루살렘에 모인 유다인들에게 회개를 촉구하는 설교를 한다. 베드로의 오순절 설교를 출발로 사도들은 예루살렘의 유다인 선교에 힘을 기울인다. 그러나 예루살렘의 유다인들은 사도들을 중심으로 하는 예수님의 제자들의 말에 귀를 기울이지 않고 그들을 박해한다. 이 박해의 정점은 일곱 부제들 가운데 하나인 스테파노의 순교다. 루카는 스테파노의 순교에 사도 7장 전체를 할 애한다.

2.2. 중간 지대인 사마리아 선교

교회의 길을 방해하려는 유다인들의 의도와는 달리 스테파노의 순교는 오히려 그리스도교가 예루살렘 밖으로 퍼져나가는 계기가 된다. "그 날부터 예루살렘 교회는 큰 박해를 받기 시작하였다. 그리하여 사도들 말고는 모두 유다와 사마리아 지방으로 흩어졌다"(사도 8,1; 참조: 11,19). 교회가 유다인들의 지역에서 사마리아인들의 영역을 거쳐 이방인들의 땅으로 퍼져 나간다는 도식은 루카의 독특한 신학적 의도를 반영한다. 루카는 이방인의 사도 바오로의 회심 이야기 다음에 "이제 교회는 유다와 갈릴래아와 사마리아 온 지방에서 평화를 누리며 굳건히 세워"(9,31ㄱ)졌다고 보고하는데, 이 대목에서 '유다와 갈릴래아와 사마리아'의 순서를 루카의 지리적 무지나 오해에 기인한 것으로 보는 것은 잘못이다. 루카는 이 구절에서 교회의 길이 유다 지역, 곧 예루살렘과 갈릴래아의 중간 지역인 사마리아를 거쳐 이방인들 지역으로 펼쳐지게 됨을 강조하는 것이다.

전통적으로 반半유다인들semi-Jews 취급을 받아 왔던 사마리아인들의 위치는 종교적 측면에서 볼 때 유다인과 이방인 사이에 속한다. 다시 말해서 그들이 사는 지역은 복음이 유다인들의 영역에서 이방인들의 영역으로 건너가는 중간 지역이다. 이 지리적 구도는 이미 사도행전 첫 장에 제시된다. 반복되는 예수님의 승천 기사에서 루카는 예수님의 말씀을 통하여 그리스도인들의 여정 또는 교회의 길을 분명히 밝힌다. "성령께서 너희에게 내리시면 너희는 힘을 받아, 예루살렘과 온 유다와 사마리아, 그리고 땅 끝에 이르기까지 나의 증인이 될 것이다"(1,8).

실제로 사도행전에서 사마리아 선교에 대한 구체적인 기사는 8,4-25

에만 나온다(사마리아 선교는 필리포스가 처음 시도함). 루카는 이 대목과 연결된, 에티오피아의 내시를 개종시킨 필리포스 이야기를 서둘러 마치고 이방인의 사도 바오로의 회심 기사(9,1-30)를 장황하게 소개한다.

2.3. 이방인 지역의 선교

루카는 바오로가 회심한 뒤 곧바로 이방인 선교에 착수했다고 보고하지 않는다. 바오로는 사도들과 여러 차례 접촉하고 자주 예루살렘 모교회를 방문하면서 그리스도교의 올바른 전통과 교리를 배운다(9,26-28). 무엇보다도 앞으로 바오로에게 맡겨질 '유다교에서 자유로운 이방인 선교'를 예루살렘 모교회가 정식으로 인정하는 절차가 선행되어야 했다. 이 절차는 교회의 우두머리인 베드로가 카이사리아의 로마 백인대장 코르넬리우스와 그의 가족들을 개종시키는 과정에서 이루어진다. 베드로는 야포에서 본 환시와 자신이 세례를 베풀기도 전에 이방인들이 성령을 받는 것을 보고, 할례와 율법에서 자유로운 이방인 선교를 하느님께서 원하신다는 사실을 깨닫는다(10,1-43). 베드로가 코르넬리우스 집안의 개종 이야기와 더불어 이 사실을 예루살렘의 수구파 유다인들에게 보고하자, 그들은 "이제 하느님께서는 다른 민족들에게도 생명에 이르는 회개의 길을 열어 주셨다"고 하면서 하느님을 찬양한다(11,1-18).

이 사건 이후부터 베드로는 점차 선교의 무대에서 사라지고 바르나바와 바오로의 이방인 선교가 활발하게 전개된다(13-14장). 그런데 이방인 선교를 두고 베드로가 변호하고 예루살렘 원로들이 동의했는데도 일부 극우파 유다인들이 "모세의 관습에 따라 할례를 받지 않으면 여러분은 구원을 받을 수 없습니다"라고 하면서 바오로와 바르나바의 이방인 선교에 제동을 걸었다(15,1-2).

그래서 예루살렘 모교회의 사도들과 원로들은 회의를 열어 교회에 들어오는 이방인들에게 몇 가지 필요한 규정 말고는 아무런 짐도 지우지 않기로 결정한다. 그리고 바오로와 바르나바를 포함하여 몇몇 지도급 형제들을 통하여 사도회의 결정사항을 이방인 형제들에게 편지로 알린다. "성령과 우리는 다음의 몇 가지 필수 사항 외에는 여러분에게 다른 짐을 지우지 않기로 결정하였습니다. 곧 우상에게 바쳤던 제물과 피와 목 졸라 죽인 짐승의 고기와 불륜을 멀리하라는 것입니다. 여러분이 이것들만 삼가면 올바로 사는 것입니다"(15,28-29).

예루살렘 사도단의 결정을 이방인 형제들에게 알려 주고 나서 바오로는 요한 마르코의 동행 여부로 바르나바와 심한 말다툼을 벌이고 서로 갈라선다. 이는 루카가 의도적으로 바오로로 하여금 바르나바의 영향권에서 벗어나 앞으로의 이방인 선교에서 주도권을 잡도록 하기 위해서인 것으로 풀이된다. 실제로 사도 16장 이후부터 베드로에 이어 바르나바도 이방인 선교 무대에서 사라지고, 사도행전 후반부는 바오로의 독무대가 된다.

바오로 선교 여행의 종착지는 로마다. 루카는 바오로가 로마로 가기까지의 과정을 지루하리만큼 장황하게 늘어 놓는다(21,27-28,16). 예루살렘 성전에서 유다인들에게 체포된 바오로는 로마 경비병들에게 넘어가고 로마로 압송되기까지 당시 유다에 영향력을 행사하던 온갖 정치·종교 권력자들 앞에서 변론한다. 바오로의 재판을 주도하는 세력들은 그가 증언하는 나자렛 예수님의 재판에 관여했던 수석 사제들과 바리사이들과 원로 등 유다인들의 종교 지도자들, 로마 총독과 헤로데 가문의 임금이다. 직책은 같은데 인물들만 바뀌었을 뿐이다. 루카가 바오로의 이 지루한 재판 기록에 부여한 신학적 동기는 무엇일까? 주님이 로마 군인들의 병영 내의 감옥에 갇힌 바오로를 방문하여 격려하시는 말씀에서 찾아볼 수 있다. "용기를 내어라. 너는 예루살렘에서 나를 위하여 증언한 것처럼 로마에서도 증언해야 한다"(23,11). 결국 루카는 로마에 가서 주님을 증언하는 일을 바오로의 이방인 선교의 정점으로 설정했기 때문에 로마로의 여정을 장황하게 묘사한 것이다. 이는 루카 복음에 부각된 예수님의 예루살렘으로 향하는 긴 여정과 비교된다.

바오로가 로마에 도착하는 것으로 사도행전은 갑자기 끝나 버린다. 사도행전 저자는 그토록 오랫동안 끌어온 바오로의 송사가 로마에서 어떻게 결판났는지에 대해서 아무런 정보도 제공하지 않는다. 그래서 학자들은 앞에서 언급한 대로 논리적으로 미완성인 채 끝나 버린 사도행전의 말미에 대해서 구구한 이론을 제시한다. 자료가 부족했든지, 루카에게 시간 여유가 없었거나 건강이 나빴든지, 아니면 파피루스 두루마리의 분량이 부족했든지 등등.

그러나 사도행전의 집필 동기가 주님의 길에 이어 교회의 길을 제시하려는 것이었음을 감안한다면 현재대로 끝나는 것이 논리적으로 조금도 무리가 되지 않는다. 예루살렘에서 시작된 교회의 길은 세계의 중심인 로마에서 끝남으로써 교회는 "땅 끝까지 복음을 전하라"는 예수님의 최후 분부를 수행하게 된 것이다. 루카 당대의 사람들은 지중해 연안의 지역을 세계의 전부로 생각했고 이 영토를 장악하고 있는 정치적 실세의 중심이 로마였기 때문에, 루카는 이방인의 사도 바오로가 로마에 도착하여 복음을 전했다고 기록함으로써 교회의 길이 종착역에 도달한 것으로 여긴 것이다.

로마로 압송된 바오로는 자기를 지키는 군인과 따로 떨어져서 지내도 좋다는 허락을 받는다(28,16). 그래서 바오로는 곧바로 그곳에 사는 디아스포라 유다인들과 이방인들에게 복음을 전한다. 루카는 그곳에서 바오로가 만 이 년 동안 "아무 방해도 받지 않고 아주 담대히 하느님의 나라를 선포하며 주 예수 그리스도에 관하여 가르쳤다"(28,30-31)고 보고하면서 자신의 두 번째 저서를 마무리한다.

루카 복음과 사도행전에 등장하는 지리 표시들을 앞 장에서 다룬 시간 표시들과 결합시켜 보면 저자가 의도하는 구세사의 전체적인 윤곽을 파악할 수 있다. 다음의 도표는 루카의 구원신학을 한 눈에 파악할 수 있도록 해 준다. 이 도표는 온 인류를 위한 보편적 구원이 하느님의 계획대로 예수 그리스도의 길과 교회의 길을 통하여 실현되어 간다는 것을 보여 준다.

	주님의 길 (루카 복음)		교회의 길 (사도행전)	
	시작	끝	시작	끝
장소	갈릴래아	예루살렘	예루살렘	로 마
시간	예수 세례	예수 승천	성령강림	예수 재림 (파루시아)

모든 이에게
평화의
복음을

III
잃어버린 이들에 대한 관심

복음서 저자들은 모두 '잃어버린 이들'에 대한 관심과 애정이 예수님의 말씀과 행동을 특징짓는 가장 중요한 요소라고 증언한다. 곧 당시 사회에서 종교적으로 그리고 경제적으로 소외된 사람들을 선교의 일차 대상으로 삼으셨던 예수님께서 그들에 대한 편애에 가까운 사랑을 조금도 거리낌 없이 드러내심으로써, 가난한 이들을 우선적으로 선택하셨던 성경의 하느님을 선명하게 소개하셨다고 보는 것이다. 루카는 잃어버린 이들, 곧 상처받은 죄인들을 가까이 대하시는 예수님의 모습과, 하느님의 자비를 표현하고 전달하는 당신 자신의 행위를 변호하기 위해 그분이 논쟁의 무기로 사용하신 비유들을 어느 복음서 저자들보다 생생한 필치로 묘사한다.

이 글에서는 루카 복음을 중심으로 먼저 잃어버린 이들의 신분을 규정하고, 예수님께서 이들을 위해 하신 행동과 그 행동의 파격적 의미를 소개한 다음, 그분이 기쁜 소식으로 선포하신 비유 말씀들의 원초적 내용과 목적을 밝히고자 한다.

1. 잃어버린 이들은 누구인가?

'잃었다'는 표현은 루카 15장의 세 비유 이야기에 가장 많이 등장하는데, 여기서 잃었다가 되찾은 양, 동전, 아들은 모두 죄인들을 표상한다. 바리사이들과 율법 학자들로 대표되는 유다 종교 지도자들은 잃어버린 이들을 율법 준수에 바탕을 둔 윤리적 차원에서 접근하였다. 이에 반하여 예수님께서는 구약성경의 연장선상에서 이들의 신분을 하느님의 자비로운 손길만을 고대하는 가난한 사람들의 범주에 넣으시고, 그들에게 특별한 관심과 애정을 쏟으셨다.

1.1. 공적 죄인들

예수님 당시의 죄인들은 크게 두 가지 점에 저촉되는 사람들을 가리킨다. 첫째는 하느님의 계명을 명백하게 지키지 않는 부도덕한 사람들로서 율법도 모르고 그것을 지킬 수도 없는 가난하고 무식한 서민 대중들, 이를테면 강도, 도둑, 간음과 간통 또는 강간을 자행한 이, 특별히 창녀가 이 부류에 속한다. 둘째는 누구나 경멸하는 사업에 가담하여 자기 이득만을 취하는 데 혈안이 된 부정직한 사람들로서 도박꾼, 사기꾼, 환전상, 주인에게 가축의 출산수를 속여 소득의 일부를 가로채는 목자들, 세금 징수원과 세리들을 말한다. 이들 가운데 가장 두드러진 죄인들은 창녀와 세리들인데, 네 복음서 저자들은 죄인들의 대표자로 언제나 이들을 등장시킨다. 바리사이들과 율법 학자들은 이 두 죄인들에 대해서 하느님의 구원을 도저히 기대할 수 없는 사람들로 취급하였다. 이들이 왜 이토록 미움과 경멸의 대상이 되었는지 좀 더 살펴보자.

우선 창녀가 구제받을 수 없는 죄인으로 여겨진 원인은 무엇보다 정신례상의 이유에서일 것이다. 이스라엘의 조상들이 가나안에 정착하기 시작하면서 그들의 주님께 대한 유일신 사상은 가나안 원주민들의 풍산신 숭배에 끊임없는 도전을 받아왔다. 가나안의 풍산신인 바알이나 아세라 신전에는 언제나 창녀들이 들끓었고, 이들은 신전에서 제사를 주관하는 사제들이나 제물을 바치러 오는 일반 신도들과 신전에서 공공연하게 성행위를 함으로써 곡식의 풍성한 소출과 가축의 보다 많은 출산을 상징적으로 기원하였다. 이 때문에 가나안의 풍산신에 대한 우상 숭배가 성행하게 되면 사회 전체의 성도덕이 자연히 문란해지기 마련이었다.

가나안의 우상 숭배와 성도덕의 문란은 상관관계를 맺고 있고, 예언자들은 북왕국 이스라엘과 남왕국 유다가 멸망한 이유도 그들이 이 우상 숭배적 간음에 빠졌기 때문이라고 지적한다(예레 3,1-3; 에제 16,16-58; 23장). 주님의 성전에 머무르는 이스라엘 사제들이 반드시 처녀와 결혼해야 했던 당시의 종교적 관습(레위 21,7-14)도 풍산신 숭배에서 오는 성도덕의 문란을 용납할 수 없다는 경신례적 결벽성에서 비롯되었다고 볼 수 있다.

또 다른 부류의 구제받을 수 없는 죄인들은 세리들이다. 예수님 시대의 세리는 국가가 정식 공무원으로 채택한 세금 징수원들과 구별된다. 세금 징수원들은 보통 유복한 집안 출신으로서 직접세, 곧 사람 머리 수에 따라 바치는 인두세와 토지세를 관장하는 정부 관리다. 그들은 낼 수 있는 능력에 따라 주민들에게 세액을 할당하고 국가 권력에 따라 합법적 절차를 밟아 수령액의 일부를 봉급으로 지급받았다. 반면에 세리들은 공개 입찰에 따라 일정기간 동안 어떤 지역의 통행세를 받을 권리를 갖는 세관장(루카 19,2)에게 소속된 부하 직원들이다.

신약성경 당시에 성행했던 통행세 징수과정을 좀 더 자세히 보면 헤로데 관할 지역에서나 로마 총독 관할 지역에서 세리들이 왜 그렇게 지역 주민들로부터 미움을 받았는지 알 수 있다. 그들은 무슨 조건을 붙여서라도 정해진 세금 이외에 자신들의 호주머니를 채울 금액을 주민들로부터 더 걷어냈다(루카 3,13). 실제로 주민들은 대부분 각종 통행세의 정확한 세액을 알지 못했다. 이런 이유에서 세리들은 가장 악랄한 사기꾼들로서 동족의 피와 땀을 착취하는 배신자로 낙인찍혔고, 본인들뿐 아니라 그들의 가족들까지도 미움과 경멸의 대상이 되었다. 세리들에게는 각종 공민권이 주어지지 않았고 배심원이나 공증인이 될 수 없었다. 그들이 만일 세리가 되기 전에 바리사이파에 속해 있었다면 여지없이 그 공동체에서 추방되었다. 이 점은 세금 징수원들에게도 마찬가지였다.

세리와 세금 징수원에게 율법에서 요구하는 회개의 조건은 매우 엄격하였다. 자신들의 직업을 포기해야 할 뿐만 아니라 남들로부터 도둑질한 몫에 오분의 일을 더 가산하여 되돌려 주어야 했던 것이다. 하지만 그들이 속인 사람들과 부당하게 취한 금액을 어떻게 일일이 다 기억할 수 있겠는가? 이와 같은 희망 없는 회개의 조건으로 인해 그들에게 하느님의 구원이란 애당초 불가능한 것이라고 자타가 공인할 수밖에 없었다.

1.2. 가난한 이들

유다 종교 지도자들이 잃어버린 이들을 윤리적 관점에서 적대시한 것과는 달리 예수님께서는 이들에게 자비와 사랑의 차원으로 접근하신다. 예수님께서 말씀하신 가난한 이들은 윤리적으로 타락한 죄인들은 물론 당시 사회의 갖가지 종교·정치·경제적 특권으로부터 소외된 모든 사람을 가리킨다. 예수님의 추종자들도 이 부류에 속한다. 이들은 사회에서 천대받는 무식쟁이들이었고, 당시의 통념에 따르면 율법에 대한 그들의 종교적인 무지가 구원으로 나아가는 길에 걸림돌이 되었다.

예수님의 선교 사명은 무엇보다 '가난한 이들에게 기쁜 소식을 전하는' 것이었다(루카 7,22 = 마태 11,5; 루카 4,18). '가난한 이들에게 기쁜 소식을 전하라'는 말씀은 이미 구약성경 예언자들의 핵심 메시지 가운데 하나였다. 나자렛 회당에서 이루어진 예수님의 첫 설교(루카 4,16-30)에도 그 일부가 인용된 이사 61장의 말씀은, 가난한 이들을 "마음이 부서진 이들"과 "잡혀간 이들"과 "갇힌 이들"(1절), "슬퍼하는 이들"(2절)로 풀어 묘사한다. 한마디로 가난한 이들은 자신들을 변호할 능력도 없고 아무런 기대와 희망도 바랄 수 없는, 그리하여 오직 최후의 보루로 주 하느님의 도움에만 의지할 수밖에 없는 절망 상태에 있는 사람들이다. 예수님께서 염두에 두신 가난한 사람들은 바로 이런 구약성경의 가난한 이들이었다. 그분은 무식꾼, 가난뱅이, 우는 이, 병자, 수고하고 무거운 짐진 이, 포로, 죄수, 불구자, 마귀 들린 이, 꼴찌, 채무자, 철부지, 죄인 등 여러 가지 표현들을 동원하여 '가난한 이들'을 묘사하신다. 이들은 한결같이 사회에서 버림받고 천대받고 잊혀진 상태로 하느님의 자비로운 손길만을 기다리는 가련한 이들이다. 넓게 보아서 당시 유다 사회에서 백안시되던 이방인들과 사마리아 사람들, 소홀히 취급받던 여성들과 어린아이들도 '가난한 이들'의 범주에 속한다.

이러한 가난한 이들 가운데서도 가장 예수님의 주목을 끈 계층은 당시의 종교·사회적 조건들에 의해서 구원의 희망을 포기할 수밖에 없었던 세리와 창녀들이었다. 의지할 데 없는 고아와 과부들, 불의의 희생물이 된 가난한 이들은 그래도 예언자들의 목소리를 통하여 사람들의 관심과 주목을 받고 하느님의 돌보심에 맡겨질 가능성이 언제나 열려 있었다. 그러나 죄인들, 그 가운데 특히 창녀와 세리들은 구약의 예언자들에게서도 변호를 받지 못한 채 유다교 경건주의자들의 증오와 배척과 멸시를 감수하는 수밖에 별 도리가 없었다. 바로 이들이 예수님의 일차적 선교 대상인 가난한 사람들의 맨 앞열에 서 있는 사람들로서 그분의 특별한 주의를 끌었다.

2. 잃어버린 이들에 대한 예수님의 태도와 유다 종교 지도자들의 반발

복음서들은 한결같이 예수님께서 잃어버린 이들, 곧 회개할 희망도 구원받을 희망도 없는 죄인들에게 율법이나 당시의 관습에 얽매이지 않고 자유롭게 행동하셨다고 증언한다. 이 같은 사실은 루카 복음에서 가장 두드러진다. 죄인들에 대한 예수님의 자유로운 태도는 율법 준수에 바탕을 둔 경건주의의 신봉자들로부터 반발과 도전을 불러일으킬 수 밖에 없었다. 예수님과 이들의 갈등은 결국 십자가 사건으로 이어진다.

2.1. 잃어버린 이들을 찾아 나서신 예수님

구약의 예언자들 가운데 '주님께서 메시아를 통하여 모든 민족을 새 예루살렘으로 불러 모으시리라' 는 종말론적 메시아 사상을 가장 두드러지게 강조한 예언자는 이사야였다. 루카는 예수님께서 이사야서의 종말론적 메시아 사상을 바탕으로 자신의 선교활동의 방향과 목표를 설정하셨다고 증언한다(루카 4,16-19; 7,22-23 병행 마태 11,5). 위의 두 대목에서 루카는 예수님께서 전하신 기쁜 소식의 일차적이고 본래적인 수혜자들이 '가난한 사람들' 로 총칭되는 당시 사회에서 소외된 계층이었다고 밝힌다.

예수님께서는 일반 병자들뿐만 아니라 율법에 의해서 격리와 접근금지가 명해진 나병 환자들까지도 손으로 만져 치유하셨다(마르 1,40-42). 여자, 어린아이, 무식꾼, 가난뱅이, 못난이, 사마리아 사람, 이방인들과도 격의 없이 상종하셨다. 이런 부류의 사람들과 어울리는 정도라면 바리사이파나 율법 학자들이 이맛살을 찌푸리거나 비웃는 정도로 끝났을 것이다. 그러나 유다 종교 지도자들의 분노와 증오를 폭발시킨 원인은 잃어버린 이들, 곧 죄인들에 대한 예수님의 자유분방한 태도였다. 그들의 판단에 따르면, 예수님은 어느 사회에서나 필연적인 악으로 규정하고 당연히 멀리해야 하는 문제아, 공공연한 패륜아, 민족의 배신자, 망나니들과 어울림으로써 철저한 율법 준수를 믿음의 척도로 삼고 있는 유다교의 기초를 뿌리째 뒤흔들었다. 그들 입장에서 보면 예수님께서 먼저 그들과 율법에 도전한 셈이다. 예수님과 세리 및 죄인들과의 교류는 다음 몇 가지 형태로 이루어졌다.

첫째, 예수님께서는 죄인들과 음식을 함께 나누셨다. 고대 근동에서 음식을 나눈다는 것은 용서와 화해와 신뢰의 표시요, 우애와 형제애의 나눔을 의미했다. 평화조약 체결도 음식을 나누는 가운데 이루어졌다. 따라서 어떤 사람을 식탁에 초대하는 행위는 그에게 커다란 존경과 예우를 표시하는 것이다. 특별히 유다교에서 식탁의 나눔은 하느님 앞에서 형제애를 나누는 행위였다. 집 주인이 하느님께 축복기도를 바친 빵을 식탁에 초대된 사람들 모두가 한 조각씩 서로 쪼개 나누어 먹기 때문이다. 예수님께서는 죄인들의 식사초대에도 응하시고 세리와 죄인들을 당신의 식탁에 초대하기도 하셨다. "세리들과 죄인들이 모두 예수님의 말씀을 들으려고 가까이 모여들고 있었다"(루카 15,1; 참조: 5,29). 이런 사실은 예수님께 붙여졌던 "먹보요 술꾼"(루카 7,34 = 마태 11,19)이라는 별명이 증명한다. 이 별명은 예수님 당시에 유행하던 표현이었다. 물론 이 과장된 별명 때문에 예수님과 그분 제자들의 일상적인 식탁 손님들이 죄인들로만 한정되어 있었다고 생각할 필요는 없다. 다만 예수님의 반대자들을 당황하게 만들고 적대감을 불러일으키게 했던 것은 아무런 제한 없이 또는 무분별하게 모든 이를 식탁에 초대하신 예수님의 태도 때문이었다.

둘째, 예수님께서는 몇몇 세리들을 당신의 제자로 삼으셨고, 그 가운데 한 사람은 열두 사도의 공동체에 받아들이셨다. 복음서들은 적어도 세 명의 세리들의 이름을 우리에게 알려준다. 루카는 마르코의 전승을 이어받아 예수님께서 세리 레위를 당신의 제자로 부르신 사실을 전해 준다(5,27 병행 마르 2,14). 마태 9,9에서는 이 제자의 이름이 마태오로 바뀐다. 추측컨대 복음서 이전의 구전전승에서는 레위와 마태오가 둘 다 세리들이었고 둘 다 예수님을 따라다닌 제자들이었을 것이다. 이 구전전승을 알고 있던 마태오 복음 저자가 마르코 복음의 기록을 옮겨 적으면서 레위가 열두 사도(마태 10,3)의 일원이 아님을 깨닫고 마태오로 개칭하여 기록한 것 같다. 레위와 마태오 이외에 키 작은 세관장 자캐오도 자신의 재산을 정리하여 가난한 사람들에게 나눠 주고 예수님의 제자가 될 결심을 보인다(루카 19,1-10).

마지막으로 예수님께서는 죄인의 집에 묵으시기까지 하셨다. 위에서 언급한 돈 많은 세관장 자캐오의 집에 자진해서 하룻밤 묵겠다고 제안하셨다. 그분을 환영 나온 예리코의 일반 시민들조차 이를 못마땅해 하였음에도 그분은 전혀 개의치 않았다. "저이가 죄인의 집에 들어가 묵는군"(루카 19,7).

이렇게 예수님께서는 죄인들과 공공연하게 교제하심으로써 이들도 하느님께 받아들여졌다는 사실을 드러내셨다.

2.2. 유다 종교 지도자들의 반발

죄인들과 예수님의 자유로운 교제는 바리사이파와 율법 학자들을 중심으로 하는 유다교 지도층에 경악과 분노를 안겨 주었다. 그들이 왜 이와 같은 반응을 보였는지 이해하기 위해서는 먼저 당시의 종교적 분위기를 살펴보아야 할 것이다.

예수님 시대의 유다교에서 명하는 가장 중대한 종교 의무는 죄인들을 멀리하는 것이었다. 쿰란 공동체에서 식탁의 친교는 오로지 깨끗한 사람들, 곧 공동체의 정식 회원들로만 제한되었다. 바리사이들에게 죄인들과의 교제는 의인들의 순수함을 오염시켜 신성한 영역에서 의인들의 지위를 위태롭게 하는 행위였다. 바리사이는 죄인들이 있는 자리에 손님으로 초대될 수 없고, 그들을 바리사이파의 정식 예복을 입은 채 집안에 받아들여서도 안 된다. 일자 무식꾼에게 자비를 보이는 것은 금지되었고, 율법을 모르는 군중은 하느님의 저주를 받는다고 되어 있었다.

물론 유다교에서도 하느님은 자비로우신 분이고 용서하실 수 있는 어른이시다. 그러나 그분의 도움은 의인들에게만 해당한다. 죄인들의 말로는 하느님의 심판뿐이다. 죄인들도 구원받을 수 있지만 우선 자기가 진정으로 회개했다는 것을 증명하기 위해서 선을 행하고 생활방식을 완전히 바꾼 뒤에야 비로소 가능하다. 오직 그 후에야 바리사이들은 그를 하느님께서 사랑하실 수 있는 대상으로 간주하였다. 한마디로 죄인은 하느님의 구원과 사랑을 운운하기 전에 먼저 의인이 되어야 한다.

이렇게 인간이 하느님과 맺는 관계는 윤리적 행위를 바탕으로 한다고 믿어왔던 유다교 지도자들 눈에, 하느님의 사랑이 그들이 경멸하는 죄인들과, 잃어버린 이들에게 직접 주어진다고 외치시면서 그들과 아무 거리낌없이 상종하시고 그들과 함께 식사하시며, 그들을 제자로 삼으시고 그들의 집에 묵으시기까지 하시는 예수님의 태도가 곱게 보일 리가 없었다. 복음서 저자들은 예수님에 대한 바리사이들과 율법 학자들의 적대적 반응을 여러 가지로 표현한다. '먹보요 술꾼'이라는 불명예스러운 별명을 예수님께 갖다 붙이기도 하고(루카 7,34 = 마태 11,19), 못마땅하게 여기거나(루카 15,2; 19,7) 이해하지 못하며(루카 15,29 이하 참조), 때로는 제자들에게 이 같은 타락자한테서 떠날 것을 은근히 종용하기도 한다(루카 5,30 병행 마르 2,16 참조). 무엇보다 그들은 잃어버린 이들의 죄를 감히 용서하시는 예수님의 행위에 격분하였다. 인간의 죄는 오직 하느님만이 사하실 수 있었기 때문에, 그들의 판단에 따르면 예수님의 용서 행위는 하느님을 모독하는 중죄였다(루카 5,20-24 = 마르코와 마태오 복음의 병행구 참조).

의인들이 아니라 죄인들, 곧 잃어버린 이들을 찾아나서시는 예수님의 모습은, 인간이 하느님과 맺는 관계를 오로지 자신들의 윤리적 행위로만 파악하여 죄인들을 단죄하고 경원시하였던 당시 유다 사회의 율법주의자들과 경건주의자들에게 납득되거나 용납되지 못했다. 따라서 예수님의 자유분방한 행동이 율법을 바탕으로 이루어진 자신들의 종교관과 윤리관을 뿌리째 흔들어 놓는 것을 느낀 나머지, 더 큰 종교적 혼란을 막기 위하여 마침내 유다 최고의 법정인 최고 의회에서 '신성모독죄'로 예수님을 고발하고 제거하기로 결정한다(루카 22,67-71 = 마르코와 마태오 복음의 병행구 참조).

3. 기쁜 소식의 내용과 효과

예수님께 대한 유다교 지도자들의 비판은 그분이 맺으신 죄인들과의 자유로운 관계에만 국한되지 않았다. 오히려 그분이 말씀으로 선포하신 기쁜 소식의 내용을 더욱 맹렬히 비판하였다. 이 기쁜 소식의 내용이 무엇이었길래 바리사이들과 율법 학자들을 그토록 격분시켰는지, 그리고 예수님께서는 당신의 비판자들을 거슬러 잃어버린 이들에게 선포하신 기쁜 소식을 어떻게 변호하셨는지 살펴보자.

3.1. 기쁜 소식의 내용

위에서 언급한 대로 예수님께서 선포하신 기쁜 소식은 하느님의 사랑과 자비가 메시아를 통하여 결정적으로 고통받고 버림받은 사람들에게 베풀어진다는 옛 예언자들의 종말론적 메시아 사상을 바탕으로 한다. 예수님께서는 하느님이 임금으로서 당신 백성에게 베푸시는 선정善政, 곧 하느님 나라가 당신의 출현과 더불어 이미 도래했으니 모두들 이 소식에 귀를 기울이고 기뻐 용약하라고 요청하신다.

예수님께서는 하느님의 구원 소식이 의인들에게만 해당하는 것으로 본 당시의 종교관과는 달리, 구원에서 온전히 제외시켰던 세리와 창녀와 중죄인들을 구원소식의 가장 우선하는 대상으로 삼으셨다. 앞에서 밝힌 바와 같이 이 죄인들이야말로 가난한 이들의 선두 그룹에 속해 있는 사람들이다. 그들은 이중으로 고통을 받고 있었다. 사회적으로 경멸의 대상이었음은 물론 종교적으로도 하느님의 구원을 받을 희망에서 제외되었으니 말이다.

루카가 전해 주는 나자렛 회당에서의 예수님의 첫 설교 장면을 보면, 이사야 예언서에 바탕을 둔 예수님 자신의 소명의식과 그분이 앞으로 펼쳐 나갈 선교활동의 청사진이 소개되고 있다. 그 소명은 무엇보다 '가난한 이들에게 기쁜 소식을 전하는 것'이었다. "주님께서 나에게 기름을 부어 주시니 주님의 영이 내 위에 내리셨다. 주님께서 나를 보내시어 가난한 이들에게 기쁜 소식을 전하고 잡혀간 이들에게 해방을 선포하며 눈먼 이들을 다시 보게 하고 억압받는 이들을 해방시켜 내보내며 주님의 은혜로운 해를 선포하게 하셨다"(루카 4,18-19; 참조: 이사 61,1-2; 58,6). 이 인용문에서 "해방"(또는 '자유')이라는 단어는 일차적으로 귀양살이에 묶여 있는 포로들이나 이민족의 압제에 시달리는 사람들을 풀어 준다는 의미로 사용되고 있지만, 루카 복음과 사도행전의 여러 대목에서 죄와 연결되어 사용된다(루카 1,77; 3,3; 24,47; 사도 2,38; 5,31; 10,43; 13,38; 26,18; 참조: 마태 26,28; 마르 1,4; 콜로 1,14). 루카에게 예수님께서 선포하신 복음의 핵심 내용은 하느님께서 나자렛 예수님을 통하여 죄로 인해 가난해지고 억눌려 있으며 소외된 사람들을 해방시키셨다는 것이다.

예수님께서는 죄인들, 곧 잃어버린 이들에 대한 해방의 소식을 '죄에서의 해방'이라는 직접적인 표현 이외에 여러 가지 구체적이고 은유적인 표상들과 비유들을 통하여 선포하셨다. 그 가운데 대표적 예가 죄의 용서를 빚의 탕감으로 비유한 것이다. 극심한 가뭄과 예기치 못한 우박, 메뚜기 떼 등으로 한 해의 농사를 망친 예수님 당시의 팔레스티나 농부들은 도지세를 바치기 위해서 가진 것 모두를 팔고, 그것도 안 되면 자식들과 아내와 심지어 자기 자신까지도 종으로 팔아야 했다(마태 18,25). 예수님께서는 채권자와 채무자 사이의 이 냉혹한 현실을, 당시 유다교의 지도자들이 율법주의와 엄격주의의 논리에 바탕을 두고 설정한 하느님과 죄인 사이의 관계에 연결시키신다. 이런 절박한 상황에서 놀랍게도 채권자는 빚을 전면 탕감해 준다(루카 7,42). 그것은 빚진 사람이 빚 갚을 능력이 전혀 없기 때문이다. 이처럼 하느님도 아무런 희망이 없는 죄인들, 도저히 자신의 공로로 속죄할 기력이 없는 사람들에게 그들의 불행한 처지를 딱하게 여기시어 죄사함의 은혜를 기꺼이 베푸신다.

무엇보다 예수님께서는 죄인과 하느님, 죄와 해방 사이의 관계를 다양한 비유를 들어 설명하셨는데, 세 가지 비유가 눈에 띈다. 루카 15장에 이 비유들이 충실하게 소개되어 있다.

'되찾은 양의 비유'(루카 15,4-7; 마태 18,12-14)에서 죄인의 회개를 기뻐하시는 하느님은, 아흔아홉 마리의 양을 들판에 버려 두고 길 잃고 방황하는 한 마리의 양을 찾아 나섰다가 그 양을 발견한 뒤 기뻐하는 목자에 비교된다. "이와 같이 하늘에서는, 회개할 필요가 없는 의인 아흔아홉보다 회개하는 죄인 한 사람 때문에 더 기뻐할 것이다"(7절). 이 비유 다음에 계속되는 '되찾은 은전의 비유'(루카 15,8-10)도 되찾은 양의 비유와 똑같은 구조와 메시지를 보인다. 이 비유에서 은전 열 닢을 가졌다가 그 가운데 한 닢을 어두운 방에서 잃어버린 한 여인이 온 방을 비질하여 그 은전을 다시 찾고 즐거워하며 이웃 사람들과 조촐한 잔치를 벌인다. 이 여인을 사로잡은 그 기쁨을 하느님께서도 맛보고 싶어 하신다. '이와 같이 회개하는 죄인 한 사람 때문에 하느님의 천사들이 기뻐한다"(10절). 여기서 "하늘"이나 "하느님의 천사들"은 하느님께 대한 경외심 때문에 그분을 직접 거론하지 않고 에둘러 표현하던 유다인들의 종교 관습어 따른 것이다.

이 한 쌍의 비유에 이어지는 '되찾은 아들의 비유'(루카 15,11-32)는 예수님의 비유들 가운데 백미라고 볼 수 있으며 수많은 종교인들과 예술인들에게 깊은 감동과 영감을 불러일으켰다. 그런데 이 비유의 진의眞意가 제대로 전달되지 않는 경우가 허다하다. 한동안 '탕자의 비유'라고 지칭되면서 이 비유는 죄인들, 특히 젊은층의 탕아들을 겨냥하여 그들의 회개를 촉구하는 설교의 자료로 많이 애용되곤 했다. 그러나 비유의 강조점은 작은아들의 돌아옴에 있지 않다. 작은아들의 회심이래야 기껏 자신의 불행한 신세를 한탄하고 예전에 그가 아버지 집에서 누리던 온갖 특권과 행복을 그리워한 자기 연민에서 출발한 것이다. 작은아들의 진정한 회심은 다시 돌아온 자신을 따뜻이 맞아 주시는 아버지의 자비와 사랑을 만난 뒤였을 것이다. 그러나 비유에서는 이 회심에 대해서는 전혀 언급이 없다. 애초부터 이야기의 초점이 작은아들의 행동에 있지 않았기 때문이다.

중요한 것은 아버지의 행동이다. 이야기의 전반부에서나 후반부에서나 첫째 주인공은 아버지다. 그는 잃어버린 아들이 걸어오는 모습을 멀리서부터 알아차리고 자신의 체면과 신분도 잊은 채 달려가 아들의 목을 끌어 안고 입을 맞추었다. 잘못을 시인하는 아들의 말을 가로막고 하인들을 시켜 제일 좋은 옷을 입혀 주고 가락지를 끼워 주며 호사를 뜻하는 신발을 신겨 주었다. 그리고 살진 송아지를 잡아 잔치를 벌였다. 한편 아버지 곁을 떠나지 않고 언제나 그 집안을 돌보는 데 충실했던 큰아들이 이 '소동'의 진상을 알아보고서 화를 내며 집에 들어가지 않으려 했다. 아버지는 어찌하여 방탕한 생활로 유산의 몫을 다 탕진해 버리고 거지꼴로 돌아온 동생놈을 너그럽게 용서해 주고 그토록 환대하는가? 집안을 돌보기 위해 온갖 노고를 아끼지 않은 자신의 성실했던 삶은 동생을 편애하는 아버지 앞에서 무슨 의미가 있을까? 아버지는 이렇게 불만과 분노로 가득 찬 큰아들을 들에 그대로 버려 두지 않고 찾아 나선다. 그리고 부드러운 말로 타이르며 잔치의 의미를 밝혀 준 뒤 잔치에 동참하기를 권유한다. 큰아들을 잔치에 초대하는 아버지의 말씀으로 비유는 끝난다. 이 비유의 처음부터 끝까지 상황의 주도권을 쥐고 있는 것은 아버지다. 아버지는 한편으로 돌아온 작은아들을 달려나가 맞는가 하면, 다른 한편으로 공평치 못한 부친의 처사에 분노하면서 항의의 표시로 집에 들어가지 않겠다고 고집을 부리는 큰아들에게도 인내심을 가지고 그를 찾아 나가서 잔치에 참여하자고 타이른다.

3.2. 기쁜 소식과 회개

이상 세 가지 비유에서 특별히 강조하고 있는 것은 잃었던 이를 다시 찾았을 때 찾은 이가 느끼는 커다란 기쁨이다. 예수님 역시 희망 없는 이들, 잃어버린 이들, 죄인들을 대하시면서 이 기쁨을 느끼셨다. 예수님을 사로잡은 이 기쁨이 죄인들에게 전달되고 죄인들에게 깊은 감동과 참다운 회심을 불러일으켰다. '두 채무자의 비유'를 둘러싸고 있는 '죄 많은 여자를 용서하신'(루카 7,36-50) 이야기가 이를 증언한다. 하루는 시몬이라는 바리사이파 사람이 예수님을 잔치에 초대하였다. 이름난 거리의 설교가에 대한 예우였을 것이다. 그 고을에 죄인인 여자 하나가 하느님이 죄인들, 그 가운데서도 구원의 길이 막혔다고 자타가 공인하던 창녀와 세리들에게 구원의 초대장을 우선으로 보내셨다는 예수님의 기쁜 소식을 듣고서 감사의 정을 표현하기 위해, 점잖은 식탁에 초대된 그분을 찾아왔다. 그 여자는 주변의 눈총도 아랑곳하지 않고 감동의 눈물로 예수님의 발을 적시고 뭇 남자들 앞에서 수치심도 잊은 채 머리를 풀어 그분의 발을 닦아 드렸다. 그리고 나서 발에 입을 맞추고 값진 향유를 부어 발랐다. 이 광경을 지켜보던 집주인 시몬은 내심 예수님의 인격과 신분을 의심한다.

예수님께서는 자신의 태도를 비판의 눈으로 지켜보는 시몬과 좌중의 손님들에게 두 채무자의 비유를 들려 주신다. "어떤 채권자에게 채무자가 둘 있었다. 한 사람은 오백 데나리온을 빚지고 다른 사람은 오십 데나리온을 빚졌다. 둘 다 갚을 길이 없으므로 채권자는 그들에게 빚을 탕감해 주었다. 그러면 그들 가운데 누가 그 채권자를 더 사랑하겠느냐?"(루카 7,41-42). 예수님의 질문에서 볼 수 있듯이 빚의 전면적인 탕감이 채권자에 대한 채무자의 사랑에 선행한다. 곧 하느님 편에서 완전한 용서가 먼저 주어지고 그다음에 그분께 대한 죄인들의 사랑과 감사가 뒤따른다. 예수님의 질문에 대한 시몬의 대답도 이를 확인해 준다. "더 많이 탕감받은 사람이라고 생각합니다"(43절). 예수님께서는 이어 그 여자의 감사와 사랑의 행위를 일일이 나열하신 뒤 다음과 같은 결론을 내리셨다. "이 여자는 그 많은 죄를 용서받았다. 그래서 큰 사랑을 드러낸 것이다. 그러나 적게 용서받은 사람은 적게 사랑한다"(47절). 공동번역에서는 이 구절의 전반부를 "이 여자는 이토록 극진한 사랑을 보였으니 그만큼 많은 죄를 용서받았다"로 옮겼다(한국 천주교회 200주년 신약성서도 마찬가지). 그러나 이 번역은 여자의 사랑이 먼저고 용서가 그 대가로 주어진 것처럼 되어 빚의 탕감이 채무자의 사랑에 앞선다는 '두 채무자의 비유'의 내용과 상반된다. 두 번역 다 가능하여 주석가들 사이에서는 의견이 분분하다.

해결의 실마리는 50절에서 찾을 수 있다. "네 믿음이 너를 구원하였다. 평안히 가거라." 믿음은 이 여자의 구원에 결정적 역할을 한다. 이 이야기의 실제 상황은 이렇게 전개되었을 것이다. 먼저 예수님께서 희망 없는 죄인들이야말로 하느님의 일차적인 관심과 자비의 대상이며, 하느님은 이들에게 무죄선고를 내리는 기쁨을 맛보고 싶어 하신다는 기쁜 소식을 선포하신다. 예수님의 설교를 듣고 죄많은 여자는 깊은 감동과 희망 속에서 이 기쁜 소식을 전적으로 받아들인다. 예수님의 발을 눈물로 적시고 머리카락으로 닦으며 값비싼 향유를 부어 드리는 여자의 행위는 예수님의 말씀을 전적으로 믿고 받아들였다는 명백한 표시다. 예수님께서는 기쁜 소식에 대한 여자의 믿음과 믿음의 외적인 표시로 보여진 일련의 행위들이 여자에게 구원을 가져다 주었음을 선언하신다. 기쁜 소식의 선포, 그 소식의 수용(감사와 사랑의 외적인 표시를 통하여), 구원에 대한 예수님의 확인과 보증이 이 이야기의 뼈대다. 따라서 문제가 되는 47절 전반부의 "이 여자는 그 많은 죄를 용서받았다. 그래서 그 큰 사랑을 드러낸 것이다"는 말씀은 죄사함의 선행조건으로서 사랑의 실천이 요구된다는 뜻이 아니라, 하느님께서 죄인을 구원의 일차적 대상으로 삼으셨다는 소식을 여인이 감동적으로 받아들이고 감사의 표시를 온몸으로 했으니 구원이 그녀에게 틀림없이 보장된다는 뜻이다. 그리고 47절 후반부의 "적게 용서받는 사람은 적게 사랑한다"는 말씀은 두 채무자의 비유 및 이야기 전체와 맥을 같이하면서 죄인의 반응에 대한 죄사함의 선행성을 강조한다.

예수님께서는 구약의 예언자들, 그 가운데 특히 이사야 예언자의 사상을 이어받아 소외당하고 가난한 이들에게 쏟으시는 하느님의 사랑과 자비를 당신 복음의 핵심 내용으로 삼으셨다. 특히 그분이 발설하신 것이 분명한 잃어버린 이들에 관한 비유들은 죄인들에게 기쁨과 희망을 불러일으켜 자신들의 구원을 확신하게 했다. 이 확신에서 진정한 회개가 일어났고 구원의 기쁜 소식이 그들에게 받아들여지게 된다.

4. 기쁜 소식의 변호

예수님께서는 비판자들로부터 죄인들에 대한 당신의 태도와 기쁜 소식을 변호하시기 위하여 비유들을 논쟁의 무기로 이용하신다. 논쟁의 무기로 이용된 비유들은 세 가지 호소를 담는다.

4.1. 죄인들의 모습을 눈여겨 보라!

예수님께서는 비판자들의 눈을 가난한 이들, 잃어버린 이들, 죄인들에게 돌리라고 호소하신다. 너희는 왜 내가 죄인들을 가까이하고 그들의 친구가 되어 주는지 깨닫지 못하는가? 그들은 앓고 있는 병자와 같아서 나의 도움이 절대적으로 필요하다! "건강한 이들에게는 의사가 필요하지 않으나 병든 이들에게는 필요하다. 나는 의인이 아니라 죄인을 부르러 왔다"(마르 2,17 = 루카 5,31-32; 참조: 마태 9,12-13). 그들은 목자가 찾아 나서지 않으면 맹수의 위협에 내맡겨질 길 잃은 양과 같고, 주인이 찾지 않으면 어두운 방구석에 처박혀 잊혀진 채 녹슬어 가는 동전과 같으며, 아버지가 받아주지 않으면 낯선 땅에서 돼지가 먹는 먹이까지도 탐할 정도로 굶주려 죽어가게 될 작은아들과 같다.

이렇게 불행한 처지에 놓여 있던 죄인들이 예수님의 행동과 말씀을 통하여 기쁜 소식에 접하게 되면 깊은 감사와 신뢰로 그 구원의 기쁜 소식을 받아들인다. 더 많은 빚을 탕감받은 사람일수록 더 깊은 감사의 정을 느낀다. 너희는 깨닫지 못하는가, 너희에게 결핍되어 있는 감사와 신뢰를 저 죄인들이 보여 주고 있음을.

4.2. 하느님의 자비와 사랑에 눈떠라!

기쁜 소식을 전하는 비유들이 강조하는 또 다른 요소는 하느님이 가난한 이들을 찾아 나서신다는 것이다. 자비와 사랑의 신이 죄인들의 구원을 원한다는 것은 보편적 종교 진리에 속한다. 예수님의 기쁜 소식은 단지 이 보편적 진리를 선포하는 데에 그 특징이 있는 것이 아니다. 누구라도 도량이 크고 자비로운 심성을 가진 사람이라면, 자신이 지은 죄의 무게에 짓눌려 괴로워하는 죄인들에게 연민의 정을 느끼고 그들의 마음의 상처를 치유해 주고자 할 것이다. 예수님께서 선포하신 복음의 특징은 죄인들에 대한 하느님의 구원 의지가 나자렛 예수님의 삶 안에서 구체적으로 실현되었다는 사실에 바탕을 둔다. 예수님의 자의식 속에는 아버지께서 인류의 구원을 당신 자신의 인격과 결부시키셨다는 강한 확신이 들어 있다. "하느님의 나라는 너희 가운데에 있다"(루카 17,21).

죄인들에 대한 예수님의 '기이한' 행동과 말씀은 하느님이 과연 어떤 분이신가를 적나라하게 드러냈다. 예수님께서는 죄인들과 어울리시고 심지어 그들과 더불어 축제의 만찬까지 함께하시는 당신의 태도를 비난하는 사람들에게 하느님은 잃은 양을 찾고 기뻐하는 목자처럼, 잃어버린 은전을 찾고 이웃을 불러 기쁨의 잔치를 나누는 여인처럼, 집나간 아들이 돌아와 너무나 기뻐 살진 송아지를 잡아 잔치를 벌이는 아버지처럼, 죄인들이 기쁜 소식을 받아들이고 회개하는 모습을 보고 기뻐하신다고 선언하신다. 하느님은 원래 그런 분이시다. 그분은 잃어버린 이들이 구원받기를 간절히 원하시는데, 그것은 단순히 그들이 당신의 자녀들이기 때문이다. 그분은 자녀들이 방황할 때 슬퍼하시고 그들이 올바른 길로 돌아올 때 기뻐하신다. 예수님께서는 당신의 말씀과 행동이 결국 이런 하느님을 증언한다고 주장하신다. 그리고 유다교 지도자들에게 자신들의 율법주의와 엄격주의에 바탕을 두고 만들어낸 하느님 상(像)을 버리고 당신의 삶을 통하여 소개되는 참하느님 상에 눈을 돌리라고 촉구하신다.

4.3. 자신을 돌아보라!

마지막으로 예수님께서는 비판자들이 스스로의 모습을 깨닫기를 호소하신다. 이 호소는 흔히 심한 비난과 욕설을 동반하기도 한다(루카 11,37-54 병행 마태 23,1-36). 가난한 죄인들의 비참한 처지와, 당신의 행위에 표현된 하느님의 따뜻한 마음에 대해서 전혀 무감각한 그들을 보시고 예수님께서는 분노하신다. 너희 복음의 비판자들은 작은아들의 회생回生을 축하하며 자기 기쁨을 온 가족과 함께 나누고자 잔치를 베푸는 아버지에게 항의하고 그의 기쁨을 전혀 이해하지 못하는 큰아들과 같다. 또한 너희는 잔치의 초대를 무례하게 거절한 위인들과 같다(마태 22,1-10; 루카 14,16-24). 도대체 너희는 무슨 권리로 내 식탁에 앉은 죄인들을 비웃고 그들을 초대한 나를 비웃는가? 너희에게는 기쁜 소식을 받아들인 죄인들에게서 찾아볼 수 있는 기쁨도, 사랑도, 감사도, 믿음도 찾아볼 수 없고 오직 자기만족과 독선만이 너희의 삶을 온통 지배할 뿐이다.

일련의 비유에서 이상 세 가지 호소를 통하여, 곧 비판자들로 하여금 잃어버린 이들의 처지와 태도, 그들에 대한 하느님의 사랑과 자비, 그리고 자기 자신의 참모습을 돌아보도록 하심으로써 예수님께서는 비판자들에게 기쁜 소식을 받아들일 마지막 기회를 다시 한 번 제공하신다. 이 마지막 제의조차 거절하면 그들에게 더는 희망이 주어지지 않을 것이다.

루카는 '가난한 이들에게 기쁜 소식을 전하라'는 이사야 예언서의 말씀을 공생활의 좌우명으로 삼고 가난한 이들에게 특별한 관심과 애정을 보여 주시는 예수님의 모습을 다른 어느 복음서보다 충실하게 그려낸다. 예수님께서는 실제 행동하심으로써 가난한 사람들과 어울려 그들에게 복음, 곧 하느님이 가난하고 소외당하고 억눌린 사람들, 그 가운데서도 잃어버린 이들을 몸소 찾아오시어 구원하신다는 기쁜 소식을 전하셨다. 이런 예수님의 행동과 말씀은 당대의 종교 지도자들에게 걸림돌이 되었고, 급기야 유다 최고법정에서 유다교의 율법과 종교 전통을 수호하기 위하여 그를 제거해야 한다는 결정을 유발시켰다. 한마디로 예수님께서는 가난한 이들에 대한 하느님의 자비와 사랑이 자신의 삶 속에서 구체화되고 실현된다는 사실을 당신의 목숨을 걸고 증언하신 셈이다. 이 사실이 바로 기쁜 소식의 핵심이요 특징이다.

모든 이에게
평화의
복음을

IV_
부와 가난

앞 장에서는 '가난한 이들에게 기쁜 소식을 전하라'는 구약의 예언자적 전통이 예수님의 공생활의 이정표가 되었음을 밝혔다. 여기서 가난한 이들은 종교 · 정치 · 경제 · 사회적으로 소외되어 자비로운 하느님의 특별한 관심과 주의를 끄는 모든 사람을 의미한다. 가난한 이들을 넓은 의미로 해석한 것이다. 이 글에서는 가난을 본래의 좁은 의미로, 곧 물질적 궁핍을 뜻하는 것으로 해석하겠다. 자연히 이에 대칭되는 부는 넉넉한 재물을 뜻한다.

공관 복음의 전통은 재물의 위험성을 경고하시는 예수님의 가르침을 전한다. 예수님께서는 가난하게 태어나시고 가난한 목수로 사셨으며 공적 선교활동 가운데서도 가난하게 사셨다. 가난한 사람들을 제자로 삼으시고 선교길을 떠나는 제자들에게 가난한 생활을 요구하셨으며 가난하게 최후를 맞으셨다. 넓은 의미에서의 가난한 사람들에게 각별한 관심과 애정을 보여 주었던 루카는, 좁은 의미에서의 가난한 사람들에게도 다른 복음서의 저자들이 따라갈 수 없을 만큼 특별한 관심을 보이고 자선의

미덕을 높이 평가한다. 그런데 루카 복음과 사도행전에서 자선이 출중한 덕으로 강조되고 있는 것은 루카 공동체가 안고 있는 특수한 상황 때문이다. 먼저 루카 공동체가 당면한 어려운 상황이 무엇인지를 밝히고 문제를 해결하기 위하여 루카가 어떻게 초대 교회의 생활상과 예수님의 가르침에 대해 호소하는지 살펴볼 것이다.

1. 루카 공동체의 특수 상황

앞에서 언급한 대로 루카 공동체는 주로 그리스어를 쓰고 그리스 문화에 젖어 있던 이방계 그리스도인들로 이루어졌다. 그리스와 로마 문화에서 사는 사람들은 자선의 의미를 몰랐다. 어려운 처지에 빠져 있는 친구를 도와줄 경우에도 행여 나중에 말썽의 소지가 있을까봐 반드시 차용증서를 받아 두었다. 따라서 차용증서의 효력이 미치지 못하는 비非시민들에게는 돈을 빌려 주지 않으려 했다. 자선은 이집트와 팔레스티나와 같은 근동의 문화적 유산이었다. 특히 유다인들은 자선을 매우 확실하고 고귀한 율법 실천의 표지르 인정하였다.

루카가 자신의 복음서와 사도행전을 쓰던 시기는 80-90년, 곧 도미티아누스 황제의 통치 시대(81-96년)였다. 물론 도미티아누스가 그리스도 교회를 박해한 첫 번째 로마 황제는 아니다. 바오로가 순교한 것은 네로(54-68년)가 박해하던 때였고 도미티아누스 이전의 황제들도 황제 숭배를 요구했었다. 그러나 도미티아누스 황제처럼 강압적으로 그리고 집요하게 황제 숭배를 요청하지는 않았다. 외딴 섬 파트모스에 귀양간 덕분에 이 박해의 불길에서 살아남은 묵시록의 저자 요한이 그 당시의 분위기를 여러 가지 환시와 상징을 통해 후대인들에게 잘 전해 준다. 수많은 그리스도인들이 이 황제의 박해에 숨져 갔고 루카 공동체도 혹독한 박해의 와중에 휩쓸렸을 것으로 쉽게 추측할 수 있다. 그의 공동체에는 박해로 인해 재산이 거덜난 가난한 신도들의 수가 늘어났고, 자연 그들과 새로 입교해서 들어오는 이방인 신도들 사이에 빈부의 격차가 심했을 것이다. 이러한 상황에서 루카는 후자에게 초대 교회의 모범과 스승이신 예수님의 가르침을 소개하면서, 그들로 하여금 생활이 어려운 기존 신도들에게 유다-그리스도교의 전통적 미풍양속인 자선을 베풀도록 권고한다.

2. 초대 교회 공동체의 모범

많은 사람들이 이상적 그리스도인 공동체의 모습으로 사도 2,42-47; 4,32-37에 묘사된 초대 교회의 생활상을 지적한다. 우선 이 두 대목의 본문을 원문에 가깝게 옮겨보자.

> [42]그들은 사도들의 가르침과 친교, 빵 나눔과 기도들에 전념하였다. [43]또한 모든 사람이 두려워하게 되었으니 사도들을 통하여 많은 기적들과 표징들이 일어났던 것이다. [44]믿는 사람들은 모두 함께 지내며 모든 것을 공동으로 소유하고 [45]재산과 재물을 팔아서 모든 사람에게 저마다 필요한 만큼 그것을 나누어 주었다. [46]그리고 날마다 한 마음으로 성전에 열심히 모이며, 집집마다 (돌아가며) 빵을 나누고 흥겹고 순수한 마음으로 음식을 함께 들며 [47]하느님을 찬양함으로써 온 백성에게 호감을 샀다. 주님께서는 그 모임에 구원받는 사람들을 날마다 늘려 주셨다(사도 2,42-47).

> [32]신도들의 무리는 한 마음 한 정신이 되어 아무도 자기 재산을 자기 것이라 하지 않고 그들은 모든 것을 공동으로 소유하였다. [33]사도들은 큰 능력으로 주 예수님의 부활을 증언하였고, 그들 모두에게 큰 총애가 있었다. [34]사실 그들 가운데 궁한 사람은 하나도 없었다. 누구든지

밭이나 집을 소유한 사람은 팔아서 매매한 값을 가져와 ³⁵사도들의 발치에다 놓았고, 사도들은 저마다 필요한 만큼 각자에게 나누어 주었다. ³⁶키프로스 태생 레위 사람으로서 사도들에게 바르나바 – 격려의 아들이라는 뜻이다 – 라는 별명을 받은 요셉은 ³⁷자기가 소유한 밭을 팔아서 그 돈을 가져와 사도들의 발치에다 놓았다(사도 4,32-37).

이 두 대목에서 강조하는 사상은 초대 교회의 그리스도인들이 진정한 형제애로써 서로를 대했다는 것이다. 사도 2,42의 '친교' κοινωνία라는 말은 로마와 그리스 문화권에서 우정을 가리키는 철학 용어인데, 루카는 이 말을 2,44과 4,32에서 '공동으로κοινός 소유한다'는 표현으로 풀어 설명한다. 곧 초창기 그리스도인들은 서로 친구로 보았기 때문에 공동체 내의 궁핍한 이웃과 가진 것을 나누었다는 것이다. 이렇게 하여 루카는 자선의 개념에 익숙지 않은 이방인 그리스도인들에게 그들의 미덕인 우정의 개념을 이용하여 자연스럽게 공동체 내의 가난한 사람들을 돕도록 촉구하였다. 이 두 구절 외에도 루카는 사도행전 여러 곳에서 자선을 강조하거나 아니면 자선을 거부하는 행위에 대한 징벌의 실례를 전해 준다.

그 실례를 순서대로 열거하자면 다음과 같다. 성전 문 곁에서 구걸하는 앉은뱅이 거지가 마침 성전에 기도하러 들어가는 베드로와 요한에게 자선을 청하자, 베드로는 은과 금 대신 더 귀한 치유의 은혜를 베푼다(3,1-10). 이와는 대조적으로 초대 공동체의 자선 정신을 배반하여 자신의 재물에 집착했던 하나니아스와 그의 아내 사피라는 베드로에게 밭을 판 가격을 속이다가 쓰러져 숨진다(5,1-11). 구약에서부터 고아들과 더불어 무의탁의 전형으로 등장하는 과부들에게 초대 교회 공동체는 공식적인 자선을 베풀었다(6,1-6). 베드로가 살려낸 야포의 타비타는 선행과 자선에 열심인 여자로, 죽었을 때 과부들의 애도를 받았다(9,36-41). 이탈리아인 백인대장 코르넬리우스의 자선은 하느님의 특별한 주의를 끌었고, 마침내 율법과

IV. 부와 가난 · 83

할례에서 자유로운 첫 이방인 개종자가 되는 영예를 안겨 주는 계기가 되었다(10,1-48). 예루살렘에 기근이 들었다는 소식이 전해지자, 안티오키아의 그리스도인들은 서둘러 재력이 허락하는 대로 바르나바와 바오로를 통하여 유다에 사는 형제들에게 구조의 손길을 뻗친다(11,27-30).

루카에게 초대 그리스도인들 가운데 가장 뛰어난 자선의 모범을 보인 사람은 바오로 사도다. 이는 에페소 원로들에게 한 바오로의 고별사에 잘 드러나 있다. "나는 누구의 은이나 금이나 옷을 탐낸 일이 없습니다. 나와 내 일행에게 필요한 것을 이 두 손으로 장만하였다는 사실을 여러분 자신이 잘 알고 있습니다. 나는 모든 면에서 여러분에게 본을 보였습니다. 그렇게 애써 일하며 약한 이들을 거두어 주고, '주는 것이 받는 것보다 더 행복하다'고 친히 이르신 주 예수님의 말씀을 명심하라는 것입니다"(20,33-35). 이 대목에서 루카는 바오로가 형제들에게 경제적 부담을 주지 않으려는 소극적 생각에서뿐 아니라 어려운 형제들을 도와주겠다는 적극적 생각에서도 스스로 육체 노동을 기꺼이 해왔음을 시사한다(24,17 참조). 바오로의 직업은 천막 만드는 일이었다(18,3). 한편 바오로가 선교사로서 자신의 밥벌이를 스스로 노동으로 해결한 것은 박해 시대의 선교사들에게 좋은 본보기가 된다.

3. 예수님의 삶과 가르침

루카 복음에 소개되는 예수님의 삶은 가난하고 소박하다. 그분은 가난한 부모에게서 가난하게 태어나, 가난한 사람들을 위하여 가난한 사람들 가운데에서 가난하게 사시다가 가난하게 돌아가셨다. 그분의 가르침을 보면 가난한 사람들에게는 하느님의 자비와 사랑과 축복을 약속하시고, 부유한 사람들에게는 재물의 위험성을 지적하시면서 자선을 통해 가난한 이들을 위해 그 재물을 선용하라고 촉구하신다. 그분은 특히 당신을 따르는 제자들에게 물질로부터의 철저한 자유와 자선을 강조하신다.

3.1. 예수님의 가난한 삶

주지하는 바와 같이 복음서 저자들 가운데 루카와 마태오만이 예수님의 탄생설화를 전해 준다. 두 저자의 탄생설화를 비교해 보면 루카가 예수님의 가난한 탄생을 애써 강조하고 있음을 한눈에 알아차릴 수 있다. 마태오 복음에는 예수님께서 탄생하신 장소가 베들레헴의 어떤 집으로 되어 있고, 동방의 세 현자들이 별의 인도로 이곳에 찾아와서 값진 보물, 곧 황금과 유향과 몰약을 아기 예수님께 바쳤다고 되어 있다(마태 2,1-12). 이와는 대조적으로 루카 복음은 남편 요셉과 함께 베들레헴에 도착한 만삭의 마리아가 해산할 방을 얻지 못해 가축이 머무는 장소에서 몸을 풀고 아기를 포대기에 싸서 구유에 눕혔으며, 그 근방에서 한밤중에 양 떼를 지키던 가난한 목자들에게 구세주 탄생의 기쁜 소식이 전해졌다고 보고한다(루카 2,1-20). 예수님께서 가난하게 탄생하시어 가난한 사람들의 친구가 되셨다는 사실을 강조하는 것이다.

루카는 요셉과 마리아가 아기를 낳은 지 사십 일이 되었을 때 정결례를 치르기 위해 성전으로 가서 "산비둘기 한 쌍이나 어린 집비둘기 두 마리를" 제물로 바치고자 했다고 전한다(2,21-24). 실제로 아기의 부모가 산비둘기를 바쳤는지 집비둘기를 바쳤는지 분명치 않은데, 여기서 레위 12,8의 말씀을 그대로 인용하면서 루카가 강조하고자 한 것은 그들이 한 살 난 양을 온전한 번제로 바칠 능력이 없는 가난한 사람들이었기에 그 대용으로 작은 제물을 준비할 수밖에 없었다는 사실이다.

예수님께서는 선교활동을 하실 때에도 머무실 집 한 채 없이 가난하게 지내셨다. "여우들도 굴이 있고 하늘의 새들도 보금자리가 있지만, 사람의 아들은 머리를 기댈 곳조차 없다"(루카 9,58 = 마태 8,20 Q). 보다 못한 갈릴래아 출신 부인들 몇이서 자기네 재산을 바쳐 예수님과 그분 제자들의 일상생활을 돌보아 드렸다(루카 8,3; 참조: 마르 15,41). 돌아가실 때에는 십자가에 벌거벗은 채 못 박히셨다. 그분을 지키던 로마 군인들이 주사위를 던져 그분의 옷을 나누어 가졌기 때문이다(루카 23,34 = 마르 15,24 = 마태 27,35). 돌아가신 뒤에는 자신의 몸을 뉘일 한 평의 땅도 없어 아리마태아 출신 요셉의 도움을 받아 무덤에 묻힐 수 있었다(루카 23,50-53 = 마르 15,43-46 = 마태 27,57-60).

3.2. 예수님의 가르침

루카에게 부와 가난에 대한 예수님의 가르침은 청중에 따라 서로 다른 내용을 취한다. 편의상 청중을 세 부류, 곧 일반 가난한 대중과 부유층, 그리고 제자들로 나누어 보자.

첫째, 예수님께서는 가난한 대중을 위해 하느님의 특별한 관심과 축복을 전하신다. 스스로 가난하게 사셨기 때문에 이들에게 다가가는 것은 처음부터 자연스러웠다. 사실 직접 가난하게 살지 않으면서 가난한 사람들에게 복음을 전할 수는 없는 것이다. 앞의 글에서 밝힌 대로 예수님께서 복음선포의 일차적이요 우선적인 대상으로 삼으신 가난한 사람들(루카 4,18; 7,22-23 병행 마태 11,5-6 Q)은 물질적으로 가난한 사람들만을 가리키지 않고, 구약성경의 시편 여러 곳에 자주 언급되고 있는 대로 온갖 희망이 끊긴 채 오로지 하느님의 도우심만을 기대하는 버림받고 천대받는 모든 사람을 의미한다. 흔히 요샛말로 정치 · 경제 · 사회 · 종교적 기득권에서 소외된 사람들을 총칭하는 것이다. 그러나 루카 복음 저자는 '가난하다'는 표현을 우선 구체적 현실에서 물질적 궁핍을 의미하는 것으로 받아들인다. 물질적으로 가난한 사람들이 인간 생활의 모든 분야에서 소외되는 현상은 동서고금을 막론하고 공통된 현상일 것이다.

루카가 물질적 가난을 명시하는 대표적 대목은 참행복선언이다(6,20-26; 참조: 마태 5,3-12). 참행복선언의 첫머리에서 루카는 마태오와는 달리 가난을 '영성화' 하지 않는다. "행복하여라, 가난한 사람들! 하느님의 나라가 너희 것이다"(루카 6,20). "행복하여라, 마음이 가난한 사람들! 하늘 나라가 그들의 것이다"(마태 5,3). 이것은 루카 6,24의 "그러나 불행하여라, 너희 부유한 사람들! 너희는 이미 위로를 받았다"라는 선언에서 재확인된다. 루카의 참행복선언은 예수님을 따르던 제자들을 가난한 이들의 전형으로 삼고 그들에게 내리시는 하느님의 축복을 증언한다. 오늘날 성서학자들은 가난을 물질적으로 이해한 루카의 행복선언이 예수님의 원초적 말씀에 더 가깝다고 본다. 그러나 불행선언은 루카가 덧붙인 내용이다.

여기서 루카는 물질의 혜택을 마음껏 누림으로써 세상의 기득권에 집착하고 가난한 이웃들을 돌보는 일에 소홀하는 부자들과 물질적으로 너무 궁핍하기 때문에 자연 하느님의 돌보심만을 또는 하느님 나라만을 기대할 수밖에 없는 빈자들을 대비시킨다. 이 대비는 이미 마리아의 노래에서 드러난다. "통치자들을 왕좌에서 끌어내시고 비천한 이들을 들어 높이셨으며 굶주린 이들을 좋은 것으로 배불리시고 부유한 자들을 빈손으로 내치셨습니다"(루카 1,52-53).

이 부자와 빈자의 대비는 복음서 자체로 볼 때 예수님을 통하여 선포되는 하느님의 구원 소식을 배척하는 자와 그 소식을 받아들이는 자를 상징하는 것으로 나타나지만, 루카 공동체가 처한 상황과 연결시켜 보면 거기에서 저자의 현실적인 의도를 읽어낼 수 있다. 예수님의 행복선언과 불행선언에 깔려 있는 루카의 현실적 의도는 두 가지다.

루카 6,20-23에서 열거되는 행복의 주인공들은 자신들의 신앙 때문에 가난뱅이가 되고 굶주리며 울고 미움받고 쫓겨나며 욕먹고 배척받는, 박해 가운데 있는 모든 그리스도인이다. 4,18과 7,22의 '가난한 이들'도 이런 관점에서 조명해 볼 수 있다. 이 대목들에서 루카는 예수님께서 선포하신 기쁜 소식이 박해받고 있는 자기 시대의 그리스도인들에게 직접적으로 해당함을 시사한다. 이들이야말로 하느님의 위로와 축복을 받을 자격이 있는 자들이라는 것이다.

이와 반면 6,24-26에 언급된 저주받은 이들은 누구를 가리키는가? 그들은 배불리 먹고 웃고 즐거워하는 부자들로서 신앙을 지키기 위해 박해와 재산의 몰수를 감내하기보다는 적당히 시대 조류에 타협하고, 특히 동료 그리스도인들이 박해를 받으면서 갖은 고초와 궁핍을 겪고 있을 때 그들의 친구가 되어 자신들의 특권과 재물을 같이 나누려 하지 않는 이기적인 사람들이다. 박해는 그들이 얼마나 자신들의 재물에 집착해 있는지를 폭로하고, 이 재물에 대한 집착은 결국 그들을 파멸로 이끌 것이다. 부자들에 대한 경고는 다음 대목에서 좀 더 깊이 고찰할 것이다.

자신의 공동체 내의 가난한 사람들을 위로하려는 루카의 의도와 가장 잘 부합하는 예수님의 말씀은 예수 어록에서 옮긴 루카 12,22-32(병행 마태 6,25-34)이다. 예수님께서는 의식주를 해결하기 위해 온통 마음을 빼앗긴 사람들에게 하느님의 특별한 배려를 약속하신다. 특히 루카가 덧붙인 12,32의 말씀, "너희들 작은 양 떼야, 두려워하지 마라. 너희 아버지께서는 그 나라를 너희에게 기꺼이 주기로 하셨다"는, 박해받는 그리스도인들에게 종말론적 지평을 열어 놓음으로써 신앙 때문에 감수해야 하는 현재의 가난과 궁핍이 반드시 보상받을 것임을 확인해 준다.

둘째, 루카 복음에서 재물에 대한 예수님의 가르침의 주요 대상은 부유한 사람들이다. 여기서 말하는 부유한 사람들이란 백만장자만을 가리키는 것이 아니고 다른 사람들과 비교해서 조금이라도 여유가 있는 사람들을 가리킨다. 이것은 회개의 생활이 어떤 것이어야 하는지를 묻는 군중에게 한 요한의 대답에서 이미 드러난다. "옷을 두 벌 가진 사람은 못 가진 이에게 나누어 주어라. 먹을 것을 가진 사람도 그렇게 하여라"(3,11 SL).

한 가지 유념할 점은 가난한 사람들의 경우에는 예수님께서 스스로 그들에게 다가가시지만, 부자들의 경우에는 그들 편에서 예수님을 초대하거나 예수님께 찾아온다는 사실이다. 후자의 경우 대부분 질책과 경고를 예수님께 듣는다. 예수님을 식탁에 초대한 어느 바리사이에게 그분은 그의 위선을 질책하시면서 그에게 "자선을 베풀어라" 하고 명하신다(11,41). 이 명령은 병행 구절 마태 23,26에 없는 걸로 보아 루카가 Q에서 덧붙인 것이 분명하다.

신약성경의 저자들 가운데 루카만이 유일하게 자선을 율법 준수의 진지한 표시로 받아들인다(11,41; 12,33; 사도 9,36; 10,2.4.31; 24 17). 루카 12,33에서 예수님께서는 하늘에서의 보상을 근거로 자선을 권유하신다. "너희는 가진 것을 팔아 자선을 베풀어라. 너희 자신을 위하여 해지지 않는 돈주머니와 축나지 않는 보물을 하늘에 마련하여라. 거기에는 도둑이 다가가지도 못하고 좀이 쏠지도 못한다." 병행구인 마태 6,19에 자선의 권고가 빠져 있는 것으로 보아 이 구절 역시 루카가 보탠 것으로 보인다. 박해받는 공동체의 가난한 사람들에게 하늘 나라에서의 행복을 약속하는 루카는 공동체 내의 부자들이 베푸는 자선에도 하늘 나라의 보상이 주어진다고 역설한다.

이와는 대조적으로 예수님께서는 자기 자신만을 위해 재산을 사용하는 사람들의 어리석음도 지적하신다(12,13-21 SL). 그들은 자선을 거부함으로써 하느님 앞에 재물을 도으지 않는 사람들이다. 상속 시비를 판결해 달라고 부탁하는 형제의 청을 거절하면서 "너희는 주의하여라. 모든 탐욕을 경계하여라. 아무리 부유하더라도 사람의 생명은 그의 재산에 달려 있지 않다"(12,15)고 하신다. 곧이어 죽을 것은 생각지도 않고 곡식창고만 지어대는 어리석은 부자의 이야기를 들려주신다. 이 대목에서 루카는 가난한 동료 그리스도인들을 돌볼 사이도 없이 재물을 몽땅 쌓아 두는 일을 값진 인생인 양 착각하는 공동체의 부자들에게, 재물이란 궁핍한 이웃에게 자선을 베풀기 위해 주어진 것임을 역설한다.

자선에는 조건을 붙여서는 안 된다. 14,12-14(SL)에서 예수님께서는 되갚을 능력이 없는 가난한 이, 장애인, 다리 저는 이, 눈먼 이들을 식탁에 초대하라고 하신다. 그들 대신 하느님께서 나중에 의인들이 부활할 때 갚아 주실 것이기 때문이다. 이 대목은 루카의 특수사료인데 여기서 루카는 차용증을 담보로 어려운 이웃에게 물질적 도움을 주는 그리스 로마 문화의 처세방식을 예수님의 가르침을 빌려 비판한다.

이어지는 25-33절의 말씀에는 제자로서의 올바른 자세가 소개되어 있는데 예수님께서는 세상사에 대한 지나친 집착을 경고하신다. 이러한 예수님의 경고에는 박해의 절박한 상황에서조차 갖가지 핑계를 대며 진정한 회개를 미루고 소유에 집착하는 공동체의 부자들에 대한 루카의 비판과 충고가 들어 있다. 전쟁에 참여하는 임금이 상황의 절박함을 면밀하게 분석하고 온 마음과 정신을 집중하여 그 상황에 대처해야 하듯이, 박해의 상황에서 자신의 소유물에 절대적인 가치를 부여하지 말고 가난한 사람들을 친구로 대하며 진정한 회개를 이루라는 것이다. 이 대목의 정점이 되는 구절은 33절이다. "너희 가운데에서 누구든지 자기 소유를 다 버리지 않는 사람은 내 제자가 될 수 없다." 이 경고를 무시하면 6,24-26에 언급된 부자들처럼 저주를 받게 될 것이다.

같은 맥락의 권유와 경고가 16장 전체에 걸쳐 되풀이된다. '약은 집사의 비유'(1-9절 SL)는 자선에 대한 권유인데 9절의 말씀이 비유의 결론으로 제시된다. "내가 너희에게 말한다. 불의한 재물로 친구들을 만들어라. 그래서 재물이 없어질 때에 그들이 너희를 영원한 거처로 맞아들이게 하여라." 여기서 '재물' $mam\omega n\hat{a}s$은 '신뢰를 그 안에 둘 수 있는 어떤 것', 곧 돈이나 재산을 가리킨다. 이어지는 10-13절(10-12절 SL; 13절 = 마태 6,24 Q)에서도 재물의 선용이 강조된다. 그리고 두 번째 비유인 '부자와 라자로의 이야기'(19-31절 SL)는 가난한 이웃에게 무관심한 부자에게 어떤 벌이 내릴지를 경고하는 말씀이다. 이상 세 대목에서 루카는 예수님의 가르침을 통하여 공동체 내의 윤택한 이방인 그리스도인들에게 가난한 형제들을 도와주라고 권고하고 이를 거절하는 이들에게 경고를 보낸다.

그런데 문제는 14-18절이다. 이 대목은 바리사이들에 대한 질책과 율법문제와 이혼문제가 한데 뒤엉켜 있는데, 언뜻 보기에 재물의 올바른 사용을 촉구하는 1-13.19-31절과 무관한 것 같다. 그러나 루카는 여기서 재물과 관련하여 공동체 내의 중대한 오해를 반박한다. 그리고 이 오해가 율법에 대한 예수님의 가르침에서 비롯되었기에 재산문제와 전혀 관련이 없는 율법문제가 이 대목에 끼어든 것이다.

우선 루카의 편집이 분명한 14-15절에 돈을 좋아하는 바리사이들이 등장하는데, 이 바리사이들은 루카가 임의로 설정한 가상 인물들로서(예를 들면 5,27-32; 7,36-50; 11,41; 14,1-24; 15,1; 사도 11,2; 15,5에서와 같이) 공동체 내의 부유한 사람들을 가리킨다. 그들은 자신들의 부를 하느님의 총애의 표시로 생각하는 동시에, 예수님께서 자선에 대한 가르침을 비롯하여 율법과 예언서의 가르침을 폐기하셨기 때문에 더는 자선의 의무를 지지 않는다고 주장한다.

이에 대해 루카는 Q에서 따온 자료를 인용하면서 예수님께서 하느님 나라에 관한 복음의 선포를 통하여 오히려 율법을 완성시키셨다고 증언한다(16-17절 병행 마태 11,12-13과 5,18). 그 실례로 루카는 결혼의 불가해소성을 선언하신 예수님의 말씀을 마르코 복음에서 옮겨 적는다(18절 병행 마르 10,11-12과 마태 19,9). 율법의 완성에 관한 논란이 17,1-4에 계속되는 것으로 보아 16,19-31의 비유도 18절의 이혼문제와 더불어 하나의 예로 제시된다. 곧 예수님께서는 이혼을 반대하심으로써 남녀를 창조하신 하느님의 원초적 가르침(율법 = Torah는 가르침이라는 뜻)을 완성시키신 것처럼, 자선을 강조하는 비유를 들려주심으로써 가난한 사람들을 도우라는 구약의 율법을 적극적으로 지지하셨다는 것이다.

다른 한편 이 비유를 통해서 루카가 강조하려는 사실은 하늘 나라의

IV. 부와 가난 · 91

잔치는 결코 하느님의 축복을 받았다고 자처하는 몇몇 부자들의 차지가 아니라, 지금 이 세상에서 축복을 받지 못한 것처럼 보이는 가난한 사람들의 차지라는 것이다. 이로써 루카는 자기 중심적인 아집에 사로잡혀 가난한 신자들에게 자선을 베풀기를 거절하면서 자신의 인색한 행동을 신학적으로 정당화하려는 공동체의 부자들을 정면으로 반박한다. 그리하여 루카는 예수님의 가르침에 호소하여 부와 가난의 문제와 관련된 공동체의 문화적 조건뿐 아니라 신학적 오류도 극복하고자 한다.

'하느님 나라와 부자'(18,18-27 병행 마르 10,17-27과 마태 19,16-26)와 자캐오(19,1-10 SL)에 대한 대목에서도 구원을 위한 자선의 중요성을 강조한다.

셋째, 예수님의 제자들은 재물에 관한 한 그리스도인들의 참된 모범이었다. 첫 제자들인 시몬과 그의 동료 야고보와 요한 형제는 고기잡이배를 포함하여 "모든 것을 버리고" 예수님을 따랐으며(5,11), 세리 레위도 "모든 것을 버려둔 채 일어나 그분을 따랐다"(5,28). 그러나 이 대목들을 앞에서 살펴본 14,33의 관점에서 조명하여 소유물의 포기를 예수님을 따르기 위한 선결 조건으로 내세우는 것은 무리다. 왜냐하면 앞의 두 대목에서 제자들은 예수님이 명령해서가 아니라 자진해서 소유물을 포기했기 때문이다. 그리고 이미 14,33의 말씀이 신앙 때문에 가족 관계를 비롯하여 모든 것이 풍비박산 나버리는 박해라는 박절한 상황을 염두에 둔 것임을 밝혔다.

루카가 공동체의 모든 사람에게 실제로 요구한 것은 저마다 자기의 기득권을 포기하고 가난한 형제들과 가진 것을 나누는 형제애의 실천이었다. 이것은 18,28에 나오는 베드로의 고백에서 확인된다. "보시다시피 저희는 가진 것을 버리고 스승님을 따랐습니다." 이 대목에서 루카는 마르 10,28(마태 19,27)의 "모든 것을 버리고"를 "가진 것을 버리고"로 바꾸었다. 사도 2,42-47; 4,32-37에 기본적으로 흐르는 정신도 같은 맥락에서 이해해야 한다. 사도 4,36-37에 소개된 키프로스 태생의 요셉 바르나바의 행위는 그리스도인의 모범이다. 그는 "자기가 소유한" 밭을 팔아서 그 전액을 공동체에 내놓았다.

박해의 절박한 상황은 일선 선교사들의 생활에도 지대한 영향을 미쳤다. 선교사들의 재정 문제도 루카는 예수님의 가르침에서 그 지침을 끌어내고자 한다. 세 대목이 이와 관련된다. 마르 6,6ㄴ-13(병행 마태 9,35과 10,1,7-11.14)을 번안한 루카 9,1-6; 10,1-12은 선교하러 떠나는 제자들에게 하시는 예수님의 부탁 말씀을 전하고, 22,35-38(35절은 10,4의 인용; 36-38절은 특L)은 대비를 통해 제자들에게 평화롭던 시기가 끝나고 절박한 박해의 상황이 닥쳤으니 이에 대한 준비를 적절히 하라는 예수님의 말씀을 전한다.

> 35예수님께서 사도들에게 "내가 너희를 돈주머니도 여행 보따리도 신발도 없이 보냈을 때, 너희에게 부족한 것이 있었느냐?" 하고 물으셨다. 그들이 "아무것도 없었습니다." 하고 대답하자, 36예수님께서 그들에게 이르셨다. "그러나 이제는 돈주머니가 있는 사람은 그것을 챙기고 여행 보따리도 그렇게 하여라. 그리고 칼이 없는 이는 겉옷을 팔아서 칼을 사라. 37내가 너희에게 말한다. 성경에 기록된 것이 나에게서 이루어져야 한다. '그는 무법자들 가운데 하나로 헤아려졌다.'는 말씀이다. 과연 나에 관하여 기록된 일이 이루어지려고 한다." 38그들이 "주님, 보십시오. 여기에 칼 두 자루가 있습니다." 하자, 그분께서 그들에게 "그것이면 넉넉하다." 하고 말씀하셨다(루카 22,35-38).

9,1-6; 10,1-12에서 루카가 다른 공관 복음 저자들과 더불어 전하려는 메시지는 세속의 물질을 온전히 포기하라는 수도적 권고가 아니라 여행하는 모든 형제에 대한 그리스도교적 환대다. 제자들이 아무것도 가지고 다닐 필요가 없는 이유는 그들이 필요한 모든 것을 그들을 맞아들인 사람들로부터 받을 수 있었기 때문이다. 그러나 이는 평화 시의 이야기고

박해 상황에서는 모든 것이 달라진다. 박해 중에는 선교사들이 생계문제를 스스로 해결해야 한다.

여기서 '칼'은 루카 복음의 다른 대목에서처럼 '철저함'을 의미하는 상징어다. 예수님의 제자들은 스승의 수난과 죽음이라는 절박한 상황 앞에서 동요하지 말고 철저한 준비를 갖추어야 한다. 그리고 이 대목을 읽는 루카 공동체의 선교사들도 박해라는 절박한 상황에 몰려 있는 만큼, 평화로울 때와는 달리 남의 도움에 의존하지 말고 자기 손으로 생계를 유지하며 스스로 철저하게 정신 무장을 해야 한다. '칼'을 글자 그대로 해석하여 예수님께서 열심당의 주장에 동조하셨다거나 36절을 바탕으로 무기의 매입과 보유를 정당화하신 것으로 오해해서는 안 된다. 38절의 제자들과 예수님 사이의 대화는 '칼'에 대한 제자들의 축자적 해석이 잘못되었음을 시사한다. 예수님께서는 "그것이면 넉넉하다"고 하시며 당신의 말을 이해하지 못하는 제자들과 그 이상의 대화를 중단하신다.

위에서 루카가 바오로를 박해 시대의 가장 모범적 선교사로 내세움을 지적했다. 바오로는 천막 만드는 일로 자신의 생계를 스스로 해결했을 뿐 아니라 물질적으로 어려운 형제들도 도와주었다. 그리고 그는 동포들에게 자선을 베풀고 하느님께 재물을 바치기 위해 예루살렘에 올라갔다가 그곳의 광신적인 유다인들에게 붙잡혀 압송된다(사도 24,17).

부와 가난의 문제는 인류가 공동생활을 영위하는 한 끊임없이 제기되는 영원한 숙제다. 신약성경의 저자들 가운데 이 문제에 가장 민감한 반응을 보였던 이는 루카다. 그는 셋째 복음서와 사도행전 곳곳에서 가난한 사람들에게 자선을 베풀 것을 강조한다. 그것은 루카 공동체에 박해 때문에 가난해진 기존의 신자들과 새로 입교하는 부유한 신자들 사이에 빈부격차가 공동체의 결속을 해칠 만큼 심각했기 때문이다. 새로 입교하는 부유한 신자들은 유다-그리스도교적 유산인 자선의 개념에 익숙지 않은 이방인들이었다. 그들은 차용증을 받지 않으면 물질적으로 어려운 처지에 빠져 있는 이웃 형제들을 도우려 하지 않았다. 그리고 그들은 부가 하느님의 축복이요, 예수님께서 율법을 폐기하셨기 때문에 자선을 율법 준수의 출중한 표지로 삼는 유다-그리스도교적 전통이 이제는 효력을 상실하고 말았다고 주장하였다.

루카는 이들의 잘못된 문화·신학적 오류를 시정하고자 한다. 그는 자선에 인색한 부자 이방인들로 하여금 가진 것 모두를 자진해서 공동체에 맡기고 공동체 안에서 재물을 공동으로 소유했던 초대 그리스도인들의 모범에 눈을 돌리도록 유도한다. 동시에 가난하게 사시며 가난한 사람들에게 복음을 전하셨던 예수님의 삶과 가르침에 호소하면서 자선의 중요성을 일깨운다.

루카에 따르면 예수님께서는 가난한 사람들에게 먼저 접근하시어 하느님의 축복과 위로를 전달하시고, 부자들에게는 당신을 찾아오거나 초대한 자리에서 재물에 집착하는 것이 얼마나 불행한 결과를 낳는지 경고하시면서, 궁핍한 이들에게 자선을 베풀도록 강력히 촉구하신다.

"가진 것을 버리고" 예수님을 따른 제자들은 루카 공동체의 부유층 신자들에게 좋은 모범이다. 평화 시에 선교의 길을 떠난 제자들은 사람들의 환대를 받기 때문에 아무것도 소유할 필요가 없었지만, 박해라는 절박한 상황에서는 선교사들이 정신적으로 자신을 철저하게 무장하고 바오로처럼 스스로 노동을 하여 자기 빵을 해결하는 동시에 어려운 이웃을 돌보아야 한다.

오늘날 우리 한국 교회는 절박한 박해 상황에 몰려 있지 않다는 점에서 루카 공동체와는 다르다. 그러나 한국 사회의 모순된 정치체제와 경제 질서에서 비롯된 빈부의 격차가 신자들 사이의 결속을 위태롭게 하고 있다는 점에서는 루카 공동체와 일치한다. 중산층 위주의 선교활동, 성직자들과 수도자들의 물질주의에의 편승, 부유한 교구와 빈한한 교구 사이의 장벽, 도시 본당과 시골 본당의 격차, 한 본당 안에서도 있는 자와 없는 자 사이의 갈등이 점점 심화되어 가고 있다. 예수 그리스도의 삶과 가르침, 그리고 초대 교회의 모범에 눈을 돌려야 하지 않을까? 혹심한 박해 속에서도 가난과 부를 함께 나누었던 우리 신앙 선조들 앞에 면목이 없다.

모든 이에게
평화의
복음을

V_
기도(1):
기도에 대한 예수님의 가르침

성경에는 시편 이외에도 수많은 기도들이 등장한다. 그럼에도 성경에 등장하는 기도를 주제로 삼아 연구한 성서학 논문은 그리 흔치 않다. 이는 특히 신약의 경우에 더욱 두드러지는 현상이다. 신약성경 저자들 가운데 기도에 관해 가장 많이 언급하고 있는 저자는 루카다. '기도하다' 또는 '청원하다'라는 뜻의 그리스어 동사 프로세우코마이 προσεύχομαι는 루카 복음에 19회, 사도행전에 16회 나오는 데 비해 마르코 복음에 10회, 마태오 복음에 15회 나온다. 바오로 서간에 자주 등장하는(14회) 명사 프로세우케 προσευχή는 루카 복음에 3회, 사도행전에 9회 나오지만, 마르코 복음과 마태오 복음에는 2회씩 나온다. 이를 종합하면 루카 복음과 사도행전에 기도를 뜻하는 동사와 명사가 47회 사용되는 데 비해 마르코 복음에는 12회, 마태오 복음에서는 17회 사용되었고 요한 복음에서는 전혀 사용되지 않았다.

루카는 예수님의 공생활에서 기도를 중요한 요소로 부각시킨다. 상당수의 비유들도 제자들에게 기도의 효과와 중요성을 강조할 목적으로 채택되었다. 루카는 예수님 당신도 언제나 기도하셨고 제자들에게도 늘 깨어 기도하도록 가르치셨음을 강조한다.

이제 기도에 대한 루카의 특별한 관심과 견해를 두 차례에 걸쳐 살펴보고자 한다. 먼저 본 단락에서는 루카 복음을 중심으로 기도에 대한 예수님의 가르침을 소개한 뒤, 다음 장에서는 사도행전을 중심으로 초대 교회의 기도하는 모습을 관찰하고자 한다.

1. 기도에 대한 복음서들의 언급

공관 복음서 저자들 모두 기도의 중요성을 강조하고 있지만 그 강도가 루카만큼 두드러지지는 못하다. 각 복음서별로 예수님의 기도의 삶과 기도에 관한 가르침을 살펴보기로 하자.

1.1. 마르코 복음

마르코는 간헐적으로 기도에 대해서 언급한다. 우선 예수님이 기도하시는 모습을 여덟 군데에서 언급하고 있다. 그 가운데 '기도하다' 라는 단어가 명시적으로 사용된 적은 세 번뿐이다. 첫째, 많은 병자들을 고쳐 주신 뒤 "다음 날 새벽 아직 캄캄할 때, 예수님께서는 일어나 외딴 곳으로 나가시어 그곳에서 기도하셨다"(1,35 병행 루카 4,42; 참조: 루카 5,16). 둘째, 빵을 많게 하여 오천 명을 먹이신 뒤, 군중들을 해산하시고 "기도하시려고 산에 가셨다"(6,46 = 마태 14,23). 셋째, 올리브 산에서 체포되시기 전에 예수님께서는 제자들에게 "내가 기도하는 동안 너희는 여기에 앉아 있어라" 하고 분부하신다(마르 14,32 병행 마태 26,36). 루카는 이 말씀을 마르 14,38(= 마태 26,41 병행 루카 22,46)에 맞춰 예수님께서 제자들에게 기도를 부탁하시는 말씀으로 바꾼다. "유혹에 빠지지 않도록 기도하여라"(루카 22,40). 이어 예수님께서는 제자들과 좀 더 떨어져 혼자 아버지께 "하실 수만 있으면 그 시간이 당신을 비켜 가게 해 주십사고 기도"하셨다(14,35 병행 마태 26,39과 루카 22,42).

마르코 복음에서 기도에 대한 예수님의 가르침은 대부분 다른 주제들에 연결되어 나타난다. 몇 가지 예를 들면 먼저 믿음과 연결된다. 9,29에서 제자들이 더러운 영을 쫓아내지 못했을 때 예수님께서는 "그러한 것은 기도가 아니면 다른 어떤 방법으로도 나가게 할 수 없다"고 말씀하신다. 11,24(마태 21,22 참조)에서도 산을 옮길 수 있는 믿음을 강조하시면서 제자들에게 "너희가 기도하며 청하는 것이 무엇이든 그것을 이미 받은 줄로 믿어라" 하고 당부하신다. 이어지는 25절에서는 기도가 용서와 연결되어 나타난다. "너희가 서서 기도할 때에 누군가에게 반감을 품고 있거든 용서하여라. 그래야 하늘에 계신 너희 아버지께서도 너희의 잘못을 용서해 주신다"(마태 6,14-15 참조). 성전 정화 이야기에서는 기도 자체에 대한 언급보다 성전이 "모든 민족들을 위한 기도의 집"이라는 사실에 초점을 맞춰 강조하신다(11,17 병행 마태 21,13과 루카 19,46). 12,40(= 루카 20,47 병행 마태 23,14)의 기도에 관한 언급은 율법 학자들의 위선적 행동과 연결된다. "과부들의 가산을 등쳐 먹으면서 남에게 보이려고 기도는 길게 한다. 이러한 자들은 더 엄중히 단죄를 받을 것이다." 마지막으로 예수님께서는 기도의 필요성을 종말론적 주제와 연결시키신다. 재난이 "겨울에 일어나지 않도록 기도하여라"(13,18 병행 마태 24,20). 이 말씀은 70년에 있었던 예루살렘의 참담한 파괴를 종말론적 사건의 한 모습으로 연상시켜 묘사한 전승에 토대를 둔다.

이상의 고찰은 마르코 복음에 기도의 본보기로 제시되는 '주님의 기도'가 수록되어 있지 않다는 사실과 더불어 이 복음서의 저자가 기도에 대해 그리 큰 비중을 두지 않음을 시사해 준다. 기도에 대해 마르코가 상대적으로 관심을 덜 표명하는 이유는 그가 로마 제국 내의 이방인 그리스도인들을 대상으로 복음서를 쓰면서 담화보다는 행동을 강조했기 때문일 것이다. 그의 복음서에 등장하는 예수님은 언제나 도움을 필요로 하는 사람들을 위해 헌신적으로 하느님의 위업을 실현시키시는 그리스도, 그들을 위해 말보다 몸으로 실천하시는 인물, 사람들의 구원을 위해 수난하시는 메시아시다. 이런 의미에서 마르코 복음은 '행동의 복음서'라고 할 수 있다. 이런 배경을 감안하면 왜 마르코 복음에 기도에 대한 언급이 다른 복음서들에 비해 상대적으로 빈약한지 쉽게 이해되리라고 믿는다.

1.2. 마태오 복음

마르코 복음에 비해 마태오 복음은 기도를 훨씬 많이 언급하고 그 필요성을 강조한다. 그 이유는 이 복음서가 '예배하다'라는 뜻의 동사 프로스키네오 $προσκυνέω$를 다른 공관 복음 저자들보다 월등히 자주 사용하면서(마태 13회, 마르 3회, 루카 5회) 예배를 특별히 강조하기 때문이다. 예배에는 자연 기도가 중요한 역할을 하기 다련이다. 마태오 복음에서 기도에 대한 가르침들은 대부분 루카와 그 자료를 공유하고 있는 예수 어록, 곧 Q 문헌에서 끌어낸 것이다. 구체적인 예를 들면, 원수들에 대한 사랑과 기도의 권고(5,44 병행 루카 6,27-28), 하느님께 대한 신뢰의 가르침(6,25-33; 루카 12,22-31), 청원기도에 대한 가르침(7,7-11; 루카 11,9-13), 추수 일꾼들의 파견을 위한 청원(9,37-38; 루카 10,2), 예수님의 감사 기도(11,25-27 병행 루카 10,21-22) 등이다. 이외에 마태오 복음과 루카 복음은 긍히 '주님의 기도'를 보유한다. 이 기도에 대해서는 나중에 루카 복음의 기도에 대한 언급들을 다루면서 자세히 살펴볼 것이다.

마태오 복음에는 루카 복음에 나오지 않는 기도에 관한 언급들도 나온다. 예를 들어 6,5-8은 마태오의 특수사료에 속하는데 여기서 저자가 표현하고자 하는 핵심 내용은 기도 자체에 대한 가르침에 있지 않고, 유다 종교 지도자들의 형식적이고 위선적인 신심을 비판하고 참다운 신심을 가르치는 데에 있다. 그 밖에 마태오에는 루카가 인용하지 않은 마르코 복음의 기도 대목들이 있는데(21,22 병행 마르 11,24; 루카 24,20 병행 마르 13,18), 앞에서 살펴본 대로 이 구절들에서 기도는 중심주제로서가 아니라 믿음이나 종말과 같은 다른 주제들과 연결되어 언급된다.

마태오는 마르코보다 기도에 대해 더 자주 언급하고 예수님께서 기도의 본보기로 제시한 '주님의 기도'까지 수록할 만큼 기도에 관심이 많지만, 루카와는 결코 비교가 되지 않는다. 기도에 관한 마태오 복음의 구절들을 자세히 살펴보면 기도의 언급이 예배를 비롯하여 믿음, 올바른 신심, 종말론적인 전망 등과 같이 다른 주제들과 연결되어 나타나거나 주님의 수난이라는 특수 상황에 결부되어 나타나지, 기도 자체에 대한 명시적이면서 일반적인 가르침으로 제시되지는 않았다. 이것은 마태오가 그의 특수사료에 기도에 관한 예수님의 비유들을 단 하나도 포함시키지 않았다는 사실로도 입증된다.

1.3. 요한 복음

요한 복음 저자는 길이요 진리요 생명이시며 만민의 빛이신 예수 그리스도께 대한 깊은 사상과 명상, 그리고 그분의 기도를 전해 준 영성가다. 요한 복음에 따르면 예수님의 활기찬 생명력과 구원의 권능은 아버지께 대한 예수님의 개인적 친교에 바탕을 둔다. 이 친교는 때때로 기도 형태로 표현되는데 대표적 예가 17장의 '대사제 기도'다. 이 기도는 복음서 가운데 가장 긴 기도로서 아버지와 예수님 사이에 맺어진 개인적 친교를 설명할 뿐더러, 제자들의 현재와 미래를 위한 중재 기도도 포함한다. 그럼에도 앞에서 지적한 대로 요한 복음 저자는 기도를 가리키는 동사와 명사를 전혀 사용하지 않는다. 대신 '영광스럽게 하다' $\delta o \xi \acute{\alpha} \zeta \omega$ 라는 뜻의 동사를 자주 사용함으로써(요한 23회, 마르 1회, 마태 5회, 루카 9회) 아들의 삶 전체가 아버지의 영광을 위하여 봉헌된다는 사실을 강조한다. 요한 복음에서 예수님의 기도는 아버지께 바치는 일종의 찬양이며 아버지와의 친교에 필요불가결한 요소다. 그리고 예수님께서는 당신 안에 사는 모든 사람에게 적극적인 자세로 무엇이든지 당신의 이름으로 청하면 들어주시겠다고 약속하신다. 그들의 청을 들어주심으로써 아들은 아버지의 영광을 더욱 드러내기 때문이다(요한 14,13-14).

한마디로 요한 복음에서도 기도 그 자체가 예수님의 삶과 가르침에 독립된 주제로 자리 잡지는 않고, 주로 영광 또는 찬양이라는 다른 주제에 연결되어 나타난다고 말할 수 있다.

2. 루카 복음의 기도

네 복음서들 가운데 루카 복음은 기도하시는 예수님의 삶과 기도에 대한 예수님의 가르침을 이해하는 데 가장 중요하고 풍부한 자료를 제공한다. 루카 복음에서 기도와 관련된 언급들을 살펴보면 몇 가지 두드러진 특징을 찾을 수 있다. 루카는 기도가 예수님의 생애 가운데 가장 결정적인 순간들과 깊이 연관되어 있음을 강조한다. 또한 루카가 전하는 기도의 내용은 감사와 찬양, 자신과 남을 위한 청원 등 다양하다. 기도에 대한 예수님의 가르침은 특히 비유들을 통하여 선명하게 전달된다. 그리고 기도의 본보기로 예수님께서 제자들에게 가르쳐 주신 '주님의 기도'는 마태오 복음의 그것보다 그분의 원초적 말씀에 더 가깝다.

2.1. 예수님 생애의 중대한 순간들과 기도

복음서 저자들 가운데 예수님의 삶을 기록하면서 기도를 그 결정적인 순간들마다에 연결시킨 저자는 루카뿐이다. 즈카르야가 예수님의 준비자로 등장할 세례자 요한의 잉태 소식을 가브리엘 천사로부터 들은 것은, "온 백성의 무리가 기도하고" 있었고 그가 주님의 성소에 들어가 분향하고 있던 때였다(루카 1,10 이하). 같은 천사가 나자렛 마을에 사는 처녀 마리아에게 나타나 예수님의 탄생을 알릴 때에도 마리아가 기도할 때였으리라는 암시가 1,29에 묘사된 그녀의 태도에서 드러난다. "이 말에 마리아는 몹시 놀랐다. 그리고 이 인사말이 무슨 뜻인가 하고 곰곰이 생각하였다." 이 표현에서 기도 중에 깊이 명상하는 마리아의 모습을 충분히 그려 볼 수 있다. 루카가 예수님의 잉태와 요한의 탄생에 맞추어 소개하는 마리아의 노래와 즈카르야의 노래는 초대 교회의 신자들이 기도 삼아 하느님께 즐겨 바치던 찬미 노래였다.

예수님께서 탄생하신 지 여드레가 되는 날 그분의 부모는 아기에게 할례를 베풀고 아기를 주님께 바치러 성전에 간다. 그때 성전에 있던 시메온 노인이 아기를 두 팔로 안고 하느님께 찬미 기도를 바친다. "성전을 떠나는 일 없이 단식하고 기도하며 밤낮으로 하느님을 섬겼"던 예언녀 한나도 하느님을 찬양한다(2,21-38).

예수님께서 요한의 "세례를 받으시고 기도를 하시는데, 하늘이 열리며 성령께서 비둘기 같은 형체로 그분 위에 내리시고" 하늘로부터 그분 아버지의 사랑받는 아들임을 확인하는 소리가 들린다(3,21-22). 이 대목은 루카가 마르코 복음을 옮겨 적은 대목인데 기도한다는 말은 루카의 첨가다(참조: 마르 1,9 = 마태 3,16).

열두 제자를 뽑으시기 전날 예수님께서는 "기도하시려고 산으로 나가시어, 밤을 새우며 하느님께 기도하셨다"(루카 6,12). 이 대목도 마르코 복음에서 따온 것인데 편집 과정에서 기도하신다는 말을 덧붙인 것이 분명하다(참조: 마르 3,13-19 병행 마태 5,1과 10,1-4).

베드로가 그분께 메시아 고백을 드리는 중대한 순간도 그분이 "혼자 기도하실 때"였다(루카 9,18-21). 여기서도 루카는 마르코 복음의 인용에 "혼자 기도하고 계신다"는 표현을 덧붙인다(참조: 마르 8,27-30 병행 마태 16,13-20). 예수님의 영광스러운 변모 때에도 루카는 마르코 복음을 옮겨 적는 과정에서 "기도하시러 산으로 오르셨다", 또 "기도하시는데"라는 말을 덧붙인다(루카 9,28-36; 참조: 마르 9,2-10 병행 마태 17,1-9).

그리고 체포되시기 전에 아버지의 진정한 뜻을 물으시며 겟세마니 동산에서 피땀을 흘리면서 기도하셨다. 이 대목은 앞에서 이미 살펴본 대로 마르코 복음에서 따온 것이다(루카 22,39-46 병행: 마르 14,32-42 병행 마태 26,36-46). 마지막으로 루카는 예수님께서 십자가에 못 박혀 돌아가시면서 아버지께 드린 기도를 두 가지 전해 준다. 둘 다 루카의 특수사료에 속한다. 첫 번째 기도는 당신을 비웃는 사람들을 위해 "아버지, 저들을 용서해 주십시오. 저들은 자기들이 무슨 일을 하는지 모릅니다"(루카 23,34)라고 아버지께 바치신 용서의 기도였고, 두 번째 기도는 자신을 위해 "아버지, 제 영을 아버지 손에 맡깁니다"(루카 23,46)라고 바치신 임종의 기도였다.

이상 살펴본 것처럼 루카 복음에서 기도는 예수님의 생애 가운데 가장 중대한 순간들과 연결되어 나타난다. 루카는 그분의 탄생과 성전에서의 봉헌, 공생활의 시작을 알리는 세례, 당신의 신비스러운 정체가 밝혀지는 메시아 고백과 영광스러운 변모, 수난과 죽음의 순간에 기도의 주제를 삽입해 넣음으로써 이 모든 사건이 하느님의 손길에 이끌려 진행되고 있다는 사실을 보여 주었다.

2.2. 기도의 요소들

예수님께서 아버지와 깊이 일치해 계신다는 사실은 두 가지로 표현된다. 그분의 생애 동안 결정적 순간들에 아버지께서 직접 그 사실을 인정하는 표시나 말씀을 주시거나, 당신 자신이 그런 순간들에 아버지께 기도하러 외딴 곳으로 잠적하신다. 아버지와의 깊은 친교와 사랑에서 예수님은 감사와 찬양의 기도를 하신다. 대표적 예로 10,21-22(병행 마태 11,25-27 Q)을 들 수 있다.

어느 날 예수님은 "성령 안에서 즐거워하며" 아버지께 이렇게 기도하신다. "아버지, 하늘과 땅의 주님, 지혜롭다는 자들과 슬기롭다는 자들에게는 이것을 감추시고 철부지들에게 드러내 보이시니, 아버지께 감사드립니다. 그렇습니다, 아버지! 아버지의 선하신 뜻이 이렇게 이루어졌습니다." "나의 아버지께서는 모든 것을 나에게 넘겨주셨다. 그래서 아버지 외에는 아들이 누구인지 아무도 알지 못한다. 또 아들 외에는, 그리고 그가 아버지를 드러내 보여 주려는 사람 외에는 아버지께서 누구이신지 아무도 알지 못한다."

이 기도는 예수 어록에서 옮긴 것인데, 마태오 복음에서는 예수님께서 성령 안에서 즐거워하신다는 표현이 없다. 이 표현은 루카가 덧붙인 것이다. 나중에 다루게 되겠지만 성령에 대한 강조는 루카의 또 다른 신학적 주제이기 때문이다.

루카 복음에서 하느님께 감사와 찬양을 드리는 주체는 예수님만이 아니다. 예수님의 탄생을 둘러싸고 예수님의 어머니 마리아와 요한의 아버지 즈카르야, 하늘의 천사들과 들판의 순진한 목자들이 하느님을 찬양했고, 성전에서 구세주의 탄생을 학수고대하던 시메온과 한나도 예수 아기를 보는 순간 감사와 찬양을 하느님께 드렸다. 예리코에서 눈먼 이를 고치신 이야기에서 공관 복음 저자들 가운데 루카만이 눈먼 이(마르코에 바르티매오)가 자신의 치유에 대하여 하느님께 찬양을 드렸다고 보고한다(18,43 병행 마르 10,52과 마태 20,34). 또 루카만이 예루살렘 입성 때 제자들의 무리가 모두 기뻐하면서 하느님을 큰 소리로 찬양했다고 전한다(19,37 병행 마르 11,9과 마태 20,34). 예수님께서 마지막 숨을 거두시는 장면에서도 루카의 수난사화에서만 백인대장이 하느님을 찬양한다고 되어 있다(23,47 병행 마르 15,39과 마태 27,54). 따라서 이러한 찬양과 감사의 주제가 루카의 기도에 관한 언급들에 첨부된 사실은 극히 자연스럽고 당연한 일이다. 예수님께서 제자들에게 기도의 본보기로 가르쳐 주신 '주님의 기도'의 첫 주제 역시 하느님의 이름을 찬양하는 것이지 않은가!

　루카가 감사와 찬양 못지않게 강조하는 기도의 요소는 청원과 중재다. 분향 시간에 지성소에 들어간 즈카르야에게 천사는 그의 청원기도가 윤허되었음을 알려 준다. "두려워하지 마라, 즈카르야야, 너의 청원이 받아들여졌다. 네 아내 엘리사벳이 너에게 아들을 낳아 줄 터이니, 그 이름을 요한이라 하여라"(1,13). 이 청원은 주님의 기도 후반부에도 나온다. 기도에 관한 예수님의 비유들은 모두 이 청원기도와 연결된다. 한밤중에 빵을 청하는 친구의 비유(11,5-8 SL)가 그러하고 아들의 청을 들어주는 아버지의 비유(11,11-13 병행 마태 7,9-11 Q), 과부의 청을 들어주는 재판관의 비유(18,1-8 SL), 바리사이와 세리의 비유(18,9-14 SL) 등이 바로 그것들이다. 청원의 내용은 다양하다. 즈카르야의 경우에는 아들, 주님의 기도에서는 일용할 빵과 죄의 용서와 유혹에서의 구제였다. 네 비유들에서 보면 처음 두 비유는 먹을 것을 달라는 청이었고, 과부의 경우에는 올바른 재판을 해 달라는 부탁이었으며, 세리의 경우에는 지은 죄를 용서해 달라는 것이었다. 유혹에 떨어지지 않도록, 또는 유혹에서 보호해 달라는 청원기도는 앞에서 살펴본 겟세마니 동산에서의 기도에서도 나온다(22,40.46).

　루카 복음에서 기도는 다른 사람들을 위한 중재 요소도 지닌다. 이것은 예수님께서 몸소 시범을 보여 주셨다. 베드로가 예수님의 신원을 정확하게 밝힐 수 있었던 것은 예수님의 기도에 힘입었기 때문이었을지도 모른다. 루카는 9,18에서 베드로의 고백 전에 "예수님께서 혼자 기도하실 때에 제자들도 함께 있었는데"라고 보고한다. 곧 예수님께서 제자들을 위해 중재기도를 바치고 계셨다는 뜻이다. 여기서 루카는 중재기도의 효과가 베드로에게 영향을 주었을 것이라는 암시를 은연중에 드러낸다. 보다 명시적인 예수님의 중재기도의 예는 베드로의 배반에 대한 예언에 앞서 하신 말씀에서 나온다. "시몬아, 시몬아! 보라, 사탄이 너희를 밀처럼 체질하겠다고 나섰다. 그러나 나는 너의 믿음이 꺼지지 않도록 너를 위하여 기도하였다. 그러니 네가 돌아오거든 네 형제들의 힘을 북돋아 주어라"(22,31-32 SL).

한편 예수님께서는 청원기도와 관련하여 너무 세속적 가치들만 구하려는 태도를 지양하고 더 높은 가치로 마음을 들어 높이도록 권고하신다. 아버지께서는 청하고 찾는 이에게 주시고, 두드리는 이에게 모두 열어주시지만, 더 좋은 선물을 주시고자 하신다. "너희 가운데 어느 아버지가 아들이 생선을 청하는데, 생선 대신에 뱀을 주겠느냐? 달걀을 청하는데 전갈을 주겠느냐? 너희가 악해도 자녀들에게는 좋은 것을 줄 줄 알거든 하늘에 계신 아버지께서야 당신께 청하는 이들에게 성령을 얼마나 더 잘 주시겠느냐?"(11,11-13 병행 마태 7,7-11). 의식주에 지나치게 집착하는 것은 아버지께 대한 신뢰가 부족하기 때문이다. "이런 것들은 모두 이 세상 다른 민족들이 애써 찾는 것이다. 너희의 아버지께서는 이것들이 너희에게 필요함을 아신다. 오히려 너희는 그분의 나라를 찾아라. 그러면 이것들도 곁들여 받게 될 것이다"(12,30-31 병행 마태 6,33 Q). 이러한 면에서 겟세마니 동산에서 바친 예수님의 기도는 가장 훌륭한 모범이다. "아버지, 아버지께서 원하시면 이 잔을 저에게서 거두어 주십시오. 그러나 제 뜻이 아니라 아버지의 뜻이 이루어지게 하십시오"(22,42 병행 마르 14,36과 마태 26,39).

루카 복음에 수록된 기도에 관한 언급들을 종합해서 살펴보면 거기에 기도가 갖추어야 할 제반 요소들, 곧 감사와 찬양, 청원과 중재 등이 골고루 잘 나타나 있음을 알 수 있다. 청원기도의 내용과 관련하여 루카는 너무 세속적인 가치들에만 매달리지 말고 더 높은 가치인 성령이나 하느님 나라를 구하라는 예수님의 권고를 잊지 않고 전해 준다.

2.3. 기도의 돋보기 '주님의 기도' (마태 6,9-13; 루카 11,2-4)

공관 복음의 '주님의 기도'가 마태오 복음과 루카 복음에 실려 있는 것으로 보아서 예수 어록에서 비롯한 것으로 추정할 수 있다. 그런데 마태오와 루카의 본문이 서로 다르다. 루카에서는 다섯 가지 탄원으로 되어 있는 데 비해 마태오에서는 일곱 가지로 되어 있다. 오늘날 성서학계에서는 일반적으로 마태오의 긴 본문보다는 루카의 짧은 본문이 예수님의 갈 씀에 더 가깝다고 본다. 그 이유는 두 가지다. 첫째, 마태오 본문에 첨가된 두 개의 탄원, 곧 주님의 기도 전반부 끝에 첨가된 "아버지의 뜻이 하늘에서와 같이 땅에서도 이루어지게 하소서"와 후반부 끝에 첨가된 "저희를 악에서 구하소서"라는 탄원에는 마태오가 좋아하는 표현('뜻', '…과 같이', '악')과 형식(하늘과 땅의 대비, 박해의 맥락)이 나온다. 그리고 여러 사본에 주님의 기도를 끝맺는 영광송, "권세와 영광이 당신의 것이옵니다"가 덧붙여 있는데, 이 영광송은 2세기 초 '열두 사도의 가르침'으로 알려진 '디다케'(가르침)와 요한 크리소스토무스가 작성한 것으로 추정하는 전례문에도 나온다. 따라서 위 두 첨가문과 영광송은 예수님의 본디 말씀이 아니다. 둘째, 마태오 본문에서는 기도 첫머리에 하느님이 "하늘에 계신 저희 아버지"라는 긴 호칭으로 불린다. 이것은 '디다케'에서도 마찬가지다. 유다인의 전통에서 하느님을 '하늘에 계신 아버지'라고 부르는 예는 있었지만, 하느님을 아무런 수식어 없이 '아버지' 또는 '아빠'라고 부른 예는 구약성경이나 라삐 문헌에서도 찾아볼 수 없다. 이 '아빠'는 예수님의 독특한 작품으로서 그분이 당신과 아버지 사이의 친밀한 관계를 나타내기 위해 처음으로 사용하신 것이다. 아빠는 유다인 가정에서 자녀들이 아버지께 아쉬운 것을 청할 때 불렀던 호칭인데, 우리말의 '아빠'와 비슷한 뉘앙스를 지닌다. 초대 교회에서 사용하던 아빠라는 칭호(갈라 4,6; 로마 8,15)도 분명 예수님께 기원을 둔다. 따라서 마태오 본문이나 '디다케'에 사용된 "하늘에 계신 저희 아버지"라는 장엄한 호칭은 전례의 호칭이지, 곧 뒤따라 오는 자녀들의 탄원들을 염두에 두고 예수님께서 사용하셨던 호칭일 리가 만무하다.

그럼 이제 루카 복음에 나오는 다섯 가지 탄원을 하나하나 살펴보자. 우선 루카는 마태오와는 달리 주님의 기도가 나오게 된 상황을 설명한다. 예수님께서 늘상 하시던 대로 기도하고 계셨을 때 제자들이 그분을 지켜 보다가 그분이 기도를 마치시자, "주님, 요한이 자기 제자들에게 가르쳐 준 것처럼, 저희에게도 기도하는 것을 가르쳐 주십시오" 하고 청한다(11,1). 여기서 루카는 예수님의 생활화된 기도가 제자들에게 깊은 인상을 주었음을 시사한다. 제자들은 예수님의 기도하는 모습을 통하여 그분이 아버지 하느님과 깊은 일치를 이루시고 진정한 친교를 나누고 계심을 깨달을 수 있었던 것이다. 그리고 그들 역시 스승이 아버지와 누리는 고요와 평화, 일치와 친교를 누리고 싶었을 것이다.

첫 번째 탄원은 "아버지!"($πάτερ$ 아람어로 '아빠' 였을 것이다)라는 호칭으로 시작된다. 이 호칭은 기도하는 자와 기도를 받는 대상 사이의 접근과 친밀을 의미하며 뒤따라올 다섯 가지 탄원을 위한 예비 포석이기도 하다. 그런데 이 친밀한 호칭에도 아랑곳없이 첫 번째 탄원은 아버지께 대한 경외심을 요구한다. 여기서 하느님은 가까이 계시면서도 무한히 거룩하신 분(에제 36,23), 내재적이면서도 초월적인 분으로 드러난다. "아버지의 거룩한 이름을 드러내시며"라는 탄원에서 이름은 인격과 신분 전체를 가리킨다. 구약성경에서 하느님의 이름을 불러 거짓 맹세를 하는 행위는 중죄로 취급되었다. 하느님의 이름은 하느님의 신비스러운 현존 자체와 그분이 인간의 역사와 체험 안에 스스로 드러내시는 모든 것을 의미한다. 예수님께서는 이 이름을 찬미하는 일이 모든 사람의 의무라고 생각하신다. 그리하여 제자들에게 아버지께 대하여 당신이 보여 주시는 깊은 경외심을 지니도록 요청하신다.

두 번째 탄원은 하느님 나라가 임하시기를 청하는 기도다. 이 나라는 어떤 장소를 말하는 것이 아니고, 인류가 오래도록 간절히 바라온, 도탄에 빠진 인간 세상에 대한 하느님의 자비롭고 의로운 통치권을 가리킨다. 하느님이 임금으로서 억눌리고 가난하고 고통받는 사람들을 찾아오시어 그들에게 베푸시는 선정善政을 말한다. 예루살렘 성전의 두 노인 시메온과 한나가 이 나라의 도래를 위해 그토록 기다렸고 기도해 왔으며, 세례자 요한이 이미 그 나라가 임박했음을 알렸고, 마침내 나자렛 예수님은 그 나라가 당신 자신의 구원 활동에서 이미 시작되었음을 선포하신다. 제자들은 이제 점차 하느님 나라가 예수님에게서 시작되었고 그분 안에서 완성되어 갈 것이라는 사실을 깨닫는다. 그리고 그들은 임금으로서 베푸시는 하느님의 선정이 인간 역사 안에서 영광스럽게 실현되도록 기도해야 한다. 그 나라의 실현 속에는 제자들 자신들의 믿음과 헌신과 복종이 당연히 포함된다. 그리하여 루카에게 기도는 구세사에서 절대 필요불가결한 역할을 담당한다.

세 번째 탄원부터는 초점이 하느님에서 인간으로 옮겨진다. 주님의 기도에 나타난 순서는 기도에서 무슨 요소가 우선하는지 밝혀 준다. 앞에서 언급한 대로 루카는 청원기도의 내용에서 하느님 나라와 성령을 먼저 구하라고 예수님의 말씀을 통하여 권고한다. 기복신앙의 위험을 경고하는 가르침이기도 하다. 이제 하느님의 이름을 찬양하고 그분의 나라가 임하기를 탄원했으니 "일용할 양식"으로 상징된 의식주이 필요한 것을 청하도록 초대된다. '일용할' $\epsilon\pi\iota o\acute{\nu}\sigma\iota o\nu$이라는 표현은 원래 '다가올'이라는 뜻인데, 이 기도가 다가오는 날을 준비하는 아침이나 저녁에 바쳐질 기도임을 전제한다. 마태오 복음과 '디다케'에서는 '오늘' $\sigma\acute{\eta}\mu\epsilon\rho o\nu$이라는 단어를 사용하고 루카 복음에서는 '날마다' $\tau\grave{o}\ \kappa\alpha\theta'\ \acute{\eta}\mu\acute{\epsilon}\rho\alpha\nu$라는 표현을 사용하는데 루카의 것이 원초적 표현이다. 왜냐하면 '오늘'은 마태오가 좋아하는 단어고 '날마다'라는 루카의 표현은 가난한 사람들의 어려운 처지를 생각하시는 예수님의 자비로운 정신에 잘 부합하기 때문이다.

　네 번째 탄원은 죄의 용서를 청하는 기도다. 구약성경과 공관 복음 전승에 따르면 하느님 이외의 아무도 인간의 죄를 용서할 수 없다(참조: 마르 2,7 병행 루카 5,21). 마태오 복음 그리스어 본문에서는 "우리 빚을 용서하소서"라고 청하는데 반해 루카 복음에서는 "우리의 죄들을 용서하소서"라고 청한다. 이는 아람어 호바*hobah*가 빚과 죄 두 가지 뜻을 다 지니고 있어, 이를 두 복음서 저자가 서로 달리 번역한 데서 비롯된 것으로 보인다. 실제로 예수님께서도 죄인을 빚진 자로 비유하셨다. 곧 죄는 윤리적 빚인 셈이다. 여기서 타인들의 잘못을 용서하는 행위는 하느님의 용서를 끌어내기 위한 필수 조건이라기보다 하느님의 용서를 청하는 자의 성실한 마음가짐을 의미한다(마태 18,23-35 참조). 타인에 대한 용서는 하느님의 용서의 근거가 될 수 없고, 하느님의 용서를 표현하는 하나의 예다.

　마지막 탄원은 우리를 유혹에 빠지지 말게 해 달라는 것이다. 이 탄원의 본 뜻은 아버지께서 제자들에게 유혹의 상황을 아예 주시지 말고 그런 상황을 방지해 주셔야 한다는 것이 아니다. 오히려 우리로 하여금 유혹에 굴복하는 일이 없도록 해 주십사 하는 청원이다. 예수님께서는 겟세마니 동산에서 제자들에게 "유혹에 빠지지 않도록 기도하여라"(루카 22,40)라는 말씀을 하셨는데, 그때 이미 유혹은 그들에게 닥친 상태였다. 여기서 유혹은 시련이라는 긍정적인 뜻도 지니고 있음을 놓쳐서는 안 된다. 히브리인들이 40년 동안 시나이 사막에서 겪었던 혹독한 시련이 없었던들, 과연 오합지졸의 천민노예 무리에서 그처럼 일치된 신앙공동체로 발전할 수 있었을까? 따라서 마지막 탄원 내용은 우리에게 닥친 시련에서 좌절하지 않고 하느님의 도우심을 굳게 믿으며 그 시련을 극복하도록 도와주시라는 간청이다.

주님의 기도에는 루카가 다른 기도 대목들에서 전달하고자 했던, 기도에 대한 예수님의 가르침들이 집약적으로 그리고 균형 있게 나타난다. 마땅히 포함되어야 할 기도의 요소들인 감사와 찬양, 청원과 중재가 단순하고 소박하게 표현되어 있음은 물론, 더 우선하는 가치인 하느님의 이름과 그분의 나라가 먼저 추구되고 덜 우선하는 가치인 우리의 물질요구와 윤리요구가 뒤이어 추구되고 있다. 과연 주님의 기도는 기도의 완벽한 본보기다.

그리스도인들뿐 아니라 오늘을 사는 모든 현대인에게는 명상과 활동의 균형잡힌 생활이 꼭 필요하다. 과학문명의 발전이 인간에게 시간과 공간을 확보해 주면 줄수록 명상의 삶에 익숙지 않는 사람들은 두서없이 서두르게 된다. 이천 년 전 팔레스티나에서 삼 년이라는 짧은 세월 동안 하느님 나라에 관한 복음을 전하고 가난하고 고통받는 사람들을 위해 동분서주하면서 숨가쁘게 살다 가신 나자렛 예수님보다 더 많은 일을 한 사람이 우리 인류사에서 있었던가. 그분의 활동 한복판에 태풍의 눈처럼 자리 잡고 있는 기도와 명상의 삶, 그리고 기도에 대한 그분의 가르침이 방향과 목적을 찾기 위해 안간힘을 쓰고 있는 우리 현대인들에게 많은 것을 던져주리라 믿는다.

VI

기도(2):
초대 교회의 기도하는 모습

앞에서 루카 복음을 중심으로 기도하시는 예수님의 모습과 기도에 대한 그분의 가르침을 살펴보았다. 이어 본 단락에서는 사도행전에 나타난 초대 교회의 기도하는 모습을 관찰하고자 한다. 이미 복음서들의 기도에 관련된 용어 사용을 비교·분석함으로써 루카가 신약성경의 어느 저자들보다 예수님의 생애와 교회의 선교활동에서 기도의 중요성을 강조했음을 밝혀 두었다.

1. 기도하는 교회

공생활의 중요한 순간에 기도를 바치시는 예수님의 모습을 보여 주는 루카 복음처럼, 사도행전에서도 초대 교회의 창립 회원들이 중요한 순간에 기도하는 모습을 보여 준다. 편의상 초대 교회의 태동 시에 보여 주었던 나자렛 예수님을 스승으로 따르던 사람들의 기도, 베드로 사도와 요한을 중심으로 한 사도들의 기도, 이방 선교의 주역인 바오로 사도의 기도로 나누어 고찰하고자 한다.

1.1. 원시 교회 공동체의 기도

우선 교회가 탄생되는 중대한 순간에 제자들이 예루살렘에 모여 기도를 바친다. 예수님의 시대를 교회의 시대로 연결하는 대목인 루카 복음의 마지막 두 구절을 보면, "그들은 예수님께 경배하고 나서 크게 기뻐하며 예루살렘으로 돌아갔다. 그리고 줄곧 성전에서 하느님을 찬미하며 지냈다"(루카 24,52-53)로 되어 있다. 스승 예수님의 승천을 목격한 제자들이 예루살렘으로 돌아가 성전에서 하느님께 기도하며 지냈다는 것이다. 다른 한편 사도행전(1,12-14)에 보면 예루살렘에 돌아간 제자들이 예수님의 분부대로 성령을 기다리며 다락방에 모여 있었다고 되어 있다. 제자들이 다락방에 모인 이유를 전통적 해석에 따르면 유다인들이 무서워서 숨은 것으로 보는데, 그렇다면 이 두 기록은 모순이다. 성전에서 기도하는 일은 자신을 공적 장소에 드러내는 것이고 다락방에서 기도하는 것은 자신을 숨기는 일이기 때문이다. 하지만 사도행전 어느 곳에도 제자들이 유다인들로부터 몸을 피하려고 다락방에 모였다는 기록은 없다. 다락방은 원래 유다의 지식인들이 서로 모여 성경과 율법을 공부하고 기도하기 위한 장소로 이용되었다. 물론 가난한 사람들에게는 주거지로 이용될 수도 있었다. 여기서 예루살렘으로 돌아간 제자들이 보통 기도 시간(사도 3,1 참조)과 예배 시간에는 성전에 가서 하느님을 찬양했지만, 그 나머지 시간에는 언제나 다락방을 숙소로 정하고 그곳에 따로 모여 주님의 분부대로, "높은 데에서 오는 힘을 입을 때까지"(루카 24,49) 기도에 전념하였다고 추정할 수 있다. 제자들이 "성전에서 하느님을 찬미하며 지냈다"는 루카 복음의 맨 끝 구절의 기록은 사도 2,46-47과 연관된다. "(믿는 사람들은) 날마다 **한마음으로 성전에 열심히 모이고** 이 집 저 집에서 돌아가며 빵을 떼어 나누었으며, 즐겁고 순박한 마음으로 음식을 함께 먹고, **하느님을 찬미하며** 온 백성에게서 호감을 얻었다. 주님께서는 날마다 그들의 모임에 구원받을 이들을 보태어 주셨다."

다락방에서 "한 마음으로 기도에 전념"하고 있던 사람들 가운데에는 열한 제자 이외에도 "여러 여자와 예수님의 어머니와 그분의 형제들"(사도 1,13-14)이 포함된다. 특히 예수님의 어머니 마리아가 성령으로 인한 교회의 태동을 기다리며 기도에 전념하고 있는 모습은, 성령의 힘으로 이루어질 구세주 예수님의 탄생 소식에 앞서서 "은총이 가득한 이여, 기뻐하여라. 주님께서 너와 함께 계시다"라는 천사의 인사를 받고 그 뜻을 "곰곰이 생각"하는 처녀 마리아의 모습과 연관된다(루카 1,28-29).

이 무렵 어느 날 베드로가 백스무 명 가량 되는 사람들 사이에서 일어나, 제 갈 길로 가버린 유다를 대신하여 사도직을 계승할 사람을 뽑자고 제안하였다. 여기서 백스무 명이라는 숫자는 열두 제자의 확장된 공동체, 결국 새로운 이스라엘의 열두 부족을 가리키는 상징수다. 새로운 이스라엘을 탄생시키기 위해 그 주축이 될 사도단이 완전 숫자 12에서 하나가 부족하기 때문에 시급히 보충해야 한다. 베드로는 전통적 방법으로 하느님께 기도를 한 뒤 후보자 가운데 제비를 뽑아 결정하기로 한다(1사무 14,42 참조). 제비는 하느님의 결정을 알려주는 표징이다. 베드로는 이렇게 기도한다. "모든 사람의 마음을 아시는 주님, 이 둘 가운데에서 주님께서 뽑으신 한 사람을 가리키시어, 유다가 제 갈 곳으로 가려고 내버린 이 직무, 곧 사도직의 자리를 넘겨받게 해 주십시오"(사도 1,24-25). 제비는 마티아에게 떨어져 그 순간부터 마티아는 열한 사도들과 함께 어울렸다.

열흘 동안의 기도를 통한 준비 기간이 다 지나고 마침내 오순절 성령이 내려 오셨다. 성령의 힘을 받은 베드로의 설교로 삼천 명 가량이 집단 세례를 받고 새로운 믿음의 공동체가 탄생되었다. 이 믿음의 공동체는 "사도들의 가르침을 받고 친교를 이루며 빵을 떼어 나누고 기도하는 일에 전념"(사도 2,42)하였고 모든 것을 공동으로 소유하며(2,44), "날마다 한마음으로 성전에 열심히 모이고" 하느님을 찬양함으로써 주위 사람들의 호감을 샀다(2,45-47). 그리하여 이 모임의 숫자가 날로 불어났다.

이 공동체의 성장에 주 대한 공헌을 한 베드로와 요한이 유다의 종교 지도자들에게 체포되었다가 풀려났을 때, 신도들은 "한마음으로 목소리를 높여" 기도하였다(4,23-30). 그들의 기도가 끝나자 "모여 있는 곳이 흔들리면서 모두 성령으로 가득 차, 하느님의 말씀을 담대히 전하였다"(4,31). 헤로데가 유다인들의 환심을 사려고 야고보를 죽인 뒤 베드로를 붙잡아 감옥에 가두었을 때도. "교회는 그를 위하여 끊임없이 기도하였다"(12,5). 교회의 기도 덕분에 베드로는 천사의 인도로 감옥에서 무사히 빠져 나간다(12,6-19).

1.2. 사도들의 기도와 활동

초대 교회의 성장에 결정적 역할을 한 사도들의 놀라운 활동은 모두 기도에 힘입은 것이다. 베드로와 요한은 오후 세 시 기도 시간에 성전으로 올라가다가 모태에서부터 불구자였던 사람 하나를 성전 문 곁에서 만나, 자선 대신 나자렛 사람 예수 그리스도의 이름으로 치유의 은혜를 그에게 베푼다(3,1-10). 동료들은 사도들이 하느님의 말씀을 올바로 전하고, 치유와 표징과 기적의 능력을 지닐 수 있도록 기도한다. "이제 주님! 저들의 위협을 보시고, 주님의 종들이 주님의 말씀을 아주 담대히 전할 수 있게 해 주십시오. 저희가 그렇게 할 때, 주님께서는 손을 뻗으시어 병자들을 고치시고, 주님의 거룩한 종 예수님의 이름으로 표징과 이적들이 일어나게 해 주십시오"(4,29-30).

바로 이러한 기도 덕분에 "사도들의 손을 통하여 백성 가운데에서 많은 표징과 이적이" 일어났고 병자와 더러운 악령에 사로잡힌 자들이 모두 낮게 되었다(5,12-16). 그리고 유다인들의 반대와 박해에도 "날마다 성전에서 또 이 집 저 집에서 끊임없이 가르치면서 예수님은 메시아시라고 선포하였다"(5,42).

신자들의 숫자가 점점 늘어나면서 공동체를 관리하는 일이 복잡해져 갔다. 신도들 가운데에는 가난한 과부가 많았는데, 그들에게 식량을 배급하는 일이 전처럼 단순하지 않게 되었고, 그 일에 시간과 정력도 많이 빼앗겼다. 그래서 사도들은 신자들에게 한 가지 해결책을 제시하였다. "우리가 하느님의 말씀을 제쳐 놓고 식탁 봉사를 하는 것은 바람직하지 않습니다. 그러니 형제 여러분, 여러분 가운데에서 평판이 좋고 성령과 지혜가 충만한 사람 일곱을 찾아내십시오. 그들에게 이 직무를 맡기고, 우리는 기도와 말씀 봉사에만 전념하겠습니다"(6,2-4). 모든 신자들이 사도들의 말에 전폭적으로 동의하여 사도들의 제안에 따라 부제 일곱을 선발하였다.

사도들은 기도와 안수로써 그들에게 새로운 직책을 맡기고, 그 직책을 수행할 능력을 하느님께 청하였다(6,5-7). 그 부제들 가운데 한 사람인 스테파노는 유다인들에게 박해를 받아 그리스도인으로서 첫 순교의 영광을 차지하였다. 그가 죽기 전에 바친 기도는 스승 예수님이 십자가 위에서 드린 기도를 방불케 한다. "사람들이 돌을 던질 때에 스테파노는, '주 예수님, 제 영을 받아 주십시오' 하고 기도하였다. 그리고 무릎을 꿇고 큰 소리로, '주님, 이 죄를 저 사람들에게 돌리지 마십시오' 하고 외쳤다. 스테파노는 이 말을 하고 잠들었다"(7,59-60).

복음이 예루살렘과 유다 땅을 벗어나 이방인 세계로 향하는 길목인 사마리아에 퍼져 나갔을 때, 예루살렘의 사도단은 베드로와 요한을 사마리아에 파견하였다. 베드로와 요한은 사마리아에서 하느님의 말씀을 받아들인 사람들이 성령을 받을 수 있도록 그들을 위해 기도하고 안수하였다(8,16-17). 이내 성령이 그들 위에 내려오고 사마리아 공동체도 예루살렘 공동체와 하나가 되었다.

 사마리아에 그리스도고 공동체가 세워진 다음 복음은 이제 이방인의 땅으로 전파된다. 이방인들에 대한 공식적 복음선포는 사도들의 머리인 베드로의 주도로 이루어진다. 베드로는 카이사리아에서 로마인 백인대장 코르넬리우스와 그의 가족들에게 할례와 율법을 강요하지 않고 이방인 신분을 그대로 지닌 채 교회 안에 영입시킨다. 이 놀라운 사건에 앞서서 베드로는 야포에서 사망한 타비타라는 여신도를 부활시키는데 이 엄청난 기적도 기도의 힘을 빌려 이루어진다(9,36-40).

 이방인 선교의 푸른 신호등인 코르넬리우스의 개종 사건도 기도의 힘 덕분에 이루어진 사건이다. "신심이 깊은 그는 온 집안과 함께 하느님을 경외하며, 유다 백성에게 많은 자선을 베풀고 늘 하느님께 기도"하는(10,2) 이탈리아의 백인대장이었다. 그날도 오후 세 시쯤 기도하고 있었는데, 천사가 나타나 "너의 기도와 자선이 하느님 앞으로 올라가 좋게 기억되고 있다. 이제 야포로 사람들을 보내어 베드로라고 하는 시몬을 데려오게 하여라. 그는 무두장이 시몬의 집에 묵고 있는데 그 집은 바닷가에 있다"(10,4-6)고 지시한다. 코르넬리우스는 곧바로 사람들을 야포로 보내어 베드로를 모셔 오도록 조처한다.

 한편 야포에 있는 베드로 역시 기도 중에 환시를 본다(10,9-16). 기도하러 옥상에 올라갔다가 정오쯤 되어 아래층에서 사람들이 음식을 장만하고 있는 사이에 무아지경에 빠져든 베드로에게 음식에 관한 환시가 나타난다. 배가 단단히 고팠던 모양이다. 하늘에서 큰 아마포 같은 어떤 그릇이 내려오는데, 베드로가 그 안을 보니 온갖 네 발 가진 짐승들과 땅의 길짐승들과 하늘의 새들이 모두 들어 있다. 그런데 하늘에서 그에게 "베드로야, 일어나 잡아먹어라" 하는 소리가 들린다. 베드로는 싫다고 거절한다. 이유는 "무엇이든 속된 것이나 더러운 것은 한 번도 먹지 않았"기 때문이란다(10,14). 유다교의 음식 규정을 철저히 지켜왔다는 말이다. 그런데 하늘에서 다시 두 번째 소리가 들린다. "하느님께서 깨끗하게 만드신 것을 속되다고 하지 마라"(10,15). 이 환시로 하느님은 이방인들이 자체의 신분으로서 교회에 영입되는 것을 원하신다는 사실이 명백해졌다. 그리스도인이 되기 위해 먼저 유다교 신자가 되어야 하는 전통적인 절차를 이제는 밟을 필요가 없어진 셈이다. 베드로가 코르넬리우스를 개종시킴으로써 이방인들에게 그리스도교로의 직항로를 개설한 뒤 이방인 선교의 주도권은 바오로에게 넘어간다. 루카는 자신의 영웅인 바오로에게 사도행전의 나머지 절반을 할애한다.

1.3. 이방인의 사도 바오로의 기도

사울은 대사제에게서 다마스쿠스의 여러 회당으로 하여금 그리스도인들을 무조건 잡아 예루살렘으로 압송하라는 공한을 받아가지고 의기양양하게 다마스쿠스로 가던 도중에 극적으로 주님을 만나 회심한다. 동행하던 사람들의 손에 이끌려 다마스쿠스로 간 사울은, 사흘 동안 보지 못하고 먹지도 마시지도 않으며 기도만 하고 있었다. 이 사실은 다마스쿠스에 있던 하나니아스라는 제자가 현시 중에 확인한 것이다. 하나니아스는 주님의 분부대로 바오로를 찾아가 그에게 안수와 세례를 베풀어 준다(9,1-19).

안티오키아 교회의 신자들이 주님께 예배드리며 단식하고 있을 때, 성령이 그 교회의 예언자들과 교사들 가운데 특별한 일을 위하여 사울과 바르나바를 가려내도록 분부하였다. 신자들은 단식하고 기도와 안수를 한 다음 사울과 바르나바를 떠나 보냈다(13,1-3). 사울이 안티오키아 교회에서 정식으로 이방인들의 선교사로 선택을 받고 파견되는 순간이다. 그리고 첫 선교지인 키프로스의 세르기우스 총독 앞에서 엘리마스라는 점쟁이를 장님으로 만들어 총독으로 하여금 회개하도록 하는 바로 그 시점, 곧 정식 선교사로 파견된 뒤 이방인 선교의 첫 열매를 거두는 순간에 사울의 이름은 슬며시 바오로로 바뀐다(13,9). 그리스도인들을 박해하던 시절부터 불리운 불명예스러운 이름 사울은 사라지고 바오로라는 이름이 그것을 대신한다.

바오로와 바르나바가 남부 갈라티아의 교회들을 위하여 원로들을 선임할 때도 단식과 기도를 한 뒤였다(14,23). 요한 마르코의 동행 문제로 바르나바와 심한 말다툼 끝에 그와 갈라진(15,36-41) 바오로는 필리피로 간다. 바오로는 이곳에서 안식일에 유다인들의 '기도처', 곧 유다교 회당을 찾아 나선다(16,13). 루카는 바오로가 안식일에 기도하러 유다교 회당을 찾는 것을 당연시한다. 바오로가 기도처로 갈 때 점 귀신이 붙은 여종 하나가 따라오며 귀찮게 하므로 여자에게서 그 점 귀신을 쫓아내 버린다(16,16). 그러나 그 여자의 점 덕분에 돈벌이를 하던 그녀의 주인들이 바오로와 그의 동행자 실라스를 붙잡아 행정관들에게 데리고 가서 소란죄로 감옥에 집어넣게 한다. 그러나 바오로와 실라스는 감옥에서도 하느님께 찬미가를 부르며 기도를 드렸는데, 다른 죄수들이 그들의 기도를 귀담아 듣게 된다(16,25). 이 기도의 결과로 간수가 회개하고 행정관들이 바오로와 실라스를 석방한다.

밀레토스의 해변가에서 에페소 원로들과 작별인사를 나눈 뒤 바오로는 그들 모두와 함께 무릎을 꿇고 기도를 바친다. 그러자 "그들은 모두 흐느껴 울면서 바오로의 목을 껴안고 입을 맞추었다"(20,36-37). 티로 해변가에서의 작별도 기도와 함께 이루어진다. "우리는 그곳을 떠나 여행길에 올랐다. 그들은 모두 부인들과 아이들과 함께 우리를 도시 밖까지 배웅하였다. 이윽고 바닷가에서 우리는 무릎을 꿇고 기도한 다음, 서로 작별 인사를 하였다. 우리는 배에 올랐고 그들은 집으로 돌아갔다"(21,5-6).

바오로는 생사의 기로에서 헤맬 때에도 기도를 포기하지 않는다. 그는 아드리아 해협에서 폭풍우를 만나 배에 탄 모든 사람이 절망하고 있을 때, 그들에게 용기를 불어넣어 주며 음식을 들라고 권한다. 바오로는 빵을 들고 모든 사람 앞에서 하느님께 감사의 기도를 바친 다음 먹기 시작한다(27,35). 다른 사람들도 모두 용기를 얻어 스스로 음식을 든다. 바오로 일행은 아드리아 해협에서 이렇게 떠밀려 다니다가 가까스로 몰타 섬에 상륙하였다. 마침 그 섬의 추장 푸블리우스라는 사람의 아버지가 열병과 이질에 걸려 누워 있었는데, 바오로가 그에게 가서 기도하고 안수하여 그의 병을 고쳐 주었다(28,8). 소문이 퍼지자 그 섬에 있는 다른 병자들도 모여들어 바오로에게 치료를 받았다. 그에 대한 보답으로 섬사람들이 바오로의 일행에게 여행에 필요한 물건들을 마련해 주어, 바오로는 이방인 선교의 중심지인 로마로 계속 여행할 수 있게 되었다. 로마에 도착한 바오로는 비록 가택연금 상태이긴 하지만, "자기를 찾아오는 모든 사람을 맞아들였다. 그는 아무 방해도 받지 않고 아주 담대히 하느님의 나라를 선포하며 주 예수 그리스도에 관하여 가르쳤다"(28,30-31).

초대 교회는 그 탄생에서부터 기도의 힘으로 생명을 얻고 성장해 나갔다. 다락방에 모인 공동체는 한마음으로 기도에 전념하였다. 사도단은 베드로와 요한을 중심으로 예루살렘과 유다에 거주하는 유다인들에게 예수 그리스도에 관한 복음을 전하면서 말씀 봉사직과 기도를 가장 우선적이고 기본적인 가치라고 생각하였다. 사도들의 치유와 기적과 표징은 반드시 기도를 동반한 것이었다.

교회가 유다인들의 영역을 넘어 중간지대인 사마리아 지방으로 확장되어 나갈 때에도, 베드로와 요한이 기도와 안수로 사마리아인들의 개종을 촉진시켰다. 첫 이방인 코르넬리우스가 개종하는 과정에서도, 세례를 주게 될 베드로나 세례를 받게 될 코르넬리우스나 다같이 일상 기도를 바치는 가운데 하느님의 특별한 메시지를 전달받았다. 이방인의 사도 바오로는 회심할 때, 선교사명을 부여받을 때, 이방인들의 수도 로마로 향하는 멀고 험난한 여행길에도 꼭 기도를 한다.

한마디로 초대 교회는 기도로 탄생되고 기도로 성장해 나갔다.

2. 사도행전에 나타난 기도의 특징

사도행전에서 기도에 관련된 대목들을 살펴보면 몇 가지 특징들을 알 수 있다. 이 특징들 대부분은 루카 복음과 다른 공관 복음에서도 산발적으로 나온다. 다시 말해서 이 특징들은 예수님의 공생활에 이미 뿌리내리고 있다는 것이다.

첫째, 기도와 환시가 자주 연결된다. 대표적 예가 바로 코르넬리우스의 개종 이야기에 등장하는 두 환시들이다. 앞에서 살펴본 바와 같이 코르넬리우스와 베드로는 일상 기도를 바치는 도중에 중대한 환시를 목격하게 된다(10,2-6.9-17; 참조: 루카 1,8-20).

둘째, 기도와 단식이 가끔 함께 언급된다. 이것은 루카 복음뿐 아니라 다른 공관 복음에서도 나온다. 바오로와 바르나바가 이방인들의 선교사로 간택될 때 안티오키아의 예언자들과 교사들은 단식 기도를 바치던 중이었다(사도 13,1-3). 바오로가 남부 갈라티아 지방 교회들의 원로들을 선출할 때도 기도하고 단식한 뒤에 신자들에 대한 사목직을 그들에게 부여하였다(14,23).

셋째, 기도와 관련하여 원시교회 공동체는 유다식 예배 형식을 포기하지 않은 것으로 나타난다. 사도행전의 저자는 성전에 관심이 많다. 베드로와 요한을 중심으로 선교활동을 벌이는 열두 사도단은 주로 성전의 기도 시간을 지키고 성전을 중심으로 복음을 선포한다(3,1; 22,17; 참조: 10,3.30; 루카 24,53). 바오로와 그의 동료들은 유다 회당을 복음화의 전진기지로 사용하였다(사도 9,20; 13,5.14 이하; 14,1; 17,1 이하; 18,4; 19,8). 예수님께서도 유다 회당에서 이루어지는 예배에 충실하게 참석하시고 그곳을 당신의 가르침을 전달하는 중요한 무대로 삼으셨다(루카 4,16; 13,10).

넷째, 기도와 더불어 무릎을 꿇는 행위가 자주 연결된다(사도 7,60; 9,40; 20,36; 21,5; 참조: 루카 22,41). 공관 복음은 유다인들의 일반적 기도 자세인 서서 바치는 기도를 소개한다(마태 6,5; 루카 18,11.13; 마르 11,25). 그러나 유다교 전통에는 무릎을 꿇고 기도하는 자세도 있다(시편 95,6; 1열왕 8,54; 2역대 6,13; 에즈 9,5 등).

다섯째, 기도는 안수와 자주 연결되는데, 이 안수 기도는 공적 직무를 부여할 때와 질병 치유와 관련된다. 사도들은 기도와 말씀의 봉사 대신 덜 중요한 일에 시간과 정력을 허비하지 않기 위해 일곱 부제를 선출하고, 그들을 기도와 안수로 성별한 뒤 그들에게 식탁 봉사직을 부여한다(사도 6,6). 안티오키아 교회에서 바오로를 이방인 선교사로 임명할 때도 기도와 안수로 성별한다(13,3; 참조: 1티모 4,14; 5,22; 2티모 1,6).

안수 기도가 치유와 연결되는 경우는 바오로가 표류하다 몰타 섬에 상륙하여 그곳 추장의 아버지를 치유해 줄 때다(사도 28,8; 참조: 19,11 이하). 안수로 병을 치유하는 행위는 예수님의 공생활에서 흔히 볼 수 있다. 예수님께서는 신체적 접촉을 통하여 병자들에게 하느님의 생명력을 전달함으로써 그들을 치유하셨다(마태 9,18; 마르 5,23; 6,5; 루카 4,40). 이제 성령의 능력으로 자신들 안에서 그분이 살아 계시게 된 사도들과 제자들도 병자들을 만짐으로써 하느님의 현존과 생명력을 확인시켜 줄 수 있게 되었다.

마지막으로 지적해야 할 특징은 기도와 성령이 밀접하게 연결된다는 사실이다. 루카 복음과 사도행전에 성령의 역할이 강조되고 있는 점은 다음에 따로 고찰해야 될 사항이지만, 여기서는 다만 기도와 성령이 연결되어 나타나는 대목들을 소개하는 것으로 만족해야겠다. 교회의 창립에 즈음하여 다락방에서 기도하던 예수님의 제자들과 성모 마리아에게 성령이 내려 오셨고(사도 1,14; 2,1-4), 유다 최고 의회에 붙들렸다 풀려난 사도들을 위해 초대 교회의 공동체가 중재기도를 바쳤을 때 성령이 내리시어 모두에게 말씀 선포에 필요한 힘과 확신을 주셨다(4,23-31). 성령과 기도의 연결은 이미 루카 복음에 잘 드러나 있다. 특히 예수님의 탄생(루카 1,30-35. 46-55), 세례(루카 3,21-22), 승천(루카 24,44-51)과 같은 구세사의 중대한 순간에서 이 연결이 나타난다.

기도의 이 모든 특징은 다른 공관 복음이나 바오로 서간에서도 반영되어 있다. 그런데도 이 특징들을 루카의 신학적 주제에 대한 고찰에서 부각시키는 까닭은, 루카의 두 저서 루카 복음과 사도행전에서 이 특징들이 다른 신약성경 저서들에서보다 더욱 두드러지기 때문이다.

기도하시는 예수님의 모습과 기도에 대한 그분의 가르침에 이어 초대교회의 기도하는 모습을 사도행전에서 살펴보았다. 여기서 가장 두드러지게 드러난 사실은 기도가 초대 교회의 정신적 지주 역할을 하고 있었다는 점이다. 교회의 탄생 그 자체가 기도의 힘으로 이루어진 것이 아닌가! 교회를 태동시킨 주체는 물론 하느님 아버지와 주 예수 그리스도께서 보내신 성령이시다. 그러나 인간 편에서 그 성령을 받아들일 준비를 갖추어야 하는데, 기도야말로 성령의 도움을 필요로 하는 가난한 공동체의 가장 훌륭한 준비자세다. 원시 교회 공동체의 창립 구성원들은 특히 기도의 힘에 의지하였다. 기도를 통하여 얻은 위로부터의 능력을 바탕으로 자신 있게 말씀을 전할 수 있었고, 갖가지 치유와 기적과 표징을 사람들에게 보여 줄 수 있었다. 특히 사도들은 말씀 봉사와 기도를 일차적이고 우선적인 직분으로 생각하여 이 일들이 다른 봉사직 때문에 방해를 받게 되자, 신도들과 협의하여 부제들을 선택하고 그들에게 그 봉사직을 맡겼다.

오늘날 교구나 본당에서 성직자들이 자신들의 우선적 직무인 말씀 봉사와 기도에 제대로 전념할 수 없을 정도로, 건축이나 운영과 같은 다른 일들에 너무 많은 시간과 정력을 빼앗기는 현상은 결코 바람직하지 않다. 특히 사도들의 후계자들로서 지역 공동체의 핵인 주교들은 교회의 제도적 운영에 교구 내 성직자와 수도자뿐 아니라 평신도 가운데서도 덕망 있는 전문가들을 대거 참여시키고, 자신은 본래의 사명인 복음선포와 기도에 전념해야 할 줄로 믿는다. 물론 이 말은 세속과 인간사에 관계된 모든 일에서 손을 떼고 조용한 사택이나 은신처로 칩거하여 기도와 말씀에 대한 명상에만 치중하라는 얘기가 아니다. 오히려 스승 예수님과 사도들처럼 민중의 한복판에서 하느님 나라를 선포하고, 기도를 통하여 영신적으로나 신체적으로나 가난하고 소외된 사람들에게 하느님의 은총과 자비를 전달하는 일에 전념해야 한다.

이 점에서 사도행전 후반부에 소개된 바오로 사도의 삶은 사목자들에게 가장 훌륭한 모범이 된다. 그에게서 기도와 활동의 완벽한 조화와 일치를 본다. 그는 다마스쿠스로 그리스도인들을 박해하러 가던 도중 그리스도를 만나 회심한 뒤, 기회가 좋든 좋지 않든 유다인이든 이방인이든 가리지 않고 복음을 전하는 데 전심전력하였다. 여러 차례 유다인들의 모함으로 감옥에 갇혔지만 기도의 힘으로 위험한 고비들을 넘겼고, 최종 선교지인 로마로 항해하던 중 폭풍우를 만나 망망대해에서 생사를 헤맬 때에도 기도를 통하여 힘을 얻는다. 로마에 도착한 뒤에는 완전히 자유롭지 못한 상태였지만 복음전파의 고삐를 조금도 늦추지 않았다. 바오로는 한마디로 기도와 성령의 힘으로 살다 간 초대 교회의 가장 이상적인 사목자였다.

모든 이에게
평화의
복음을

VII_

성령(1):
성령의 인도를 받는 예수님

예수님께서 하느님의 특별한 능력, 곧 하느님의 영으로 구원사업을 완성하셨다는 생각은 모든 복음서와 신약성경 저자들의 공통된 견해다. 루카의 두 저서에서는 성령의 역할이 한층 두드러지게 나타난다. 특별히 예수님의 잉태와 탄생과 그의 공생활 시작에서, 그리고 초대 교회의 탄생과 확장에서 성령은 결정적 역할을 한다.

먼저 용어의 사용을 보면 루카가 얼마나 성령의 역할을 중요하게 생각했는지 알 수 있다. 그리스어로 영을 뜻하는 프네우마 $\pi\nu\epsilon\hat{u}\mu a$는 통속적으로 바다 위로 부는 바람, 또는 들이키고 내쉬는 숨을 말한다. 구약성경에서 이 그리스어 단어와 가장 가까운 히브리어 단어는 바람 또는 숨을 뜻하는 루아 רוח다. 하느님의 루아는 지도자에게 영도력을 주고 예언자를 무아지경으로 인도한다. 루아는 신체적인 생명을 창조하게 하고 갖가지 정신적 능력들을 제공하는 하느님의 권능을 말한다.

루카가 칠십인역에서 받아들인 그리스어인 프네우마는 구약성경의 풍부한 의미들을 모두 가지고 있다. 예를 들어 바람, 생명의 숨, 축복과 처벌의 초인간적 능력, 영적 능력, 의지의 원천, 영혼의 구성요소, 종말론적 선물 등이다. 루카를 포함하여 모든 신약성경 저자들은 구약성경과 통속 그리스어에 의해서 발전된 프네우마의 풍부한 의미에 영향을 받는다. 그러나 신약성경에서 프네우마의 개념은 통속 그리스어에서와 분명히 구별되는 점이 있다. 그 차이란 통속 그리스어에서는 이 단어가 거룩할 '성'(聖, 하기온 ἅγιον)과 결합되는 법이 없고 인격으로 표현되기보다는 언제나 사물로 표현된다는 점이다. 반면에 신약성경에서는 프네우마와 하기온이 결합하여 성령으로 쓰이는 경우가 많고, 이 성령은 하느님의 속성을 독자적으로 지니면서 영적이요 인격적인 존재로 드러난다. 그리하여 하느님은 항상 프네우마 뒤에 서 계신다. 표현상으로도 '하느님의 능력', '예수님의 영', '아버지의 권능'과 이 성령이 동일시된다.

프네우마 하기온 πνεῦμα ἅγιον은 루카의 저서에서 가장 많이 나온다. 이 단어는 마태오 복음에서 다섯 번 나오는데 셋은 마태오의 특수사료(1,18.20; 28,19)에, 나머지 둘은 마르코 복음에서 채택된 두 구절(마태 3,11 = 마르 1,8 = 루카 3,16; 마태 12,32 병행 마르 3,29 = 루카 12,10)에 등장한다. 마르코 복음에서는 이 단어가 네 번 나오는데, 그 가운데 셋은 루카가 채택하고(위에서 언급한 두 구절과 13,11 병행 루카 12,12; 마태오는 10,20에서 '아버지의 영'이라고 바꿈), 다른 하나는 채택되지 않는다(12,36; 르카 20,42에 빠져 있음). 요한 복음에서는 단지 세 번 이 단어가 언급될 뿐이다(1,33; 14,26; 20,22). 복음서들과 사도행전 이외의 신약성경의 저서들에는 이 표현이 24번 나온다. 이에 반하여 루카 복음과 사도행전에 이 표현이 집중적으로 나오는데 루카 복음에서 13번, 사도행전에서는 무려 44번이나 사용된다. 여기서 단순히 프네우마로만 되어 있는 성령에 대한 언급과 초자연적 능력을 뜻하는 디나미스 δύναμις까지 합한다면 더욱 늘어날 것이다.

루카가 이 표현을 즐겨 사용한다는 사실은 특히 그가 자신의 사료들을 다루는 과정에서 분명하게 드러난다. 루카는 예수님의 가상적 어록을 옮겨 적으면서 마태오와 달리 이 표현을 애용한다(루카 10,21; 마태 11,23에는 이 표현이 없음. 루카 11,13; 마태 7,11에서는 성령을 '좋은 것들'로 대치시킴). 다른 한편 마르코 복음의 본문을 옮겨 적으면서 루카는 위에서 본 바와 같이 세 번은 그대로 받아들이고(루카 3,16 = 마르 1,8 = 마태 3,11; 루카 12,10 = 마르 3,29 비교 마태 12,32; 루카 12,12 병행 마르 13,11과 마태 10,20: "아버지의 영"), 두 번은 형용사 하기온을 프네우마에 덧붙인다(루카 3,22 비교 마르 1,10과 마태 3,16; 루카 4,1 비교 마르 1,12 병행 마태 4,1).

이상의 언어학적 분석을 통하여 루카가 '성령'에 대해 특별한 관심을 보인다는 사실을 쉽게 알아차릴 수 있다. 본 단락에서는 루카의 구세사적 구도에 맞추어 예수님의 삶과 관련하여 성령의 역할을 먼저 다루고, 다음 장에서는 교회와 관련하여 성령의 역할을 고찰하고자 한다.

루카 복음에서 성령에 대한 언급은 전반부에만 나온다. 곧 유년설화와 공생활 시작 때, 그리고 예루살렘으로의 여행기 첫 부분에 등장한다. 그러나 중반 이후의 여행기와 예루살렘 선교, 수난사화와 부활사화에는 전혀 등장하지 않는다. 루카는 이처럼 성령의 역할을 항상 예수님 생애의 시작 부분에 둔다. 그러면 루카 복음에서 성령에 관한 언급들을 좀 더 구체적으로 살펴보자.

1. 유년설화에 등장하는 성령의 역할

예수 그리스도의 지상 생애는 하느님께서 보내시는 성령과 함께 시작된다. 예수님의 어머니 마리아의 처녀 잉태를 준비시키기 위해 천사 가브리엘은 먼저 수태할 능력을 상실한 노사제 즈카르야에게 나타나 그의 아내, 나이든 불임녀 엘리사벳이 아들을 가질 것이라고 예고한다. 이 아이는 "어머니 태중에서부터 성령으로 가득 찰 것이다. 그리고 이스라엘 자손들 가운데에서 많은 사람을 그들의 하느님이신 주님께 돌아오게 할 것이다"(루카 1,15-16).

여섯 달 뒤 같은 천사 가브리엘이 갈릴래아 지방 나자렛 마을의 처녀 마리아를 방문한다. 마리아는 다윗 가문의 요셉이라는 사람과 약혼한 사이지만 아직 남자를 모르는 처녀였다. 가브리엘 천사는 동정녀 마리아에게 성령의 힘으로 지극히 높으신 분의 아들을 낳게 될 것이라고 알려준다. "성령께서 너에게 내려오시고 지극히 높으신 분의 힘이 너를 덮을 것이다. 그러므로 태어날 아기는 거룩하신 분, 하느님의 아드님이라고 불릴 것이다"(1,35). 이어 천사는 자신의 말이 참되다는 증거로 아이를 못 낳는 여자라고 불리던 마리아의 사촌 언니 엘리사벳의 잉태를 지적한다.

마리아는 예루살렘 주변 마을에 살고 있는 사촌 엘리사벳을 방문하여 천사의 말을 직접 확인한다. 엘리사벳은 마리아의 인사를 받자마자 뱃속에서 아기가 뛰는 걸 느낀다. 엘리사벳은 "당신은 여인들 가운데에서 가장 복되시며 당신 태중의 아기도 복되십니다" 하고 외친다(1,42).

성령의 역할과 관련하여 준비자로서 요한의 유년시절은 예수님의 유년시절과 비슷한 점이 많다. 생후 여드레가 되어 그에게 할례를 거행하는 자리에서, 즈카르야는 아기 이름을 천사의 지시대로 요한이라 지어주고 "성령으로 가득 차"서 하느님을 찬양하는 노래를 부른다(1,67 이하). 예수님의 할례식에서도 그의 부모는 천사가 일러준 대로 아기 이름을 예수라 짓는다. 그들은 산모가 남자 아이를 낳은 지 40일, 곧 정결례를 거행하는 날 아기를 봉헌하러 예루살렘 성전에 간다. 그때 성전에서 "의롭고 독실"한 노인 시메온은 "이스라엘이 위로받을 때를 기다리는 이였는데, **성령**께서 그 위에 머물러 계셨다. **성령**께서는 그에게 주님의 그리스도를 뵙기 전에는 죽지 않으리라고 알려 주었다. 그가 **성령**에 이끌려 성전으로 들어갔다. 그리고 아기에 관한 율법의 관례를 준수하려고 부모가 아기 예수님을 데리고 들어오자, 그는 아기를 두 팔에 받아 안고" 하느님을 찬양하는 노래를 불렀다(루카 2,25-28). 여기서 영과 성령은 서로 구별없이 사용된다. 루카는 요한의 유년시절을 요약해서 "아기는 자라면서 **정신도** 굳세어졌다. 그리고 그는 이스라엘 백성 앞에 나타날 때까지 광야에서 살았다"(1,80). 비록 영에 대한 언급은 없으나 예수님의 유년시절도 이와 비슷하게 요약된다. "아기는 자라면서 튼튼해지고 지혜가 충만해졌으며, 하느님의 총애를 받았다"(2,40). "예수님은 지혜와 키가 자랐고 하느님과 사람들의 총애도 더하여 갔다"(2,52).

2. 공생활의 시작과 성령

루카는 예수님의 공적 선교를 "요한이 세례를 주던 때부터 시작하여 예수님께서 우리를 떠나 승천하신 날까지"(사도 1,21-22)로 본다. 그래서 세례자 요한의 출현에 앞서 "티베리우스 황제의 치세 제십오년, 본시오 빌라도가 유다 총독으로 헤로데가 갈릴래아의 영주로, 그의 동생 필리포스가 이투래아와 트라코니티스 지방의 영주로, 리사니아스가 아빌레네의 영주로 있을 때 또 한나스와 카야파가 대사제로 있을 때"(루카 3,1-2)라고 장엄하게 그 정확한 연대를 밝힌다. 이로써 루카는 세례자 요한의 출현으로 시작되는 이 예수 사건이 비록 팔레스티나의 한 모퉁이에서 발생했지만 세계사적 의미를 지니고 있음을 강조한다.

군중들과 함께 예수님께서 요한의 세례를 받고 기도하고 계실 때, "하늘이 열리며 성령께서 비둘기 같은 형체로 그분 위에 내리시고, 하늘에서 소리가 들려왔다. '너는 내가 사랑하는 아들, 내 마음에 드는 아들이다'"(3,21-22). 이 대목은 루카가 마르코 복음을 옮겨 적은 부분인데 베껴쓰는 과정에서 기도하신다는 표현을 덧붙이고 영을 성령으로 교체하였다(마르 1,10 = 마태 3,16). 세례를 받으신 "예수님께서는 **성령**으로 가득 차 요르단 강에서 돌아오셨다. 그리고 **성령**에 이끌려 광야로 가시어, 사십 일 동안 악마에게 유혹을 받으셨다"(4,1-2). 성령이 언급되는 이 대목의 앞부분은 루카가 마르코 복음에 덧붙인 것이고 뒷부분의 "성령에 이끌려 광야로 가시어"는 마르코 복음을 그대로 옮긴 것이다(마르 1,12 병행 마태 4,1).

요르단 강에서의 세례와 광야에서의 단식기도를 통하여 성령을 가득히 받으신 예수님께서는 악마의 유혹을 이기시고 선교활동의 출발지로 향하신다. "예수님께서 성령의 힘을 지니고 갈릴래아로 돌아가시니, 그분의 소문이 그 주변 모든 지방에 퍼졌다"(루카 4,14). 먼저 당신 고향 나자렛에 도착하신 예수님께서는 이사야 예언서를 펴드시고 당신 선교활동의 청사진을 제시해 주는 말씀을 읽으신다. "주님께서 나에게 기름을 부어 주시니 주님의 영이 내 위에 내리셨다. 주님께서 나를 보내시어 가난한 이들에게 기쁜 소식을 전하고 잡혀간 이들에게 해방을 선포하며 눈먼 이들을 다시 보게 하고 억압받는 이들을 해방시켜 내보내며 주님의 은혜로운 해를 선포하게 하셨다"(4,18-19). 여기서 분명히 드러나는 것은 하느님께서는 '사랑하는 아들'에게 공적 선교활동을 맡기시기 전에 먼저 성령과 능력을 보내시어 준비시키셨다는 사실이다.

3. 예루살렘으로의 여정과 성령

앞서 예수님의 길과 교회의 길이라는 루카의 신학적 주제를 다루면서 예수님의 길을 세 단계로 나눈 바 있다. 갈릴래아 선교와 예루살렘 선교, 그리고 이 둘 사이에 예루살렘으로의 여정이 바로 그 세 단계다. 예루살렘 여행기는 9,51의 말씀 "하늘에 올라가실 때가 차자, 예수님께서는 예루살렘으로 가시려고 마음을 굳히셨다"로 시작되어 19,27에서 끝난다. 19,28은 예수님의 예루살렘 입성을 전해 준다. "예수님께서는 이 말씀을 하시고 앞장서서 예루살렘으로 오르는 길을 걸어가셨다."

이 여행기의 처음 부분인 10—12장까지는 성령에 대한 언급이 수록되었다. 예수님께서는 일흔두 제자를 파견하시고 그들이 돌아와서 성공담을 늘어놓자 그것을 다 들으신 뒤, "성령 안에서 즐거워하며" 하늘 나라의 신비를 "지혜롭다는 자들과 슬기롭다는 자들에게는 … 감추시고" 제자들처럼 단순하고 "철부지들에게는" 열어보이신 하느님을 찬양한다(10,21). 이 부분은 예수 어록에 루카가 덧붙인 대목이다(마태 11,25 참조).

제자들은 성령에 도취되어 기도하시는 스승을 목격하고 자신들도 그분처럼 기도드리고 싶었던 모양이다. 더구나 세례자 요한을 따르다가 예수님을 따르게 된 제자들이 요한이 제자들에게 가르쳐 준 것처럼 기도하는 법을 가르쳐 달라고 청한다. 예수님께서는 기도의 본보기로 주님의 기도를 제시하시고 아버지께 무엇을 가장 우선적으로 청해야 하는지 알려 주신다. "너희가 악해도 자녀들에게는 좋은 것을 줄 줄 알거든, 하늘에 계신 아버지께서야 당신께 청하는 이들에게 성령을 얼마나 더 잘 주시겠느냐?"(11,13). 이 대목도 예수 어록에서 따온 것인데 마태오 복음에는 성령 대신 "좋은 것들"ἀγαθά로 되어 있다(7,11). 루카에게 아버지께서 주실 수 있는 가장 좋은 것은 성령이었던 것 같다.

루카 복음에서 성령에 대한 마지막 언급은 12,10-12에 나온다. "사람의 아들을 거슬러 말하는 자는 모두 용서받을 것이다. 그러나 성령을 모독하는 말을 하는 자는 용서받지 못할 것이다. 너희는 회당이나 관청이나 관아에 끌려갈 때, 어떻게 답변할까, 무엇으로 답변할까, 또 무엇을 말할까 걱정하지 마라. 너희가 해야 할 말을 성령께서 그때에 알려 주실 것이다."

성령을 거스르는 죄가 무엇인지 규명하기 위해 많은 사람들이 논란을 벌이고 있지만, 이 구절 자체로 보아서는 그 말뜻을 알아듣기 어렵다. 성령을 거스르는 죄는 마르코 복음에도 나오고 예수 어록에도 나온다. 루카와 마태오는 마르코 복음과 예수 어록을 동시에 참고하여 나름대로 개작하였다. 둘 다 이 대목에서 두 사료 가운데 어느 한쪽에 치중하지 않고 양쪽을 모두 참조한 것은, 그들 역시 말씀의 진의를 파악하는 데 고심했다는 뜻이다.

　루카가 참고한 마르코 복음은 서로 떨어져 있는 두 대목이다. 이들은 마르 3,28-30(참조: 마태 12,31과 루카 12,10ㄴ)과 13,11(병행 마태 10,19-20과 루카 12,11-12)인데, 둘 다 성령에 대한 언급이 나오나 성령을 거스르는 죄에 대해서는 전자의 경우에만 해당된다. 마르코의 첫째 대목을 인용하겠다. "'내가 진실로 너희에게 말한다. 사람들이 짓는 모든 죄와 그들이 신성을 모독하는 어떠한 말도 용서받을 것이다. 그러나 성령을 모독하는 자는 영원히 용서를 받지 못하고 영원한 죄에 매이게 된다.' 이 말씀을 하신 것은 사람들이 '그는 더러운 영이 들렸다'고 말하였기 때문이다." 마르코 복음에서는 예루살렘에서 내려온 율법 학자들이 마귀 우두머리의 힘을 빌어 마귀들을 쫓아낸다고 예수님을 비난했을 때 이 말씀을 하신 것으로 되어 있다. 곧 예수님께 대한 그들의 터무니없는 고발은 그분 안에서 활동하시는 성령에 대한 모독이라는 뜻이다. 성령께 대한 이 모독은 용서받지 못할 죄다. 마태오 복음은 마르코의 이 견해를 그대로 수용한다.

　루카의 경우에는 자신의 신학적 구도에 따라 성령께 대한 죄의 범위와 한계를 나자렛 예수님의 삶에 국한하지 않고 교회의 삶에까지 확장한다. 성령은 예수님의 선교활동 시기에 활동하신 것처럼 이제 교회의 복음선포 시기에도 활동하신다. 아니 오히려 루카에게는 이 교회의 시대야말로 회개와 은총의 시대요 교회 안에서 활발하게 움직이시는 성령께 순종해야 할 시기다. 곧 루카 12,10의 말씀은 과거에 예수님을 거슬러 지은 죄는 용서받을 수 있으나 지금 교회 안에서 활동하시는 성령을 모독하는 죄, 성령의 인도를 거부하는 죄는 용서받지 못할 것이라는 뜻이다. 루카가 이 대목에서 마르코나 마태오와는 달리 성령을 거스르는 죄를 베엘제불의 논쟁에 연계시키지 않고, 교회의 시대에 활동하시는 성령의 역할과 연계시키고 있다는 이 주장은 이어지는 11-12절의 내용으로도 입증된다. "너희는 회당이나 관청이나 관아에 끌려갈 때, 어떻게 답변할까, 무엇으로 답변할까, 또 무엇을 말할까 걱정하지 마라. 너희가 해야 할 말을 성령께서 그때에 알려 주실 것이다." 루카는 이 말씀을 통하여 광신적 수구파와 유다인들로부터, 황제 숭배를 강요하는 로마인들로부터 박해받고 있는 자기 교회의 신자들을 격려한다.

많은 사람들이 성령을 거스르는 죄에 이상한 해석을 붙이는데 이를 바로잡기 위해 현대인들에게 도움이 될 성서신학적인 견해 하나를 아래에 소개한다. 정양모 역주, 『마태오 복음서』(한국 천주교회 200주년 신약성서 1, 117쪽 각주 5)에서 뽑은 것이다.

"'성령을 모독하는 죄'는 그 무슨 구체적인 죄상이 아니라, 성령을 배척하는 인간상, 초월자를 부정하는 폐쇄적인 인간상이라고 생각하면 요즘 신앙인에게도 납득이 가는 말씀이다. 성령은 하느님 아빠의 영이요 부활하신 그리스도의 영이시다. 그러니 성령을 모독하는 것은 따지고 보면 결국 하느님 아빠, 부활하신 그리스도를 모독하는 것이다. 그러고서도 구원을 기대할 수는 없다. 오히려 멸망을 자초하는 셈이다. 그러니 성령의 작용을 식별하고 성령의 인도하심대로 살아 마땅한데, 그 또한 성령의 은총이요 은사이다."

12,12을 끝으로 루카 복음에서 성령에 대한 언급은 24,49의 성령 파견에 대한 약속이 있기까지 일단 보류된다.

루카에게 인류의 구원사업은 처음서부터 끝까지 아버지 하느님의 계획과 의도대로 이루어진다. 성령으로 철저하게 준비된 뒤에 예수님께서 온 유다에서 하신 일들, 병자들을 낫게 하고 마귀에 얽매인 사람들을 풀어 주신 것과 같은 온갖 좋은 일들은 성령과 연계되지 않고(마태 12,18.28) 예수님과 함께 계시는 하느님과 연계된다(사도 10,38 참조). 그리고 구원사업의 핵심인 예수님의 예루살렘 선교, 그 가운데서도 특히 예수님의 죽음과 부활에서 아버지의 역할이 강조되고 성령의 역할은 뒤에 숨는다. 이 때문에 루카는 예루살렘 성전에서의 가르침을 전하는 마르 12,35-37을 옮겨 적으면서 성령에 대한 언급을 삭제하고, 수난과 부활의 기록에서 일체 성령을 언급하지 않는다.

그러나 성령에 대한 언급은 예수님의 부활 이후에 재개된다. 예수님께서는 승천하시기 전에 제자들에게 하신 마지막 당부에서 성령을 기다리라고 하신다. "내 아버지께서 약속하신 분을 내가 너희에게 보내 주겠다. 그러니 너희는 높은 데에서 오는 힘을 입을 때까지 예루살렘에 머물러 있어라"(24,49). 여기서 "높은 데에서 오는 힘"은 오순절에 교회의 창립자들 위에 내려올 성령을 가리킨다. 그런데 예수님의 말씀에 따르면 교회를 태동시키는 이 힘도 아버지께서 이미 약속하셨다는 것이다. 예수님의 이 마지막 부탁 말씀은 사도행전의 머리말에서 다시금 반복된다. "예수님께서는 사도들과 함께 계실 때에 그들에게 명령하셨습니다. '예루살렘을 떠나지 말고, 나에게서 들은 대로 아버지께서 약속하신 분을 기다려라. 요한은 물로 세례를 주었지만 너희는 며칠 뒤에 성령으로 세례를 받을 것이다'"(1,4-5).

예수님을 탄생시키고 그분의 공생활을 준비시키는 데 큰 역할을 했던 성령은 이제 교회를 태동시키고 만민구원을 위한 교회의 선교활동을 준비시키기 위해 또다시 커다란 역할을 하실 것이다.

모든 이에게
평화의
복음을

VIII
성령(2):
성령의 인도를 받는 교회

예수님께서 당신의 지상생애를 마감하시면서 제자들에게 약속하신 성령이 신생교회의 태동과 성장에 어떤 영향력을 행사하는지, 사도행전을 중심으로 고찰하고자 한다. 루카 복음에서 성령에 대한 언급이 주로 예수님의 탄생과 성장 그리고 그분의 공생활 시초에 집중되었듯이, 사도행전에서도 성령의 활동은 거의 대부분 신생교회의 태동과 성장에 연결된다. 그래서 사도행전의 후반부에는 성령에 관한 언급이 매우 적다.

1. 성령과 부활하신 그리스도

앞 장에서는 루카가 구원사업의 핵심인 예루살렘 선교, 특히 예수님의 죽음과 부활에서 아버지의 주도적 역할을 강조하기 위하여 성령의 역할을 배제시켰을 것으로 추정했다. 한 가지 예외가 있다면, 부활하신 그리스도께서 승천하시기 직전에 제자들에게 나타나시어 마지막 부탁을 하시는 대목에 나오는 성령에 대한 간접적 언급이다. "내 아버지께서 약속하신 분을 내가 너희에게 보내 주겠다. 그러니 너희는 높은 데에서 오는 힘을 입을 때까지 예루살렘에 머물러 있어라"(루카 24,49). 이 대목은 루카 복음과 사도행전을 자연스럽게 이어 주는 교량 역할을 담당한다. 루카는 예수님의 이 최후 당부 말씀을 사도행전의 머리말에서 다시 한 번 탄복한다.

"아버지께서 약속하신 분"과 "높은 데에서 오는 힘"은 둘 다 성령을 가리킨다. 루카 1,35에서 "지극히 높으신 분의 힘"은 성령과 동일시된다. "성령께서 너에게 내려오시고 지극히 높으신 분의 힘이 너를 덮을 것이다." 그리고 부활하신 그리스도를 통하여 제자들에게 선포된 "아버지께서 약속하신 분"은 사도행전 머리말에서 그들이 예루살렘에서 곧 받게 될 성령으로 확인된다. 루카는 테오필로스에게 바치는 사도행전의 헌정사에서 다시 예수님의 최후 부탁을 소개하면서, 아버지께서 약속하신 분이 다름 아닌 오순절에 제자들이 받게 될 성령으로 인한 세례임을 분명히 밝힌다. "예수님께서는 사도들과 함께 계실 때에 그들에게 명령하셨습니다. '예루살렘을 떠나지 말고, 나에게서 들은 대로 아버지께서 약속하신 분을 기다려라. 요한은 물로 세례를 주었지만 너희는 며칠 뒤에 성령으로 세례를 받을 것이다'"(사도 1,4-5).

이어지는 예수님 승천 기사에서 루카는 예수님의 말씀을 통하여 사도행전의 청사진을 이렇게 밝힌다. "성령께서 너희에게 내리시면 너희는 힘을 받아, 예루살렘과 온 유다와 사마리아, 그리고 땅 끝에 이르기까지 나의 증인이 될 것이다"(사도 1,8). 이제 성령의 역할은 세례자 요한과 지상의 예수님께 국한되지 않고, 열두 제자들을 중심으로 태동하게 될 교회 공동체에 그 영향력을 넓힌다.

그런데 신생교회의 태동과 성장에 관여하게 될 이 성령과 부활하신 그리스도와의 관계는 어떻게 정립할 것인가? 성령은 사도행전에서 하느님의 창조적이고 예언적인 현존(사도 5,9; 8,39)에 그치지 않고, 지상에서 예수님의 모습이 사라진 뒤 부활하시어 시간과 공간을 초월하여 존재하시는 그리스도의 현존을 대신하기까지에 이른다. 부활하신 그리스도는 '빵 나눔' 안에서 자신의 현존을 드러내실 뿐 아니라, 제자들에게 주어진 "아버지께서 약속하신 분"인 성령 안에서도 자신의 현존을 드러내신다. 바오로를 인도하여 아시아가 아니라 마케도니아에 복음을 전파하도록 한 성령은 '예수님의 영'이었다(사도 16,6-7).

예수님의 영이라는 표현은 루카 복음과 사도행전에서 이곳 이외에는 등장하지 않는다. 루카는 이 표현을 초기 교회의 전통에서 빌려왔을 것이다. '예수님의 영' 또는 '그리스도의 영'이라는 표현은 신약성경에서 그리 흔하지 않다. 바오로가 로마 8,9에서 언급한 우리 안에 있어야 할 영은 하느님의 영이기도 하고 그리스도의 영이기도 하다. "하느님의 영이 여러분 안에 사시기만 하면, 여러분은 육 안에 있지 않고 성령 안에 있게 됩니다. 누구든지 그리스도의 영을 모시고 있지 않으면, 그는 그리스도께 속한 사람이 아닙니다." 필리 1,19에서 '예수 그리스도의 영'은 신자들의 기도와 더불어 바오로에게 구원을 가져다 주는 필수 요소로 등장한다. "여러분의 기도와 예수 그리스도의 영의 도움으로 이 일이 나에게 구원으로 끝나리라는 것을 알기 때문입니다." 1베드 1,11에 따르면 그리스도의 영은 예언자들에게 그리스도의 수난과 영광을 알려주기도 한다. "그들 안에서 작용하시는 그리스도의 영께서 그리스도께 닥칠 고난과 그 뒤에 올 영광을 미리 증언하실 때에 가르쳐 주신 구원의 시간과 방법을 두고 연구하였던 것입니다." 여기서 베드로의 첫째 서간 저자는 예수 그리스도의 수난과 영광을 예견한 예언자들에게까지 그리스도의 영의 활동을 소급시킨다.

성령을 예수님의 영과 동일시하는 사도 16,6-7의 견해가 루카에게 생소한 것임을 인정한다 하더라도, 사도행전에서 성령과 부활하신 예수 그리스도와의 관계는 다른 어느 신약성경 저서들에서보다 밀접하게 연결되어 있다. 성령은 근본적으로 아버지께서 약속하신 분이시지만 그분은 부활하신 그리스도에 의해서 선포된다. 하늘로 높이 들어 올려지신 그리스도께서는 아버지께로부터 성령을 받아 제자들에게 전달하신다. 그리고 성령을 받은 제자들은 한결같이 예수 그리스도를 증언하게 된다. 부활하신 그리스도께서 성령을 제자들에게 보내 주시는 한편 제자들에게 내린 성령은 다시 그리스도를 증언한다는 것이다.

이 모든 과정은 아버지의 주도 아래 이루어진다. 이 사실을 가장 분명하게 전달하는 대목을 베드로의 오순절 설교에서 찾아볼 수 있다. "하느님의 오른쪽으로 들어 올려지신 그분께서는 약속된 성령을 아버지에게서 받으신 다음, 여러분이 지금 보고 듣는 것처럼 그 성령을 부어 주셨습니다. … 그러므로 이스라엘 온 집안은 분명히 알아 두십시오. 하느님께서는 여러분이 십자가에 못 박은 이 예수님을 주님과 메시아로 삼으셨습니다"(2,33-36). 따라서 부활하신 그리스도의 현존과 그분께 대한 그리스도인들의 믿음은 이제 성령을 받은 사도들의 생생한 증언으로 신생교회에 확고하게 자리 잡게 된다.

2. 성령과 새로운 교회 공동체

오순절에 내려온 성령은 새로운 시대를 연다. 성령이 예수님의 탄생과 공생활의 시작에 중요한 역할을 하였듯이, 새로운 하느님 백성인 교회의 태동에 즈음하여 성령은 인류 역사에 개입해 오시는 하느님의 가시적 현존이 되면서 구세사의 새로운 시대를 연다. 이미 살펴본 대로 루카의 시대 분류에 따르면 이 새로운 시대는 교회의 시대인 것이다.

예수님의 마지막 부탁 말씀에 따라 제자들이 예루살렘을 떠나지 않고 "높은 데에서 오는 힘"을 기다리고 있을 때, "하늘에서 거센 바람이 부는 듯한 소리가 나더니, 그들이 앉아 있는 온 집안을 가득 채웠다. 그리고 불꽃 모양의 혀들이 나타나 갈라지면서 각 사람 위에 내려앉았다. 그러자 그들은 모두 성령으로 가득 차, 성령께서 표현의 능력을 주시는 대로 다른 언어들로 말하기 시작하였다"(사도 2,2-4).

오순절에 있었던 이 사건은 모든 민족들이 모인 자리에서 이루어졌다. "그때에 예루살렘에는 세계 모든 나라에서 온 독실한 유다인들이 살고 있었는데, 그 말소리가 나자 무리를 지어 몰려왔다. 그리고 제자들이 말하는 것을 저마다 자기 지방 말로 듣고 어리둥절해하였다. 그들은 놀라워하고 신기하게 여기며 말하였다. '지금 말하고 있는 저들은 모두 갈릴래아 사람들이 아닌가? 그런데 우리가 저마다 자기가 태어난 지방 말로 듣고 있으니 어찌 된 일인가? 파르티아 사람, 메디아 사람, 엘람 사람, 또 메소포타미아와 유다와 카파도키아와 폰토스와 아시아 주민, 프리기아와 팜필리아와 이집트 주민, 키레네 부근 리비아의 여러 지방 주민, 여기에 머무르는 로마인, 유다인과 유다교로 개종한 이들, 그리고 크레타 사람과 아라비아 사람인 우리가 저들이 하느님의 위업을 말하는 것을 저마다 자기 언어로 듣고 있지 않는가?'"(2,5-11).

루카는 성령께 힘입은 새로운 공동체의 탄생을 묘사하면서 세계 도처에서 모여 온 순례자들을 증인으로 내세운다. 이 순례자들은 디아스포라의 유다인들이거나 유다교로 개종한 이방인들로서 갈릴래아인들이 사용하는 아람어를 모르는 사람들이었다. 그럼에도 성령의 조화로 그들 모두가 자신들의 모국어로 제자들이 하는 말을 알아들었다. 이 오순절 사건은 예루살렘이 더 이상 유다교의 중심지로서 유다인들만을 위한 성지이기를 그치고, 오히려 이제부터 그곳이 만민구원을 위한 복음전파의 시발역이 될 것임을 시사하고 있다. 이 대목에 나오는 민족들의 목록은 알렉산드로스 대왕이 점령한 광대한 영역에 살던 인종들인데 동에서 서로, 서에서 남으로 옮겨 가면서 소개한다.

그들이 지켜보는 가운데 베드로는 유다인들과 예루살렘 시민들에게 요엘 예언자의 말씀을 인용하면서 결정적인 새 시대가 도래했음을 선포한다. "하느님께서 말씀하신다. 마지막 날에 나는 모든 사람에게 내 영을 부어 주리라. 그리하여 너희 아들딸들은 예언을 하고 너희 젊은이들은 환시를 보며 너희 노인들은 꿈을 꾸리라. 그날에 나의 남종들과 여종들에게도 내 영을 부어 주리니 그들도 예언을 하리라. … 그때에 주님의 이름을 받들어 부르는 이는 모두 구원을 받으리라."(2,17-20; 참조: 요엘 3,1-5). 베드로의 청중 가운데에는 디아스포라 유다인들과 이방인 개종자들이 예루살렘과 유다의 주민들과 함께 자리를 같이하고 있었지만, 루카는 베드로 설교의 직접적인 청중을 후자로 국한한다. 이방인들에 대한 본격적인 선교 설교는 유다와 갈릴래아와 사마리아를 거쳐 교회가 이방인의 땅으로 퍼져 나가는 가운데 바오로 사도가 이방계 문화와 예술과 철학과 종교의 중심지인 아테네의 아레오파고스 법정에 서서 증언하기까지(사도 17,16-34) 한동안 기다려야 한다.

베드로의 설교에서 마지막 날들은 일반적 의미에서 세상 종말을 가리키지 않고, 넓은 의미에서 성령강림 이후부터 예수 재림(파루시아)까지의 교회 시대를 가리킨다. 이 마지막 날들에 선포되어야 할 기쁜 소식의 핵심 내용이란 예수 그리스도의 삶과 죽음과 부활을 통하여 드러난 하느님의 위업이다. 루카는 사도행전의 여러 선교 설교들을 통하여 이 내용들을 반복한다. 베드로의 오순절 설교는 이 기쁜 소식을 받아들여 회개하고 예수 그리스도의 이름으로 세례를 받으면, 누구나 죄를 용서받고 하느님의 약속인 성령을 받을 수 있게 될 것이라는 부탁의 말로 끝을 맺는다. "회개하십시오. 그리고 저마다 예수 그리스도의 이름으로 세례를 받아 여러분의 죄를 용서 받으십시오. 그러면 성령을 선물로 받을 것입니다. 이 약속은 여러분과 여러분의 자손들과 또 멀리 있는 모든 이들, 곧 주 우리 하느님께서 부르시는 모든 이에게 해당됩니다"(2,38-39). 이 부분에서 루카는 예수 그리스도께 대한 믿음을 통한 인간 구원이 유다인들만의 좁은 영역을 벗어나 모든 민족에게 열려 있음을 선언한다.

한마디로 루카는 수많은 인종들을 증인으로 내세운 가운데 예루살렘에서 있은 베드로의 오순절 설교를 통하여, 성령의 내리심과 더불어 태동한 새로운 교회 공동체의 진로와 방향을 '예수 그리스도께 대한 믿음을 통한 인류의 보편적 구원'으로 확고하게 정해 놓은 셈이다.

3. 성령과 열두 사도단

사도행전에서 성령은 그리스도를 주님으로 고백하고 전파하는 그분의 제자들과 증인들을 인도하는 역할을 한다. 성령은 그들의 행위를 지시하기도 하고(사도 2,41; 4,31; 10,19.44; 11,28; 13,2.4; 15,28; 19,21; 20,22.28), 억제하기도 한다(16,6.7; 21,4). 그런데 사도행전에서 특이한 점은 성령이 항상 열두 사도단의 존재와 권위에 관련되어 내려온다는 사실이다. 곧 성령은 열두 사도단이 모여 있을 때, 또는 사도단의 일원이나 사절이 참석해 있을 때 주어진다.

우선 사도행전의 첫 대목은 사도들이 곧 성령을 받게 될 것이라는 약속으로 시작된다(1,5). 배반자 유다가 빠진 열두 사도단의 보강은 이 약속에 앞서서 해결해야 할 첫 번째 과제다(1,15-26). 마침내 오순절에 사도들을 중심으로 모인 무리 위에 성령이 내려오심으로써 스승 예수 그리스도에 의해서 미리 언약된 아버지께서 약속하신 분의 오심이 성취된다(2장). 이날 사도들의 대표인 베드로는 성령의 영향력으로 즉석 연설을 통하여 삼천 명이나 되는 새로운 신자들을 새 공동체에 맞아들이게 된다(2,41). 예루살렘 성전의 '아름다운 문' 곁에 노상 앉아 구걸하던 모태에서부터 불구자였던 사람 하나를 "나자렛 사람 예수 그리스도의 이름으로" 치유해 준 뒤 요한과 함께 체포되어 최고 의회에서 증언하게 되었을 때에도, 베드로는 성령으로 가득 차서 예수님께서 살아 생전에 말씀하신 대로(루카

12,12 병행 마르 13,11; 마태 10,20) 성령의 지시에 따라 예수 그리스도를 통하여 이루신 하느님의 구원 위업을 선포한다(사도 4,1-22). 최고 의회에서 풀려난 베드로와 요한이 동료들에게 돌아와서 함께 기도를 바치자, 그들이 모인 장소가 흔들리고 성령이 내려오시어 그들에게 확신을 주신다(4,23-31).

이처럼 성령은 새로운 교회 공동체의 핵심을 이룬 열두 사도단과 처음부터 불가분의 관계를 맺는다. 그래서 하나니아스와 사피라가 자기네 땅을 처분하여 얻은 밭값의 일부를 떼어놓고 일부만 내놓아 사도들을 속이려 했을 때, 그들은 사도들로부터 '성령을 속였다'는 비난을 받게 된다. 사도들에게 한 거짓말은 그들과 언제나 함께 있는 성령께 한 거짓말이기 때문이다.

공동체가 커지면서 사도들은 자신들의 업무를 다른 그리스도인들에게 분담시켜야 할 필요성을 느꼈다. 이를 위한 적임자들로 사도들처럼 성령이 충만한 사람 일곱 명이 선택되었는데(6,3.5), 그들 가운데 스테파노는 유다 최고 의회에서 예수 그리스도를 증언한 뒤 성령으로 충만하여 순교 직전에 하느님의 영광과 하느님의 오른쪽에 서 계신 예수님을 뵐 수 있었다(7,54-56). 사도행전 후반부의 주인공으로서 열두 사도단의 선교 임무를 이방인들에게까지 확장시키게 될 바오로도 성령을 가득히 받은 사람이다(9,17-18). 바오로는 성령이 자신 안에서 지시하는 대로 순종하면서 "주 예수님께 받은 직무 곧 하느님 은총의 복음을 증언하는 일을" 다 마치는 것에 목숨을 바칠 각오가 되어 있다(20,22-24; 참조: 21,11). 루카는 에페소 원로들에게 행한 바오로의 고별사에서 성령에 의해 부여된 감독들의 사목직이 하느님의 깊은 뜻임을 밝히면서 주교직에 대한 중대한 고의를 정립한다. "여러분 자신과 모든 양 떼를 잘 보살피십시오. 성령께서 여러분을 양 떼의 감독으로 세우시어, 하느님의 교회 곧 하느님께서 당신 아드님의 피로 얻으신 교회를 돌보게 하셨습니다"(20,28).

이처럼 신생교회에서 '성령의 충만함'은 사도직을 수행하기 위한 필수 조건으로 요청되었다. 한편 사도행전에 따르면, 성령의 전수는 사도들을 통해서만 주어지는 것이 상례다. 식탁봉사를 위해 뽑힌 일곱 부제들 가운데 하나인 필리포스가 사마리아에 복음을 전하고 세례를 베풀었지만(8,5-13), 베드로와 요한이 파견된 연후에야 사마리아에 있는 사람들이 성령을 받게 된다(8,14-17). 마찬가지로 바오로가 에페소에 도착한 뒤에 새로 개종한 몇몇 그리스도인들이 주 예수님의 이름으로 세례를 받고 바오로의 안수를 통하여 성령을 받게 된다(19,1-6). 여기서 바오로는 열두 사도단에 속해 있지는 않지만 열두 사도단의 사절 자격으로 파견된 선교사다(참조: 11,22.25-26; 13,2-4).

열두 사도나 이 사도단에게 파견된 사절이 아닌 사람으로부터 성령이 전수되는 예는 위에서 언급한 바오로의 회심 이야기(9장)에서 나온다. 다마스쿠스의 그리스도인들을 박해하러 가던 사울은 도중에 주님을 만난 뒤 장님이 되어 사람들에게 이끌려 성 안으로 들어간다. 주님으로부터 지시를 받은 하나니아스는 사울에게 다가가 그에게 손을 얹으며 "사울 형제, 당신이 다시 보고 성령으로 충만해지도록 주님께서, 곧 당신이 이리 오는 길에 나타나신 예수님께서 나를 보내셨습니다"(9,17)라고 하였다.

그런데 루카는 하나니아스로부터 언제 어떻게 성령이 사울에게 주어졌는지 구체적으로 밝히지 않는다. 이어지는 18-19절을 보면 "그러자 곧 사울의 눈에서 비늘 같은 것이 떨어지면서 다시 보게 되었다. 그는 일어나 세례를 받은 다음 음식을 먹고 기운을 차렸다"고만 되어 있다. 아마도 루카가 바오로의 회심 이야기에 대한 전승 자료를 이용하면서, 열두 사도단의 권위를 지니지 않은 하나니아스에게서 성령이 전수된다는 사실을 직접적으로 보고하고 싶지 않아서였을 것이다.

성령이 이처럼 인간의 중재, 곧 세례나 안수를 통하여 내려오게 될 경우에는 사도들의 권위 이외에 어떤 다른 사람의 권위도 빌리지 않으나, 때에 따라서는 인간의 중재를 거치지 않고서 직접 내려오는 수도 있다.

오순절에 사도들과 그들 주변에 모인 사람들에게 내린 경우는 차치하고, 성령은 로마의 백인대장 코르넬리우스와 그의 집안 사람들이 베드로를 모셔와 설교를 들을 때에 어느 누구의 세례나 안수도 거치지 않고 직접 내려와서 베드로와 함께 왔던 할례받은 신자들은 깜짝 놀랐다(10,44-48; 11,15-17).

물론 이 사건은 특수한 경우에 속한다. 하느님은 유다교로부터 자유로운 이방인 선교를 꺼리는 열두 사도단과 예루살렘 모교회의 권위를 의도적으로 거슬러 행동하심으로써, 열두 사도단의 더리인 베드로와 예루살렘의 수구파 유다 지도자들로 하여금 인류의 보편적 구원이라는 당신의 계획을 분명히 알아차리도록 하셨던 것이다.

열두 사도단의 권위와 성령의 도움은 신생교회를 세상에서 존립하게 하고 성장시키는 두 개의 중대한 원동력이다. 루카는 이들을 예수 그리스도의 지상적 삶과 가르침에 밀접하게 연결시키는 동시에 둘을 불가분의 관계로 정립함으로써 이상적 교회상을 제시하는 데 성공하였다. 루카에게 성령과 교계제도와 예수 그리스도의 복음은 모두 아버지 하느님께서 마련하신 만민구원이라는 '보편적 구원 계획'을 성취시키는 데 기여한다. 제도적 측면만을 지나치게 강조하는 경직된 교조주의나, 이와는 반대로 제도권에서 벗어나 카리스마적 체험만을 강조하는 개인주의적 경향은 루카가 제시한 이상적 교회상과 거리가 멀다.

부활하신 예수님께서는 제자들을 떠나 하늘에 오르시기 전에 아버지께서 '높은 데에서 오는 힘'을 보내 주실 터이니 예루살렘을 떠나지 말고 기다리라고 당부하신다. 과연 그분의 말씀대로 오순절 성령이 세찬 바람과 불길 같은 혀들을 동반하고 제자들을 중심으로 모인 기도 공동체 위에 내려온다. 때마침 순례의 목적으로 각국으로부터 예루살렘에 모여든 디아스포라 유다인들과 이방인 개종자들이 지켜보는 가운데, 사도들은 갖가지 다양한 언어로 영이 일러주는 메시지를 전달한다. 이 오순절 사건은 하느님께서 나자렛 예수님의 인격과 삶 안에서 선포하신 복음의 메시지가 유다이즘의 테두리를 벗어나 세상의 수많은 인종과 언어들 속으로 육화되는 위대한 순간이다.

오순절 체험과 더불어 시작한 새 이스라엘, 새로운 하느님의 백성인 교회는 성령으로 충만한 열두 사도단을 중심으로 예루살렘에서 유다와 갈릴래아, 사마리아를 거쳐 이방인들의 땅으로 힘차게 뻗어 나간다. 이 과정에서 성령은 열두 사도단의 권위와 밀접한 연관을 맺으면서 선교사들을 준비시키고 그들의 선교여정을 관장하며 그들에게 복음선포의 방향과 목표를 설정해 준다. 성령은 신생교회로 하여금 자신의 최우선적 과제로 삼아야 할 복음선포의 방향과 목표가, 아버지 하느님께서 예수 그리스도의 공생활과 가르침을 통하여 선포하신 평화의 복음을 온 세상 모든 민족에게 전하는 것임을 주지시킨다.

루카가 제시한 이 이상적 교회상이 우리 한국 교회에 얼마나 반영되어 있을까? 우리 교회는 성령의 체험과 교계제도와 그리스도 중심주의가 서로 조화를 이루면서 하느님의 보편적 구원 계획에 효과적으로 공헌하고 있는가? 아니면 서로 불협화음을 이루면서 사적 계시와 기복신앙을 바탕으로 하는 이기적이고 개인주의적 대중 신심이나, 아니면 그와는 정반대로 성직자 중심의 교조주의에 빠져들고 있지는 않은지 점검해 보아야 할 것이다.

IX

루카의 정치적 호교론(1):
예수님과 그리스도인에 대한 팔레스티나 권력자들의 태도

교회가 임금이나 군주 위주의 봉건사회에 영합하던 시대, 그리고 19세기 이후 산업혁명을 거치면서 새로 발생된 자본가와 노동자 사이에서 지배층과 결탁하던 시대에는 예수님의 말씀과 행적을 주로 개인 신심의 차원에서만 성찰하였다. 예수님께서는 정치·경제·사회적으로 모순된 체제나 제도를 개선하시기 위해 몸 바치신 것이 아니고 영혼의 구원, 영적 가치의 구현을 선교의 첫째 목표로 삼으셨다는 것이다. 이런 전통적 견해에 따르면 예수님께서 주시는 평화는 하느님과 개개의 영혼 사이에 이루어지는 정적인 평화이자 마음의 평화이다. 따라서 그분이 선포하신 하느님 나라도 자연스레 영적 세계로 인식되고 지상에서보다는 저승에서 구현되어야 할 내세적 가치로 평가된다.

그러나 세상은 바뀌었다. 이른바 제3세계로 통하는 아시아와 아프리카와 남미의 신학자들과 사목자들은 가난하고 억압받는 민중들과 함께하는 삶의 체험을 바탕으로, 더 이상 내 영혼만을 감미롭게 위로해 주고 평화롭게 해 주는 '다디단 예수상'에 매력을 느끼지 못하고 예수님의 삶과 가르침을 보다 폭넓은 시야로 바라보게 되었다. 태풍처럼 밀려오는 성서학의 발전에 힘입어 사람들은 예수님의 생애를 당시의 역사·문화·경제·정치·종교·사회의 맥락에서 재조명한다. 그리고 예수님 당시의 팔레스티나의 상황이 갈등과 모순과 부조리에 가득 찬 오늘의 세계에 비추어 조금도 나아지지 않았음을 깨닫는 한편, 예수님의 복음 선포 내용이 이런 부정적 상황과 결코 무관하지 않음을 인정하기에 이르렀다. 아니 예수님의 메시지는 이런 상황을 정면으로 겨냥하고 있고 특히 이런 상황에서 고통당하는 민중을 총체적으로, 곧 영혼과 육체, 현세와 미래, 성과 속의 구별 없이 전체적으로 구원하기 위해 전달된 것이다. 사실 만물의 창조주요 우주와 역사의 주인이신 하느님 앞에서 이런 구별이란 무의미한 것이 아닐까?

특히 예수님께서 선포하신 평화의 복음이 진지한 반성의 대상이 되었다. 예수님의 평화는 아우구스투스 황제의 통치 아래 지중해 연안 전체에 인류 역사상 가장 안정된 상태를 부여했다는 '로마의 평화' Pax Romana 와 어떻게 다른가? 두 평화 사이의 긴장은 없었는가? 오늘날의 성경 주석가들은 대부분 공관 복음을 주도면밀하게 살펴본 뒤, 예수님의 평화가 로마의 평화와 정면으로 대립한다고 결론을 내린다. 예수님의 평화는 하느님의 은총과 사랑, 형제 자매들에 대한 남김없는 봉사에 바탕을 둔 영구적 평화인 데 반하여 로마의 평화는 막강한 군사력, 곧 폭력을 바탕으로 이루어진 잠정적 평화이자 안보 최우선의 유보적 평화다.

그런데 공관 복음 저자들의 정치관과 평화 개념을 다루는 데는 루카의 경우 성서학자들 사이에 상당한 견해차를 보인다. 한편에서는 루카의 두 저서, 셋째 복음서와 사도행전이 로마의 막강한 권력 앞에서 교회를 보호할 목적으로 '정치적 호교론'을 펴고 있다고 주장한다. 이 가설에 따르면 루카는 박해의 위협에 직면하여 그리스도교가 무해하고 도덕적인 종교라는 것을 애써 증명하려고 노력했다는 것이다. 우선 루카는 예수님과 그리스도인들이 로마로부터 비교적 폭넓은 관용을 얻어낸 유다교와 깊은 유대감을 지니고 있음을 기회가 있을 때마다 드러내고, 그분들에 대한 로마인들의 호의적인 태도를 보여 주는가 하면 로마인들에 대한 그분들의 협조적인 태도도 묘사한다는 것이다.

이 '정치적 호교론'에 맞서 다른 한편에서는 오히려 루카의 두 저서 안에 '로마의 평화'에 대한 예수님의 비판이 더 강력하게 드러난다고 주장한다. 이 두 상반된 주장과 관련하여 한 가지 특기할 만한 것은 루카 복음과 사도행전에 그리스어로 평화를 뜻하는 단어, 에이레네 $\varepsilon \iota \rho \acute \eta \nu \eta$ 가 가장 많이 등장한다는 사실이다. 따라서 우리는 이 단어의 용법을 자세히 관찰함으로써 루카의 정치관과 평화 개념을 올바로 이해할 수 있으리라고 생각한다.

이 문제는 무척 복잡하여 지난 30여 년 동안 꽤 많은 저서들과 논문들이 쏟아져 나왔지만 아직도 두 주장이 팽팽히 맞서고 있는 실정이다. 여기서는 두 주장 가운데 일리 있는 부분들을 수용하고 루카 복음과 사도행전에서 논거들을 제공하여 두 주장을 대결 구조로 이끌어가지 않고 종합적인 결론으로 이끌고자 한다. 이러한 전략은 '정치적 호교론'이라는 개념은 수용하되 그 내용을 올바로 규정하려는 것이다. 루카의 두 저서에서 1세기 당시의 로마 권력뿐 아니라 다른 팔레스티나 권력체제에 우호적이거나 비판적인 기록들을 가능한 한 모두 살펴볼 것이다. 문제의 해결에 좀 더 체계적으로 접근하기 위해 세 가지로 이 구절들을 분류하여 다루겠다.

우선 본 단락에서는 로마의 권력, 헤로데 가문의 권력, 성전과 유다 최고의회 권위로 대표되는 팔레스티나의 권력체제가 예수님과 바오로를 비롯한 그분의 제자들에게 어떤 태도를 보이는가를 살펴보고, 다음 장에서는 후자가 이 권력체제에 어떤 태도를 보이는가를 살펴보겠다. 이 두 연구과정을 거치면 루카의 '정치적 호교론'이 무엇을 뜻하는지 올바로 규정할 수 있으리라 확신한다. 그다음 장에서는 루카의 두 저서 가운데 평화가 언급되는 모든 구절들을 조사·연구함으로써, 그의 평화 개념을 바탕으로 루카가 '로마의 평화' 속에서 살다 가신 예수님의 삶과 메시지를 어떻게 이해하는지를 밝히겠다. 그리고 '정치적 호교론'과 루카의 평화 개념이 어떤 관계에 있는지도 밝혀지리라 확신한다.

팔레스티나의 권력의 핵을 이루는 사람들은 로마의 총독과 군인들, 헤로데 가문의 임금과 하수인들, 예루살렘 성전을 장악하고 있는 수석 사제들과 사두가이들, 그리고 유다 최고의회 회원들인 현직·전직 대사제 및 수석 사제들과 율법 학자들과 원로들이다. 여기서 사제들은 대부분 사두가이파에 속하고 율법 학자들은 주로 바리사이파에 속하며 원로들은 지방 유지들이다. 루카는 예수님과 그분의 제자들을 대하는 이들의 태도를 어떻게 묘사하는가?

1. 예수님에 대한 로마인들의 태도

'정치적 호교론'을 루카의 특수 관점으로 꼽는 사람들은 루카가 자신의 복음서와 사도행전에서 로마의 군인들과 총독들이 예수님과 그리스도인들에게 호의적인 태도를 보인 것처럼 묘사했다고 주장한다. 로마의 군인들과 총독들은 팔레스티나에서 로마 제국을 대표하고 로마의 평화를 수호하는 사람들이다. '정치적 호교론'의 논거로 제시하는 몇 가지 예를 들면 다음과 같다.

1.1. 카파르나움의 백인대장과 카이사리아의 백인대장

예수님께서 백인대장의 종을 낫게 하신 이야기에서 유다인들의 원로들은 이 로마인을 호의적으로 묘사한다. "그는 선생님께서 이 일을 해 주실 만한 사람입니다. 그는 우리 민족을 사랑할 뿐만 아니라 우리에게 회당도 지어 주었습니다"(루카 7,4-5). 예수님께서 백인대장의 종을 치유하신 이야기는(루카 7,1-10 병행 마태 8,5-13) 예수 어록에서 옮긴 것인데 위의 구절은 마태오 복음에는 나오지 않는다. 유다인 원로들의 칭찬은 팔레스티나의 주민들과 그들을 지배하는 로마인들 사이의 좋은 협력관계를 말한다. 동시에 이 칭찬은 유다인들과 유다교에 호의적인 로마인들은 그리스도와 그리스도 교회에도 호의적일 수밖에 없음을 간접적으로 시사한다. 그리스도는 유다인이요 그리스도 교회는 유다교에서 나왔기 때문이다.

그런데 이 대목에서 루카는 마태오의 병행 구절에서와는 달리 백인대장이 예수님께 직접 찾아오지 않고 원로들과 친구들을 중간에 내세운다. 루카가 이 대목에서 로마 백인대장을 예수님께 보다 더 호의적인 인물로 다루고자 했다면, 마태오처럼 백인대장이 예수님께 직접 찾아와서 간청하도록 묘사했을 것이다. 루카 7,6-7(비교 마태 8,8)에 백인대장이 친구들을 시켜 예수님께 전하는 "주님, 수고하실 것 없습니다. 저는 주님을 제 지붕 아래로 모실 자격이 없습니다. 그래서 제가 주님을 찾아뵙기에도 합당하지 않다고 여겼습니다"라는 말은 논리적으로 앞뒤가 맞지 않는 말이다. 자기 집에 주님을 모시는 것과 그분께 나와 직접 영접하는 것은 서로 별개 행위이기 때문이다.

그러므로 루카 복음에서 "제가 주님을 찾아뵙기에도 합당하지 않다고 여겼습니다"라는 백인대장의 말은 마태오 복음에는 없는 루카가 예수 어록에 덧붙인 것인데, 이는 변명에 지나지 않는다. 실제로 마태오가 묘사하는 백인대장은 "저는 주님을 제 지붕 아래로 모실 자격이 없습니다"라고 고백하면서도 예수님을 직접 나가 영접해 드렸지 않은가. 루카가 덧붙인 백인대장의 비논리적 변명이 단순한 변명으로 처리될 성질의 것이 아니라 다른 신학적 의미를 지님을 알아야 한다.

이미 '예수님의 길'에 대해 다룰 때 밝혔듯이 이 백인대장의 변명은 유다인 선교를 예수님께, 이방인 선교를 초대 교회에 분담시킨 루카의 구세사적 구도를 지키기 위한 시도다. 루카 복음에 따르면 예수님께서는 자진해서 이방인들 구역에 들어가 이방인 선교에 직접 뛰어들지 않으신다. 당신을 찾아오는 이방인들에게조차 유보적인 태도를 표명하신다. 이 카파르나움의 백인대장도 유다인들의 도움을 받아 예수님의 선교활동의 혜택을 입을 수밖에 없었다. 이런 이유 때문에 루카는 카파르나움의 백인대장을 호의적으로 묘사하면서도 그가 직접 예수님께 접근하는 것까지는 허락하지 않았다. 다시 말해서 백인대장의 변명은 그를 Q 전승에 묘사된 것보다 더 호의적인 인물로 소개하고 싶어도 구세사적 구도 때문에 그렇게 할 수 없는 루카 자신의 변명이기도 하다.

유다교에 호의적인 백인대장의 이야기는 사도 10장에도 나온다. 하느님을 경외하고 유다교에서 높이 칭송받는 자선을 많이 한 카이사리아의 백인대장 코르넬리우스는 베드로와 동행한 그리스도인들을 정중하게 맞이한다. 베드로가 코르넬리우스가 파견한 사람들의 안내로 카이사리아에 들어섰을 때, 이미 "코르넬리우스는 자기 친척과 가까운 친구들을 불러 놓고 그들을 기다리고 있었다. 베드로가 들어서자 코르넬리우스는 그에게 마주 나와 그의 발 앞에 엎드려 절하였다"(사도 10,24-25). 베드로의 설교를 듣고 코르넬리우스와 그의 온 식구가 세례를 받은 뒤에 "그들은 베드로에게 며칠 더 머물러 달라고 청하였다"(10,48).

유다교에 호의를 보이는 이방인들은 그리스도인에게도 호의를 보이기 마련이다. 두 로마인 백인대장의 이야기에서 루카는 유다교에 관용을 베풀었던 로마인들의 합리적인 정책을 지지하는 한편 그리스도교와 유다교의 연관성을 주장함으로써, 로마 제국에서 유다교가 누리던 종교적 권리와 자유를 그들도 누릴 수 있기를 희망한다.

1.2. 빌라도의 무죄 선언과 백인대장의 의인 선언

예수님의 재판 과정에서 로마의 총독 빌라도는 그분의 무죄를 세 번씩이나 주장하고, 그분의 십자가 처형을 지켜본 로마의 백인대장도 그분이 의인임을 고백한다. 예수님의 죽음에 대한 일차적 책임은 누구에게 지워야 할까? 정치적 호교론을 루카의 신학적 주제 가운데 하나로 꼽는 이들은 루카가 예수님 죽음의 책임을 로마인 총독 빌라도에게 지우지 않고 예루살렘 성전의 수석 사제와 사두가이들에게 지웠다고 주장한다. 특히 빌라도의 세 번에 걸친 무죄 선언(루카 23,4.14-15.22; 참조: 사도 3,13)과 로마인 백인대장의 의인 선언(루카 23,47)을 통하여, 루카는 예수님의 죽음과 관련해서 로마인들의 호의적 태도를 애써 묘사하려 했다는 것이다.

그러나 빌라도가 비록 예수님의 무죄를 선언했다 해도 그분의 죽음에 대해 손을 씻을 수는 없다. 루카는 사도들의 기도를 통하여 빌라도의 책임을 분명히 지적한다. "과연 헤로데와 본시오 빌라도는 주님께서 기름을 부으신 분, 곧 주님의 거룩한 종 예수님을 없애려고, 다른 민족들은 물론 이스라엘 백성과도 함께 이 도성에 모여 …"(사도 4,27). 루카는 수석 사제와 사두가이들이 예수님의 죽음에 결정적인 역할을 했지만 헤로데와 빌라도, 그리고 예루살렘의 군중들도 책임을 면할 수 없다고 보는 다른 공관 복음 저자들의 견해에 동의한다. 그래서 베드로는 예루살렘 주민들에게 한 설교에서 예수님의 죽음이 하느님의 계획에 따라 이루어진 것이긴 하지만 그 책임을 예루살렘 주민들에게 돌리고(2,23; 3,13), 대사제와 원로들 앞에서 설교할 때는 그 책임을 그들에게 돌린다(4,10; 5,30; 참조: 7,52). 그리고 바오로는 피시디아의 유다교 회당에서 설교할 때 예루살렘 주민들과 그들의 지도자들이 예수님을 단죄하여 빌라도에게 처형하도록 넘겼다고 지적한다(13,27-28). 따라서 루카는 예수님의 죽음에 대한 책임을 빌라도와 헤로데로 대표되는 팔레스티나의 정치 세력, 사제들과 원로들로 대표되는 예루살렘 성전의 권위, 그리고 예루살렘 주민들 모두에게 지운다.

그렇다면 빌라도의 세 번에 걸친 무죄 선언과 백인대장의 의인 선언에는 무슨 의미가 있을까? 예수 그리스도를 거슬러 사제들과 원로들과 예루살렘의 군중이 작당할 때 빌라도가 '예수는 무죄하다'고 선언하는 상황은, 박해의 위험에 직면해 있는 루카의 초대 그리스도교 공동체를 겨냥한다. 그리스도교에 적대감을 지닌 광신적 유다인들의 끊임없는 모함에도 그리스도인들은 결백하다는 것이다. 대사제를 비롯 유다의 종교 지도자들이 작당하여 예수님이 백성을 선동했다고 아무리 고발해도, 빌라도로 대표되는 로마의 권위는 이 고발을 인정하지 않고 예수님의 무죄를 세 번씩이나 선언한다. 빌라도가 유다 지도자들과 백성에게 굴복하여 무죄한 예수님을 내어준 뒤, 예수님의 죽음길을 처음부터 끝까지 동행한 로마인 백인대장은 하느님을 찬양하면서 예수님께 일어난 모든 일을 종합하여 "정녕 이 사람은 의로운 분이셨다"(루카 23,41)고 결론짓는다. 이로써 루카는 로마의 고관인 테오필로스에게 바치는 첫 저서에서 그리스도가 결코 기존 사회의 질서를 어지럽히는 체제 전복자가 아님을 분명히 밝힌다. 이미 그리스도가 무죄하다고 선언한 로마의 권위는 사도행전에서 그의 길을 충실히 따르는 그리스도인들에게 무죄를 선언할 것이다.

결론적으로 루카 복음에서 예수님을 대하는 로마인들의 태도는 호의적이고, 유다인들의 터무니없는 고발과 상관없이 그리스도는 로마의 지배세력에 의해 무죄하다고 선언된다. 이 로마 권위의 무죄 선언은 나중에 그리스도인들에게도 주어질 것이다.

2. 바오로에 대한 로마인들의 태도

잘 알다시피 사도 바오로는 루카의 영웅이다. 루카는 자신의 영웅에게 사도행전 후반부 전체를 할애한다. 루카의 정치적 호교론을 주창하는 사람들은 이 후반부에서 바오로와 그의 동료들에 대한 로마 총독들과 군인들의 호의를 호교론의 근거로 제시한다. 그러나 여기서 로마인들의 호의 못지않게 그들의 비리와 홀대도 함께 알 수 있다.

2.1. 시 치안 책임자

필리피에서 소란죄로 유다인들에게 고발당한 바오로와 실라스는 로마의 행정관들에게 옷을 찢기고 매질을 당하는 등 부당한 대우를 받고 옥에 갇혔다가 이튿날 풀려났다. 나중에 행정관들이 사과를 하긴 했지만 그것은 바오로와 실라스가 로마 시민임을 알고 나서였다(사도 16,16-40). 한편 감옥을 지키던 간수는 바오로와 실라스가 감옥 문이 열리고 쇠사슬이 풀렸는데도 도망가지 않은 것을 보고 감동하여 온 가족과 함께 세례를 받고 그리스도인이 된다(16,25-34). 테살로니카에서도 바오로를 자기 집에 맞아들인 야손은 유다인들에게 소란죄로 고발당했다가 행정관들에게 보석금을 주고 풀려난다(17,1-9). 코린토에서 유다인들은 오로지 선교에만 전력하는 바오로를 범법자로 갈리오 총독에게 고발하는데, 총독은 바오로가 법을 어긴 것이 아님을 밝히면서 이 일에 관여하기를 거부한다(18,12-17). 이는 빌라도가 예수님을 고발하는 유다 지도자들에게 무죄를 선언하는 것과 같은 맥락이다. 에페소에서의 소요와 귀결도 같은 맥락에서 다루어야 한다(19,21-41). 에페소의 서기관은 바오로의 동행인 가이오스와 아리스타르코스에 대하여 "여러분은 신전 강도도 아니고 우리 여신을 모독하지도 않은 이 사람들을 끌고 왔습니다"(19,37)라고 무죄를 선언한다. 여기서 특기할 만한 사실은 광신적 유다인들과는 달리 로마인들은 고발된 죄수를 다루는 데 법 질서를 존중하고 보다 이성적으로 대처한다는 것, 로마의 행정관들은 로마 시민권을 존중한다는 것, 그리고 로마인들 편에서 그리스도인들의 무죄를 인정한다는 것이다.

2.2. 바오로의 로마 여행기

예루살렘에서 바오로가 로마군 천인대장에게 체포된 사건(사도 21,27-36)은 이미 19장에서 보인 루카의 편집의도에 따라 이루어진 것이다. "이런 일들이 끝난 뒤, 바오로는 마케도니아와 아카이아를 거쳐 예루살렘에 가기로 작정하고, '거기에 갔다가 로마에도 가 보아야 하겠습니다.' 하고 말하였다"(19,21). 바오로의 로마 선교는 루카의 구서사관에서 커다란 획을 긋는 중대한 사건이다. 예루살렘에서 체포된 뒤 바오로는 죄수의 몸인 채 로마로 가는 지루하고 험난한 여행을 시작한다. 루카는 이 여행 기록에 사도행전의 사분의 일을 할애한다.

루카가 바오로의 여행기를 이토록 중요하게 다룬 이유는 무엇일까? 그리고 바오로에게서 아무런 혐의점도 찾아내지 못한 총독들이 황제에게 받은 직권으로 바오로를 곧바로 석방하지 않고 결국 로마까지 가도록 조처한 이유는 무엇일까? 루카는 나름대로 이유를 밝히지만 설득력이 없다. 예를 들어 카이사리아의 펠릭스 총독이 바오로에게서 뇌물을 받아내려고 그를 붙잡아 두고 자주 불러내어 이야기를 시켰다는 것이다. 그러나 이런 식으로 별다른 혐의도 없는 바오로를 2년씩이나 감옥에 가두어 두는 일(24,24-27)이 가능한가? 그리고 펠릭스의 후임자 페스투스와 심지어 유다 임금 헤로데 아그리파스 2세까지도 바오로에게서 아무런 죄목을 찾지 못했는데, 바오로가 로마 황제에게 상소했다는 이유 하나만으로 석방을 허용할 수 없게 되었다는 루카의 보고(25,12-21; 26,31-32)를 믿을 만한가?

로마에 도착한 바오로의 근황에 대한 루카의 보고도 문제의 핵심에서 벗어난다. 앞에서 루카는 바오로가 예루살렘의 광신적 유다인들에게 붙잡힌 뒤 오랜 세월에 걸쳐 로마로 압송된 가장 근본적 이유를 그가 로마 황제에게 상소했기 때문이라고 밝혔는데, 정작 로마에 도착한 바오로는 황제 앞에서 재판을 받는 일은 제쳐두고 만 이년 동안이나 그리스도의 복음을 전하는 일에만 열중한다(사도 28장). 따라서 루카가 이처럼 바오로의 여행기를 장황하게 엮은 진짜 이유는 바오로의 황제 상소 이외에 다른 데 있음을 알 수 있다.

루카는 이 이유를 바오로의 로마 도착 성명을 통해서 분명히 밝힌다. 바오로는 로마의 유다인 지도자들을 불러 모은 자리에서 이렇게 말한다. "형제 여러분, 나는 우리 백성이나 조상 전래의 관습을 거스르는 일을 하나도 하지 않았는데도, 예루살렘에서 죄수가 되어 로마인들의 손에 넘겨졌습니다. 로마인들은 나를 신문하고 나서 사형에 처할 만한 아무런 근거가 없으므로 나를 풀어 주려고 하였습니다. 그러나 유다인들이 반대하는 바람에, 나는 내 민족을 고발할 뜻이 없는데도 하는 수 없이 황제에게 상소하였습니다. 그래서 여러분을 뵙고 이야기하려고 오시라고 청하였습니다. 나는 이스라엘의 희망 때문에 이렇게 사슬에 묶여 있습니다"(28,17-20).

여기서 우리는 루카가 바오로의 운명을 예수 그리스도의 운명과 비교하고 있음을 알 수 있다. 무죄한 예수 그리스도께서 예루살렘의 유다인들에게 붙잡혀 로마인들의 손에 넘어가 재판을 받는 과정에서 로마의 총독 빌라도는 그분의 결백을 인정했지만 유다인들의 반대로 하는 수 없이 십자가형에 처하라고 내주는데, 이는 만민에게 보편적 구원을 주시고자 하시는 하느님의 계획 때문이었다. 바오로도 스승 그리스도와 똑같은 운명에 처해 있다. 유다인들의 책동으로 예루살렘에서 체포되어 로마 사람들에게 넘어갔고, 로마인들의 무죄 선언에도 유다인들의 반대로 풀려나지 못했다는 것이다. 그리고 바오로가 아직도 쇠사슬에 묶인 죄수로 취급받는 이유는 이스라엘 사람들이 기다려 온 그리스도 때문이라는 것이다. 여기서 예수님과 하느님 사이의 관계가 바오로와 그리스도 사이의 관계로 대치된다.

한편 바오로가 그리스도의 운명과 다른 점은 그리스도는 처형되셨지만 바오로는 카이사르에게 상소하여 아직 감옥에 갇힌 몸으로 있다는 사실이다. 그것은 예수 그리스도는 예루살렘에서 당신의 선교사명을 마치셨기 때문이고, 바오로는 예루살렘이 아니라 로마에서 자신의 선교사명을 마쳐야 하기 때문이다. 바오로는 세상 만민에게 복음을 전해야 하는 모든 그리스도인의 귀감이요 교회의 본보기다. 로마는 세계와 모든 민족의 수도로서 교회가 자신의 뿌리를 내릴 곳이다. 모든 그리스도인은 바오로의 모범을 따라 그곳에서 그리스도의 복음을 전하다가 죽어야 한다.

바로 이 목적을 달성하기 위해 루카는 바오로로 하여금 카이사르에게 항소하게 했고, 팔레스티나의 정치적 권위가 그의 무죄를 입증했는데도 석방되지 못한 채 로마로 압송되게 한 것이다. 그리고 교회의 길을 다루는 사도행전은 로마에 도착한 바오로가 황제 상소와는 아랑곳없이 하느님 나라를 선포하고 주 예수 그리스도에 관하여 가르치는 일에 전념하게 된다(28,31)는 말로 끝을 맺는다. 한마디로 바오로의 로마 여행기를 통하여 루카는 이 세상 끝까지 복음을 전할 사명을 안고 교회가 얼마나 많은 박해와 역경을 겪게 될지, 또 이런 어려움들을 어떤 자세로 헤쳐나가야 하는지를 가르쳐 준다.

이 바오로의 여행기에서도 앞에서 특기할 만한 세 가지 요소들을 모두 찾을 수 있다. 곧 로마인들의 법 질서 또는 재판 질서의 존중과 죄수에 대한 이성적 대우, 로마 시민권 존중, 로마인들(여기서는 헤로데 아그리파스 2세도 합세)의 무죄 선언 등이다.

3. 그리스도와 그리스도인들에 대한 다른 지배세력의 태도

로마인들 이외에 팔레스티나에 권력을 행사할 수 있었던 무리는 헤로데 가문과 대사제와 사두가이파와 바리사이파 사람들이었다. 이들 가운데 대사제와 사두가이들은 예수님뿐 아니라 초대 그리스도인들에게까지 박해의 손길을 뻗쳤다.

3.1. 헤로데 가문

예수님과 그분의 제자들에 대한 헤로데 가문의 태도는 루카의 두 저서에서 개인에 따라 다르게 나타난다. 우선 헤로데 대왕의 존재를 마태오와는 달리 단순히 예수님의 탄생 시기를 알리는 연표로 이용할 뿐 아기 예수님에게 위험한 인물로 묘사하지는 않는다(루카 1,5 비교 마태 2장). 루카가 헤로데 대왕에 대한 자료를 입수하지 못했기 때문일 것이다.

예수님의 준비자였던 세례자 요한의 운명에 대한 헤로데 안티파스의 소행에 대해서 루카는 단 두 줄로 요약하여 전하고 마르코의 장황한 요한의 처형 이야기도 생략한다(루카 3,19-20 비교 마르 6,17-29과 마태 14,3-12).

그러나 이 헤로데 안티파스가 예수님에게는 적대적이다. 요한을 죽인 뒤 예수님까지도 죽이겠다고 벼르고(루카 13,31), 빌라도에게서 넘겨받은 예수님을 심문하면서 자기 경비병들과 함께 그분을 조롱한다(루카 23,11). 이 대목들은 루카의 특수사료에 속한다.

사도행전에서 헤로데 아그리파스 1세는 요한의 형제 야고보를 칼로 처형하고 유다인들이 좋아하는 모습을 보고 베드로도 잡아 옥에 가둔다(사도 12,2-3). 반면에 헤로데 아그리파스 2세는 죄수인 바오로에게 스스로를 변호할 충분한 시간을 주고 그 변호를 주의깊게 경청한 뒤, 바오로의 무죄를 인정하면서 총독 페스투스에게 "저 사람이 황제께 상소하지 않았으면 풀려날 수 있었을 것입니다" 하고 결론짓는다(사도 26장).

한마디로 헤로데 가문에 대한 루카의 묘사는 그들이 그리스도와 그리스도인들을 대하는 태도에 따라 결정된다.

3.2. 대사제, 수석 사제들, 사두가이들, 원로들

루카 복음과 사도행전 전체에 걸쳐서 성전과 최고 의회를 장악하고 부와 특권을 누리던 이 유다인 무리들은, 예수님과 그리스도인들에게 시종일관 적대적인 태도를 보인다. 이들은 로마의 권력과 헤로데 가문의 권력에 편승하여 유다인들로서 최고의 특권을 누리던 현실 위주의 기득권자들이었다. 특히 대사제와 수석 사제들을 배출하는 사두가이파는 구전 율법은 거부하고 오로지 문헌 율법만을 받아들이며, 내세의 부활을 믿지 않는다는 점에서 바리사이파와 정면으로 대립하였다. 바리사이들은 보다 영적인 가치를 강조한 반면, 사두가이들은 세속적 또는 현세적 가치에 매달렸다. 이런 점 대문에 사두가이들은 예수 부활을 선포하는 제자들과 충돌할 수밖에 없었다. 그들 입장에서 보면 바리사이들은 미래의 부활을 개념적으로만 믿고 있지만 초대 그리스도인들은 부활을 하나의 구체적인 현실로 믿고 선전하기 때문에, 후자를 더 위협적인 존재로 취급할 수 밖에 없었다.

루카는 마태오와 더불어 마르코 복음으로부터 유다 사회에서 사형 집행권과 같은 중대한 권한을 제외한 그 밖의 막대한 권한을 행사했던 최고 의회 회원들, 곧 수석 사제들과 율법 학자들과 원로들이 예수님과 충돌하는 대목을 모두 옮긴다. 이 충돌의 도화선은 예수님의 성전 정화 사건이다. 이 사건 이후부터 그들은 예수님을 제거할 방법을 구체적으로 강구하기 시작한다(루카 19,47 병행 마르 11,18). 우선 예수님께 무슨 권한으로 이런 일을 하느냐고 따진다(루카 20,1-8 병행 마르 11,27-33과 마태 21,23-27). 수석 사제에게 허락도 받지 않고 성전에서 장사꾼들을 몰아내고, 그곳에서 백성을 가르치는 예수님의 모습이 몹시 거슬렸던 모양이다. 이어지는 예수님의 포도원 소작인의 비유를 듣고 율법 학자들과 수석 사제들은 이 비유가 자신들을 겨냥한 줄 깨닫고 예수님을 체포하자고 했지만 군중이 두려워 행동에 옮기지 못한다(루카 20,19 병행 마르 12,12과 마태 21,46). 그러자 그들은 마르코 복음에 따르면 몇몇 바리사이들과 헤로데 당원들을, 루카 복음에 따르면 앞잡이들을 예수님께 파견하여 세금논쟁으로 그분을 함정에 빠뜨리려고 한다(루카 20,20 비교 마르 12,13과 마태 22,15). 여기서 루카가 바리사이들을 앞잡이로 대치시킨 이유는 아래에 설명하겠다. 세금논쟁도 실패로 돌아가자 사두가이들이 등장하여 부활논쟁으로 예수님을 괴롭힌다(루카 20,27-40 병행 마르 12,18-27과 마태 22,23-33).

 파스카 축제가 가까이 다가오면서 수석 사제들과 율법 학자들이 예수님을 처치할 방도를 찾고 있을 때 배반자 유다 이스카리옷이 수석 사제들과 성전 경비대장들을 찾아간다. 그들은 서로 공모하여 예수님과 군중이 떨어져 있는 시간을 이용해서 그분을 체포하기로 결정을 본다(루카 22,1-6 병행 마르 14,1-2.10-11과 마태 26,1-5.14-16). 그들은 공모에 따라 예수님께서 겟세마니 동산에서 조용히 기도하시는 틈을 타 예수님을 체포한다. 이때 마르코와 마태오는 유다 이스카리옷을 대동하고 나타난 무리를 수석 사제들과 율법 학자들과 원로들, 곧 최고 의회의 회원들이 보낸 군중이라고 묘사하는데 반해, 루카는 체포조 자체가 수석 사제들과 성전 경비대장들과 원로들이라고 보고한다(루카 22,47-53 특히 52절 비교 마르 14,43-50과 마태 26,47-56). 체포되신 예수님께서는 유다 최고 의회에 끌려가서 심문을 당하신다. 심문 과정에서 마르코와 마태오는 의회원들이 예수님을 단죄할 구체적인 죄목으로 신성모독죄만 지적하는 데 비해, 루카는 이 죄목 이외에도 황제를 거스르는 납세의무 거부죄와 왕위 참칭죄, 그리고 백성 선동죄를 추가로 덧붙인다(루카 22,66—23,5 비교 마르 14,61-64과 마태 26,57-66). 루카 복음에서 의회원들은 예수님께서 헤로데 안티파스에게 넘겨지자 헤로데 앞에까지 쫓아가 그분을 고발한다(23,6-12 SL). 한마디로 다른 공관 복음과 비교해 볼 때 루카 복음에서 예수님께 대한 수석 사제들(몇몇 사두가이들)과 율법 학자들과 원로들의 태도는 가장 적대적인 것으로 나타나 있다.

예수님을 대하는 이들의 적대적인 태도는 그분의 제자들에게도 마찬가지다. 성전에서 가르치시는 예수님을 못마땅하게 생각하여 그분의 권한을 물었던 수석 사제들이 성전에서 백성을 가르치며 예수님의 부활을 선포하는 사도들을 최고 의회에 불러 세우고 똑같은 내용의 질문을 던진다. "당신들은 두슨 힘으로, 누구의 이름으로 그런 일을 하였소?"(사도 4,7). 사도들이 하느님께 죽은 이들로부터 부활시키신 예수 그리스도의 권한과 이름으로 이런 일을 한다고 대답하자, 의회원들은 다시는 그분의 이름을 선전하지 말라고 사도들을 협박한 뒤 풀어 준다(4,10.18-21). 특히 사두가이들은 자기네가 부인하는 부활을 사도들이 이론으로써가 아니라 그들이 처형한 나자렛 예수님의 부활이라는 실체로써 주장하고 나서고, 이를 증명하는 여러 가지 표징들을 일으키니 당황하지 않을 수가 없었다. 그래서 수석 사제들을 중심으로 하는 일단의 사두가이들이 사도들의 활동을 방해하기 위해 여러 가지 조처를 취하지만 신통치 않자, 본보기로 스테파노를 처형한다. 스테파노의 처형 과정에서 보여 준 수석 사제들과 원로들과 율법 학자들의 태도는 예수님의 처형 과정에서도 그들이 보여 준 바 있는 적대적인 태도와 흡사하다(사도 7장). 마지막으로 루카의 영웅 바오로도 대사제 하나니아스를 중심으로 소집된 최고 의회에서 고발당한다(22-24장). 수석 사제들과 유다인 유지들은 르마의 총독들이 바오로의 무죄를 인정하며 단죄하기를 꺼리는 것을 보고 새로 부임한 페스투스 총독에게 카이사리아에서 예루살렘으로 바오로를 이송시켜 달라고 청한다. 호송 도중 바오로를 노상에서 처치해 버릴 심산이었다(25,1-5). 페스투스의 거절로 뜻을 이루지 못하자 그들은 카이사리아에까지 내려와 바오로를 고발한다(25,6-12).

루카의 두 저서 전체에 걸쳐 이처럼 최고 의회의 구성원들인 수석 사제들과 율법 학자들과 원로들과 사두가이들은 그리스도와 그리스도인들에게 적대적이었다.

3.3. 바리사이들

루카는 사두가이들과는 달리 바리사이들이 예수님께 호의적이었던 것으로 보고한다. 적어도 후자는 부활을 믿고 있다는 점에서 예수님의 부활을 선포하는 초대 그리스도인들과 사상적으로 가깝다.

예수님 선교 초기에 바리사이들은 그분의 말씀과 행동을 이해하지 못하여 갈등을 겪는다. 중풍병자의 죄를 사하시는 예수님을 보고 "저 사람은 누구인데 하느님을 모독하는 말을 하는가? 하느님 한 분 외에 누가 죄를 용서할 수 있단 말인가?" 하고 마음속으로 궁리한다(루카 5,20-22 병행 마르 2,5-7과 마태 9,2-3). 죄인들을 대하시는 예수님의 태도에 불만을 갖고(루카 5,30 병행 마르 2,16과 마태 9,11; 참조 루카 7,39과 15,2) 안식일법에 대한 예수님의 느슨한 태도를 비판한다(루카 6,2.7; 병행 마르코와 마태오). 예수님과 바리사이들이 근본적으로 충돌할 수밖에 없었던 것은 율법과 종교관습에 대한 양쪽의 견해가 달랐기 때문이다(루카 11,38.53 참조). 예수님께서는 율법을 하느님 사랑과 이웃 사랑을 실천하기 위한 구체적 지침으로 보신 데 반해, 바리사이들은 율법을 하느님으로부터 구원을 얻어내기 위한 안전장치로 생각하였다.

그러나 예수님과의 이런 충돌이나 갈등과 상관없이 루카 복음과 사도행전에서 바리사이들은 예수님과 그리스도인들에게 호의를 보인다. 공관복음에서 루카만이 바리사이들이 예수님을 식탁에 초대했다고 보고한다(루카 7,36 비교 마르 14,3과 마태 26,6; 루카 11,37 비교 마르 7,1과 마태 15,1; 루카 14,1 SL). 그들은 헤로데의 간계를 미리 예수님께 알려 드리고(13,31 SL), 예수님께서 선포하시는 하느님 나라에 대해서도 관심을 표명한다(17,20 SL). 그런가 하면 루카 복음과 사도행전 어디에도 바리사이들이 예수님의 죽음에 직접 가담했다는 기록이 나오지 않는다(참조: 마태 12,14; 16,1; 19,3; 22,15; 27,62; 마르 10,2; 12,13).

사도행전에서 바리사이들은 사도들 편에 선다. 예수님의 이름으로 성전에서 사람들을 가르친 죄목으로 최고 의회에 소환된 사도들을 바리사이파 출신 율법 교사 가말리엘이 일어나 변호한다(사도 5,34-39). 그리스도인들 가운데 상당수가 타오로처럼 바리사이파에 속했던 사람들이었다(15,5; 26,5). 예루살렘 성전에서 붙잡힌 바오로를 심문하는 도중에 의회원들 가운데 몇몇 바리사이들이 일어나, 부활을 전하는 바오로에게서 아무런 잘못도 발견할 수 없다고 주장한다(23,6-9). 여기서 바오로는 죽은 자들의 부활을 두고 견해를 달리하는 사두가이파와 바리사이파에게 논쟁의 불씨를 제공함으로써 적어도 한 집단으로부터 무죄 선고를 얻어낸다.

팔레스티나의 권력을 장악한 집단들이 그리스도와 그리스도인들에게 취한 태도를 루카가 어떻게 묘사하고 있는지를 모두 살펴보았다. 로마인들의 태도는 일반적으로 합리적이고, 그들은 그리스도와 그리스도인들의 무죄함을 증언할 정도로 우호적이다. 헤로데 가문의 임금들은 우호적인 사람도 있고 적대적인 사람도 있다. 사두가이들은 시종일관 적대적인 태도를 보인다. 바리사이들은 죄인들에 대한 태도와 율법과 관습에 관한 문제를 제외하면 우호적이다. 특히 부활에 대한 사도들의 증언을 변호하기까지 한다. 루카는 바리사이들에게 예수님의 죽음에 대한 책임을 지우지 않는다.

모든 이에게
평화의
복음을

X
루카의 정치적 호교론(2):
팔레스티나 권력자들에 대한
예수님과 그리스도인의 태도

앞장에서는 루카가 팔레스티나 권력자들이 예수님과 초대 교회의 그리스도인들에게 보여 준 태도를 어떻게 묘사했는지 살펴보았다. 본 단락에서는 루카가 당대의 권력자들에게 예수님과 그리스도인들이 보여 준 태도를 어떻게 소개하는지를 밝혀 보고자 한다. 이 두 가지 작업이 끝나면 루카의 정치적 호교론의 본 내용이 드러나리라고 믿는다.

공관 복음의 자료를 바탕으로 예수님께서는 팔레스티나의 권력체제를 옹호하거나 아니면 반대하는 구체적인 행동이나 전략을 제시하시지 않았다고 말할 수 있다. 그분은 현실적으로 어떤 세력 집단에도 가입하시거나 비호를 받지 않으신다. 무력으로 로마의 지배 세력을 축출시키려던 젤롯파(열혈당), 로마인들의 비호 아래 팔레스티나에서 정치적 기득권을 장악하고 있었던 헤로데당, 성전을 중심으로 하는 종교적 기득권을 확보한 사제들 중심의 사두가이파, 현세적인 로마의 권력과 세속화된 사두가이파의 사제단에 철저한 율법 준수로 대항했던 바리사이파, 모든 정치·종교적 기득권을 포기하고 하느님의 심판에 의지하면서 세상으로부터 은

둔한 에세네파 등 어느 파당에도 끼지 않으신다.

그런데 그분이 선포하신 복음에는 당시의 권력체제에 도전하는 혁명적 요소가 충분히 내포되어 있다. 루카는 팔레스티나 권력자들이 예수님께 호의를 보였건 보이지 않았건 그들의 태도에 상관없이, 그분의 언행이 로마의 권력뿐 아니라 헤로데의 권력과 성전의 권위와 바리사이파의 종교적 기득권에도 도전적이었던 것으로 묘사한다. 루카 복음에는 다른 공관 복음의 도전적인 요소를 담고 있는 대목들이 빠짐없이 나온다. 동시에 루카는 자신에게만 입수된 자료들 가운데서도 이런 대목들을 놓치지 않고 옮겨놓는다.

1. 로마와 헤로데 가문의 권력에 대한 예수님의 태도

로마와 헤로데의 권력은 무력과 폭력을 기본 바탕으로 삼는다. 따라서 이 권력체제는 약자 편에 서서 자선과 봉사를 강조하는 예수님의 가르침과 상충한다. 공관 복음에 소개된 예수님의 메시지에는 당시 사회를 변혁시킬 수 있는 강한 힘이 내포되어 있었다. 가진 것을 팔아 가난한 사람들에게 나누어 주고 자신을 따르라는 그분의 명령은 결과적으로 로마 제국의 경제 체제를 밑바닥부터 흔들어 놓을 수 있는 힘을 간직한다(루카 18,18-23 병행 마르 10,17-22과 마태 19,16-22; 참조: 루카 18,28-30 병행 마르코와 마태오). "부자가 하느님 나라에 들어가는 것보다 낙타가 바늘귀로 들어가는 것이 더 쉽다"라는 예수님의 말씀은, 식민지로부터 막대한 세금을 거둬들여 부를 축적한 로마인들에게 도전하는 말씀이다(루카 18,24-27 병행 마르 10,23-27과 마태 19,23-26). 자선에 대한 가르침은 루카의 특수사료에 더 많이 언급된다. 자선에 대해서는 루카의 신학 주제의 하나로 이미 고찰한 바 있으니 더 언급하지 않겠다.

누가 더 높은가로 자리다툼을 하는 제자들에게 "너희 가운데서 가장 작은 사람이야말로 가장 큰사람이다"고 말씀하시는 예수님의 가르침은 무력을 바탕으로 형성된 로마 제국의 지배원리와 정면으로 충돌한다(루카 9,46-48 병행 마르 9,33-37과 마태 18,1-5). 제자들의 자리다툼은 그분이 만민의 종으로 십자가에 처형될 순간이 다가오는데도 그칠 줄 몰랐다. 이런 제자들에게 예수님께서는 이렇게 말씀하신다. "민족들을 지배하는 임금들은 백성 위에 군림하고, 민족들에게 권세를 부리는 자들은 자신을 은인이라고 부르게 한다. 그러나 너희는 그렇게 해서는 안 된다. 너희 가운데에서 가장 높은 사람은 가장 어린 사람처럼 되어야 하고 지도자는 섬기는 사람처럼 되어야 한다"(루카 22,25-26 병행 마르 10,42-44과 마태 20,25-27). 이 말씀 역시 로마의 지배원리에 대립된다.

황제에게 바치는 저 유명한 세금 논쟁은 공관 복음 모두에 나오는데(루카 20,20-26 병행 마르 12,13-17과 마태 22,15-22), 정치와 종교를 분리시켜야 한다는 가르침이 아니라 오히려 황제의 권한을 제한하고 세상 만물에 대한 하느님의 주권을 인정해야 한다는 가르침이다. 예수님께서는 이 논쟁에서 공공의 이익을 위해 사용될 목적으로 세금을 거두어들이는 로마의 세금제도를 하나의 실체로서 인정하셨을 뿐, 황제의 권위와 하느님의 권위를 평행선 상에 놓고 비교하는 것 자체를 거부하신다. "황제의 것은 황제에게 돌려주고 하느님의 것은 하느님께 돌려드려라"(루카 20,25).

체제에 대한 도전과 관련하여 루카가 예수 어록을 바탕으로 한 전승에서 받아들인 것은 두 가지인데 둘 다 경제적 측면을 다룬다. 재물의 위험에 대해 경고하고(루카 16,13 병행 마태 6,24), 재물의 선용을 촉구하는(루카 12,33-34 병행 마태 6,19-21) 내용이다.

그 밖에 루카가 마르코 복음이나 Q에서 로마의 권력에 도전하는 요소로 비치는 대목들을 옮겨 적지 않은 예는 찾을 수 없다.

마르코 복음과 Q 이외에 루카의 특수사료에는 로마의 꼭두각시로 등장한 헤로데 가문의 권력을 둘러싸고 예수님의 도전적 태도가 나온다.

요한을 참수시킨 헤로데 안티파스가 예수님의 목숨까지도 노린다는 파리사이들의 보고에 예수님께서는 그를 가리켜 여우라고 부르며, 헤로데의 압력에도 당분간 그의 영토인 갈릴래아와 베로이아에서 구마와 치유를 계속하겠다고 선언하신다(13,31-33). 이 헤로데는 예수님의 재판에도 관여하게 되는데 빌라도로부터 그분을 넘겨받고 그분에게서 표징을 보고 싶어 한다. 그러나 예수님께서는 헤로데의 원의를 채워주기는 고사하고 침묵을 지키면서 그의 심문에 협조하기를 거부하신다(23,6-12).

한편 루카의 '정치적 호교론'을 지지하는 학자들은 헤로데와는 달리 빌라도에게는 예수님께서 호의적인 태도를 보이시며 심문에 협조하셨다고 주장한다. 곧 빌라도가 예수님께 그분이 유다인들의 임금이냐고 물었을 때 묵비권을 행사하지 않고 "네가 그렇게 말하고 있다" 하고 답변하셨다는 것이다. 그러나 이 대목은 루카가 마르코 복음에서 그대로 따온 부분이고(루카 23,3 = 마르 15,2 = 마태 27,11), 예수님의 답변 자체도 심문에 협조적이라 하기에는 너무 불성실하고 모호하기 때문에 여기서 루카의 '정치적 호교론'을 뒷받침해 줄 만한 근거를 찾는 것은 무리다. 예수님의 이 대답은 "당신이 메시아라면 그렇다고 우리에게 말하시오"라는 의회원들의 요구에 긍정도 부정도 아닌 답변을 하신 루카 22,67-70과 같은 맥락에서 이해해야 한다. 이 대목은 아래에서 좀 더 자세하게 다루기로 한다.

결론적으로 루카 복음에서(그가 옮겨 쓴 공관 복음 전승과 자신의 특수사료 모두에서) 예수님께 별다른 적의를 보이지 않는 헤로데나 빌라도에 대한 예수님의 태도는 우호적이라기보다 도전적이고 비판적인 것으로 나타난다.

2. 성전의 불의한 권한과 최고 의회의 권위에 대한 예수님의 태도

루카는 예루살렘 성전을 실체로서 인정한다. 예수님의 부모는 그곳에서 아기 예수님을 봉헌하고 소년 예수님과 더불어 파스카에 그곳을 순례한다. 예수님께서도 그곳에서 기적을 행하시고 백성을 가르치셨으며 그곳의 파괴를 예견하시고 마음 아파하셨다. 제자들도 스승의 모범을 따라 성전을 중심으로 기도하고 사람들을 가르쳤다. 스승의 승천 뒤에 그들은 "예수님께 경배하고 나서 크게 기뻐하며 예루살렘으로 돌아갔다. 그리고 줄곧 성전에서 하느님을 찬미하며 지냈다"(24,52-53). 오순절 이후 베드로와 요한이 첫 기적을 행한 곳도 성전 문 곁에서였다. 그들은 마침 낮기도를 바치러 성전에 올라가던 중이었다(사도 3,1-10).

이처럼 성스러운 기도의 집이 그곳의 기득권을 장악한 세력들에 의해서 착취당하고 '강도의 소굴'이 되었다. 그들은 성전에서 막대한 부와 권한을 끌어내었다. 그곳의 기득권자인 사제단, 사두가이의 대다수는 율법학자와 원로와 더불어 유다 최고 의결기관인 최고 의회 의회원이기도 했다. 유다 사회의 종교·정치적 모든 권한을 한 손에 거머쥔 셈이다. 예수님은 그들의 부패를 고발하고 그들의 성전 기득권과 최고 의회의 권위에 정면으로 도전하신다.

예루살렘 성전의 권위에 도전하는 성전 정화 사건은 네 복음서 모두에 기록되었다(루카 19,45-46 병행 마르 11,15-17과 마태 21,12-13; 요한 2,13-17). 그런데 이 네 복음서의 기록들은 예수님의 행동을 묘사하는 데 조금씩 차이가 난다. 요한의 묘사로는 예수님께서 끈으로 채찍까지 만드시어 환전상들의 화폐를 쏟아 버리시고 상들을 넘어뜨리실 정도로 꽤나 난폭(?)하시다. 그다음 마르코는 예수님께서 환전상들의 상과 비둘기 파는 자들의 의자를 둘러엎으시고 성전을 가로질러 물품 나르는 것을 막으셨다고 보고한다. 마태오는 마르코를 대체로 따르나 성전을 가로질러 물품 나르는 행위에 대한 제재는 뺀다. 루카는 거두절미하고 간단하게 성전으로 들어가셔서 상인들을 쫓아내기 시작하셨다고만 전한다. 이것은 루카가 평소 폭력을 극구 반대했기 때문에 마르코 복음의 기록을 옮겨 적으면서 다소

과격하게 비치는 예수님의 행동을 축소하여 묘사한 것이 아닌가 싶다. 비록 예수님께서 성전의 불의한 권위에는 도전하시지만 폭력은 결코 행사하지 않으신다는 것이다. 네 복음서 모두에 기록된 예수님의 체포 장면에서도 루카만이 예수님께서 당신의 제자에 의해 귀가 잘린 대사제의 종을 손으로 어루만져 낫게 하신다고 보고한다(루카 22,49-51 병행 마르 14,47과 마태 26,51-54; 요한 18,10-11). 이로써 예수님께서는 폭력을 사용하지 않는 것에 그치지 않으시고 자신에게 폭력을 사용하는 원수까지도 사랑하라는 당신의 말씀을 몸소 실천하신 것이다. 십자가에 못 박히신 채 당신을 처형하는 악인들을 용서해 달라고 비는 예수님의 기도도 이런 사랑의 실천인데, 루카만이 이 기도를 전한다(23,34).

성전의 권한에 이어 예수님께서는 최고 의회의 권위에도 도전하신다. 루카는 마르코의 수난기로부터 최고 의회의 심문 과정(마르 14,61-62)을 옮기면서 예수님의 답변에 보다 도전적인 내용을 덧붙인다. 그분이 그리스도인가를 밝히라는 의회원들의 요구에 "내가 그렇다고 말하여도 너희는 믿지 않을 것이고, 내가 물어보아도 너희는 대답하지 않을 것이다"(루카 22,67-68) 하고 잘라 말씀하신다. 예수님의 이 답변은 당신의 메시아 개념이 유다 지도자들이 생각하던 전통적 메시아 개념과는 거리가 먼 것임을 시사한다. 세속적 권력과 부귀영화를 동반한 유다의 전통적 메시아관에 사로잡힌 그들은 예수님께서 참다운 메시아상을 제시하셔도 믿지 않을 것이요, 루카 20,21-34에 소개된 것과 같은 예수님의 반문식 질문에도 결코 대답하려 하지 않을 것이다.

이어 루카는 예수님의 권위가 최고 의회의 권위보다 훨씬 높다는 사실을 증언하기 위해 마르크 복음의 한 구절을 약간 변형시켜 옮긴다. "이제부터 '사람의 아들은 전능하신 하느님의 오른쪽에 앉을' 것이다"(루카 22,69 비교 마르 14,62과 마태 26,64). 마르코 복음에서는 "너희는 사람의 아들이 전능하신 분의 오른쪽에 앉아 있는 것과 하늘의 구름을 타고 오는 것을 볼 것이다"로 되어 있어 의회원들이 예수님의 권위를 종말에 볼 것으로 묘사하는 데 반해, 루카는 "이제부터" 곧 부활·승천에 직결된 수난의 순간부터 볼 수 있을 것이라고 한다. 여기서 루카는 메시아의 왕도가 유다인들이 전통적으로 생각하는 것과는 달리 배척과 죽음을 통과해야 한다는 사실을 강조한다. 예수님의 답변에 대한 분명한 증언은 사도 2,36에서 찾아볼 수 있다. "그러므로 이스라엘 온 집안은 분명히 알아 두십시오. 하느님께서는 여러분이 십자가에 못 박은 이 예수님을 주님과 메시아로 삼으셨습니다."

이처럼 예수님께서는 성전의 불의한 권한에 도전하시고 최고 의회의 지상적 권위에 하느님으로부터 부여받은 천상적 권위로 응수하신다.

3. 율법 교사와 바리사이들의 종교적 권위에 대한 예수님의 태도

이미 살펴본 대로 루카의 두 저서에서 바리사이들은 율법과 관습에 관한 문제를 제외하고는 예수님과 그리스도인에게 호의적인 편이다. 이렇게 바리사이들이 예수님께 호의를 보이는데도 그분은 그들의 위선과 형식주의적 율법 실천을 적나라하게 비판하신다.

루카는 예수님께서 성전의 실체는 인정하셨으나 성전의 기득권자들은 비판하셨듯이, 율법에 대해서도 법 자체는 인정하셨으나 율법주의자들은 비판하셨다고 전한다. Q 전승을 받아들이면서 루카는 예수님께서 율법을 중요시했음을 분명히 밝힌다. "율법에서 한 획이 빠지는 것보다 하늘과 땅이 사라지는 것이 더 쉽다"(루카 16,17 병행 마태 5,18). 그러나 예수님께서 중요시한 율법은 내실화와 인간화를 병행한 인격적 율법이었다. 율법의 인간화의 예를 든다면 예수님께서는 비록 안식일이라 하더라도 인간을 위해서라면 병자를 고치시거나(루카 6,6-11 병행 마르 3,1-6과 마태 12,9-14; 루카 14,1-6 SL; 참조: 13,10-16), 밀이삭을 비벼먹는 일은 문제될 것이 없다고 주장하신다(루카 6,1-5 병행 마르 2,23-28과 마태 12,1-8). 율법의 내실화는 어느 바리사이가 손을 씻지 않고 식사하시려는 당신을 비판하는 기회에 바리사이들 전체에게 쏟아부으시는 저주에서 드러난다. 이에 대해서는 아래에서 다시 다루겠다.

율법에 대한 예수님의 인격화와 내실화의 노력에도 아랑곳없이, 바리사이들과 율법 교사들은 율법의 세부규정에 얽매여 율법의 인격적인 정신을 무시하고 법조문의 철저한 준수만을 내세우는 형식주의에서 벗어나지 못했다. 그들 가운데는 이론적으로 율법의 근본정신이 하느님 사랑과 인간 사랑임을 잘 알고 있는 사람도 있었으나(루카 10,27 병행 마르 12,30-31과 마태 22,37-40), 그 정신을 실천하기에는 그들을 둘러싸고 있는 율법주의의 벽이 너무 높았다. 루카 복음에 따르면 이런 바리사이들에게 하신 예수님의 권고는 '율법의 정신대로 살아라'(루카 10,28 비교 마태 12,14)였다.

바리사이들의 율법에 대한 형식적 접근은 율법을 실천하지 못하는 죄인들, 아니 율법을 실천하기는 고사하고 율법의 규정조차 모르는 무식한 일반 대중을 경멸하고 그들과의 접촉을 철저히 기피하게 만들었다. 이런 태도는 죄인들에게 하느님의 자비와 사랑을 선포하는 예수님의 삶과 가르침에 정면으로 충돌한다. 앞에서 이미 잃어버린 이들에 대한 예수님의 애정이 루카 복음의 핵심 메시지임을 살펴본 바 있기 때문에, 이 문제를 두고 벌어진 예수님과 바리사이들 사이의 갈등과 논쟁은 다시 언급하지 않겠다.

예수님께서는 형식주의나 율법주의에 사로잡힌 바리사이들에게 인내심을 가지고 기회 있을 때마다 가르치시고 깨우쳐 주신다. 이와 관련하여 루카는 마르코 복음에서 관련 대목들을 빠짐없이 옮겨 적고(루카 5,22-23 병행 마르 2,8-9과 마태 9,4-5; 루카 5,31-32 병행 마르 2,17과 마태 9 12-13; 루카 6,3-5 병행 마르 2,25-28과 마태 12,3-8; 루카 6,9 병행 마르 3,4-5과 마태 12,11-12), 자신이 모은 자료도 덧붙인다(루카 7,40-42 SL; 14,1-6 SL; 15,8-10 SL).

그러나 예수님의 이런 노력에도 바리사이들과 율법 교사들은 전혀 돌아서지 않는다. 그래서 이자들에게 예수님께서는 저주를 선언하신다. 바리사이들과 율법 교사들에 대한 저주가 집중적으로 나오는 대목은 루카 11,39-52이다. 이 대목은 Q 전승으로서 마태오 복음에서도 그 병행 구절을 찾아볼 수 있다(23장). 그런데 마태오 복음에서는 저주의 대상이 처음서부터 끝까지 "너희 위선자 율법 학자들과 바리사이들"로 되어 있는데 반해, 루카 복음에서는 전반부 저주의 대상이 바리사이이고(루카 11,37-44 병행 마태 23,6-7.23.25-26.27-28), 후반부 저주의 대상은 율법 교사들로 되어 있다(루카 11,46-52 병행 마태 23,4.13.29-32.34-36). 먼저 예수님께서 율법의 정신을 실천하지 않으면서 그 외적 규정만 지키려드는 바리사이들의 형식주의를 정면으로 공격하신다. "정녕 너희 바리사이들은 잔과 접시의 겉은 깨끗이 하지만, 너희의 속은 탐욕과 사악으로 가득하다. … 불행하여라, 너희 바리사이들아! 너희가 박하와 운향과 모든 채소는 십일조를 내면서, 의로움과 하느님 사랑은 아랑곳하지 않기 때문이다. … 너희는 불행하여라! 너희가 드러나지 않는 무덤과 같기 때문이다. 사람들이 그 위를 밟고 다니면서도 무덤인 줄을 알지 못한다"(11,39-44). 그러자 율법을 전공한 율법 교사 한 사람이 나서서 항의한다. "스승님, 그렇게 말씀하시면 저희까지 모욕하시는 것입니다"(11,45). 그 당시에 대부분의 율법 교사들이 바리사이파 출신이었기 때문에 율법 교사들은 바리사이들에 대한 비난을 당연히 자기들에 대한 비난으로 인식하게 된 것이다. 이 구절은 마태오에는 없는 것으로 보아 루카가 Q 전승에서 덧붙인 것으로 보인다.

루카는 이 율법 교사의 말을 받아 예수님께서 율법 교사들에게도 저주를 선언할 기회를 제공한다. 율법 교사들에 대한 예수님의 비난은 그들이 율법의 무수한 시행세칙들을 지킬 여유나 능력이 없는 사람들에게 율법의 철저한 준수를 강요함으로써 그들로 하여금 무거운 양심의 가책을 느끼도록 하는 행위에 해당한다. "너희 율법 교사들도 불행하여라! 너희가 힘겨운 짐을 사람들에게 지워 놓고, 너희 자신들은 그 짐에 손가락 하나 대려고 하지 않기 때문이다"(루카 11,46.52 병행 마태 23,4.13). 한편 율법 교사들은 예언자들의 무덤을 잘 관리함으로써 자신들의 정의를 세우고 가난한 이들을 돌보는 예언자들의 정통 후계자들인 것으로 자처하면서 예언자들을 살해한 자신들의 옛 조상들과는 근본적으로 다른 것처럼 꾸미려 하지만, 대예언자이신 예수 그리스도와 그분이 파견한 사도들과 예언자들을 배척하여 그들 스스로 자신들의 거짓을 백일하에 드러낸다. "너희는 불행하여라! 바로 너희 조상들이 죽인 예언자들의 무덤을 너희가 만들기 때문이다. 이렇게 너희 조상들은 예언자들을 죽이고 너희는 그들의 무덤을 만들고 있으니, 조상들이 저지른 소행을 너희가 증언하고 또 동조하는 것이다. … '내가 예언자들과 사도들을 그들에게 보낼 터인데, 그들은 이들 가운데에서 더러는 죽이고 더러는 박해할 것이다.'"(루카 11,47-51 병행 마태 23,29-32.34-36). 예언자들과 사도들의 박해는 초대 교회 시대를 반영한다. 그런데 사도행전에서 사도들을 박해하는 무리는 바리사이들이 아니라 사두가이들과 성전의 대사제와 사제들과 광신적 유다교도들이다. 여기서는 루카가 와 Q 전승을 인용하면서도 마태오와는 달리 바리사이들에 대한 저주와 율법 교사들에 대한 저주를 분리하고, 사도들과 예언자들의 박해를 바리사이들의 탓이 아니라 율법 교사들의 탓으로 돌리는지 그 이유를 알 수 있다. 루카는 사도행전에서 사도들이 예수님의 부활을 증언할 때, 죽은 이들의 부활을 주장하는 바리사이들이 그들을 지지할 것임을 염두에 두고, 이 대목에서 사도들의 박해를 율법 교사의 탓으로 돌리는 것이다. 루카가 왜 바리사이들의 지지를 중요하게 생각하는지는 아래에서 밝히겠다.

마지막으로 군중들로 하여금 율법 학자들에 대한 경각심을 일깨운 대목을 소개한다. "율법 학자들을 경계하여라. 그들은 긴 겉옷을 입고 나다

니기를 즐기고, 장터에서 인사받기를 좋아하며, 회당에서는 높은 자리를, 잔치 때에는 윗자리를 좋아한다. 그들은 과부들의 가산을 등쳐 먹으면서 남에게 보이려고 기도는 길게 한다. 이러한 자들은 더욱 엄중히 단죄를 받을 것이다"(루카 20,46-47 병행 마르 12,38-40). 이 대목은 마르코 복음에서 거의 그대로 옮겨 적은 것인데 마태오 복음에서는 앞에서 율법 교사들과 바리사이들에 대한 저주를 한데 모아 놓은 23장에 포함되어 있다.

루카 복음과 사도행전에서 율법과 죄인들을 대하는 예수님의 태도 이외에는 호의적이었던 바리사이들에게 예수님 편에서는 결코 타협적이거나 우호적인 저자세를 취하지 않으셨다. 예수님께서는 바리사이들의 잘못을 깨우쳐 주시고 올바른 것을 가르쳐 주시며 그들의 마음이 완고하여 당신의 비판을 수용하지 못하자 저주의 메시지를 보내신다. 한편 루카는 예수님을 박해했던 율법 교사들에 대해서도 바리사이들에게처럼 강도 높은 비판과 저주를 보내는데, 사도들과 예언자들에 대한 박해를 바리사이들이 아니라 율법 교사들의 책임으로 돌려 사도행전에서 사도들과 바리사이들 사이의 우호적인 관계를 미리 준비시킨다.

4. 유다교에 대한 예수님과 초대 그리스도인들의 태도

루카의 정치적 호교론을 중요한 신학 주제로 내세우는 사람들은 로마인이 예수님께 보여 준 호의적 태도와 더불어, 예수님과 그분의 제자들, 특히 바오로가 유다교에 보여 준 호의적 태도를 논리의 근거로 삼는다. 곧 루카는 신흥 종교로 첫발을 내딛는 그리스도교가 로마인들에게 인정을 받은 유다교와 연결되어 있다는 것을 보여 주어, 유다교가 로마 제국에서 누리는 종교적 자유를 함께 향유하기를 바랐다는 것이다.

과연 앞에서 살펴본 것처럼 루카 복음이 전하는 바로는, 예수님께서는 성전과 율법의 실체를 인정하셨고 그 원래의 설립 취지와 근본정신을 완성시키려 노력하신다. 예수님께서 비판하신 것은 성전을 중심으로 부와 권력을 얻어내고 남용하는 행위들과 율법의 인격적인 정신을 무시하고 형식과 위선에 빠진 율법주의였다.

더욱이 루카는 자신의 구세사 구도에 따라 예수님의 선교활동을 우다안으로 국한시켰고, 유다교의 중심인 마을들의 회당과 예루살렘 성전을 선교의 중심무대로 삼았다. 유다교의 예식대로 예수님의 부모는 아기가 태어난 지 여드레 만에 아기를 예루살렘 성전으로 데리고 들어가 아기에게 할례를 베풀고 40일 뒤에 정결례를 치렀으며(2,21-24 SL), 아이가 열두 살 되던 해부터는 오순절, 초막절과 더불어 순례축제인 파스카를 지내기 위해 예루살렘 성전으로 함께 올라갔다(2,41-42 SL). 광야에서 사십 일 동안 악마에게 유혹을 받으신 뒤 성령으로 가득 차 갈릴래아로 돌아와 "그곳의 여러 회당에서 가르치시며 모든 사람에게 칭송을 받으셨다"(루카 4,15 마르코와 마태오의 병행 구절에는 회당에 대한 언급이 없다. 비교 마르 1,14-15과 마태 4,17). 앞으로 수행할 선교활동의 청사진을 제시한 예수님의 첫 설교도 나자렛 회당에서 이루어졌다(루카 4,16-30 병행 마르 6,1-6과 마태 13,54-58). 첫 번째 마귀 들린 자의 치유도 카파르나움 회당에서 베풀어졌다(루카 4,33-37; 마르 1,23-28). 루카는 갈릴래아에서의 복음선포가 회당들을 중심으로 이루어졌다는 마르코의 기록을 그대로 수용한다(루카 4,44 병행 마르 1,39과 마태 4,23). 예수님의 병자치유도 곧잘 회당에서의 가르침과 연결된다(루카 6,6 비교 마르 3,1과 마태 12,9; 루카 13,10 SL). 이방인 선교를 꺼리시는 예수님께 자기 종을 위해 치유의 은혜를 얻어 낸 로마의 백인대장은 카파르나움 마을에 유다교 회당을 지어 준 사람이었다(루카 7,5 병행구 마태 8,7에는 회당 건축에 대한 언급이 없다).

루카는 예수님께서 예루살렘에 입성하신 뒤에 "날마다 성전에서 가르치셨다"(루카 19,47ㄱ: 이 말은 병행구 마르 11,18에 덧붙인 것)고 전한다. 예루살렘을 떠나지 말라는 예수님의 최후 부탁을 받은 제자들은 그분이 승천하신 뒤 "크게 기뻐하며 예루살렘으로 돌아갔다. 그리고 줄곧 성전에서 하느님을 찬미하며 지냈다"(24,52-53 SL). 성전과 회당에 대한 루카의 관심은 사도행전에도 여실히 드러난다. 초대 교회 신자들은 날마다 성전에 기도하기 위해 모였고 사도들도 성전의 기도에 참석하고(사도 2,46; 3,1) 성전에서 가르쳤다(사도 4,1; 5,20-25.40). 바오로도 성전에서 기도하던 도중에 주님의 말씀을 이방인들에게 전하라는 사명을 받았다(사도 22,17-21). 루카에 따르면 이방인 지역에서 주로 선교활동을 폈던 바오로는 디아스포라의 유다교 회당을 언제나 이방인 선교의 전초기지처럼 생각하였다(사도 9,20; 13,5.14,42-43; 14,1; 17,1.10.17; 18,4.19; 19,8).

사도행전에서 사도들은 이처럼 성전과 회당의 실체를 인정할 뿐 아니라 율법에 대해서도 하느님의 특별지시가 없는 한, 그리고 그리스도교의 근본정신에 어긋나지 않는다면 수용하는 태도를 보인다. 코르넬리우스의 개종 때 베드로는 처음에 유다교의 관습대로 할례받지 않은 이방인들과 어울리려 하지 않았으나, 하느님의 지시와 성령의 활동하심에 따라 결국에는 그들과 어울리고 그들에게 세례까지 베풀게 된다(사도 10—11장). 할례와 모세의 율법에 관한 논쟁이 다시 일자 사도들과 원로들은 예루살렘에 모여 이 문제를 신중히 검토한 뒤 몇 가지 규정을 정하고 이방인들에게 편지를 띄워, 안식일에 모세의 율법을 회당에서 읽는 유다교의 관습대로 이 편지를 그리스도인들이 모이는 모든 유다교 회당에서 낭독하게 한다(사도 15,1-29). 그 규정을 보면 유다교에 친숙하지 않은 이방인들에게 짐을 지우지 않으면서도 유다교의 관습을 존중하려는 세심한 주의가 엿보인다. "우상에게 바쳐 더러워진 음식과 불륜과 목 졸라 죽인 짐승의 고기와 피를 멀리해야 합니다"(사도 15,20.29). 이 문제는 뒤에서 좀 더 상세히 다룰 것이다.

루카는 이방인 선교사 바오로도 유다교의 규정을 존중했음을 보여 준다. 바오로는 유다인 어머니와 그리스인 아버지 사이에 태어난 티모테오를 선교 여행의 동반자로 삼으면서 그 고장에 있는 유다인들과 충돌을 피하기 위해 그에게 할례를 베풀고 예루살렘 사도회의의 규정을 주지시킨다(사도 16,1-5). 바오로 자신도 유다인들에게 모세의 율법과 할례를 배척하고 유다교의 풍속을 지키지 말라고 가르친다는 자신에 대한 헛소문을 잠재우기 위해서, 예루살렘 지도자들의 충고에 따라 이방인 신자들과 함께 성전에 올라가 정결례를 거행하고 예물을 바칠 날짜를 신청한다(사도 21,17-26).

여기서 루카가 구원의 보편주의를 표방하면서도 왜 이처럼 예수님과 그리스도인들이 유다교의 핵심인 율법과 성전과 회당, 그리고 유다교의 일반 풍습에까지도 존중하는 태도를 보이는 것으로 묘사하는지 그 이유를 밝힐 필요가 있다. 루카의 정치적 호교론을 주장하는 대부분의 학자들은 루카가 유다이즘에 대한 그리스도와 그리스도인들의 호의적 태도를 부각시킨 사실을 중요한 논리적 근거로 삼는다. 그러나 유다이즘에 대한 루카의 관심은 다른 이유에서 표명되었을 법하다.

우선 루카는 당시의 종교·정치적 권력을 나눠 쥐고 있었던 사람들 가운데 합리적 사고방식을 지닌 로마의 행정가들과 부활을 믿었던 바리사이들이 예수님과 초대 그리스도인들에게 우호적인 태도를 보여 주는데도, 후자가 전자에게 결코 타협적이거나 우호적인 것처럼 보고하지 않는다. 루카의 관심은 무엇보다 구세사의 중단 없는 흐름이다. 루카는 하느님의 계획에 따라 구원의 메시지가 이스라엘의 종교적 토양, 곧 유다교 안에서 시작되어 예수 그리스도의 삶과 가르침을 통해서 구체화되었고, 교회가 그리스도를 통해서 선포된 이 평화의 복음을 이방인들의 땅 끝까지 전해야 한다는 사실을 강조하고 싶은 것이다. 이 구세사의 구도에서 그리스도교는 유다교와 단절된 종교로 나타나지 않는다. 그래서 예수님과 그리스도인들은 유다교의 핵을 이루는 율법과 성전과 회당의 실체를 인정하고 존중한다. 그들이 비판하는 것은 광신적 또는 형식적 율법주의요 성전을 강도의 소굴로 만든 행동이며 최고 의회의 불의한 권력이었다. 사도행전에서 예수님의 부활에 대한 사도들의 주장도 유다교에 뿌리를 둔다. 사두가이들과는 달리 예루살렘 성전이 파괴된 뒤에도 계속해서 유다교에 영향력을 미쳤던 바리사이들은 죽은 이들의 부활을 믿었으며, 유다인들의 성경 곳곳에는 예수님의 부활이 미리 예고된 바 있다. 루카가 바리사이들에게 보여 준 호의는 바로 그들의 부활 사상이 예수님의 부활을 믿음의 기초로 내세우는 사도들의 주장을 뒷받침해 주기 때문이다.

이제 일부 학자들이 가설로 내세운 루카의 정치적 호교론을 규명할 차례다. 루카 복음에는 빌라도와 로마 부대의 백인대장이 예수님의 무죄를 선언하고, 사도행전에서는 로마의 총독들과 헤로데 아그리파스 2세가 바오로의 무죄를 인정한다. 예수님과 바오로의 무죄를 인정한 모든 권력자들은 법과 질서를 존중하는 이성적인 사람들이었다. 이들에 비해 사두가이들을 중심으로 하는 사제단과 최고 의회 의회원들, 그리고 광신적 수구파 유다인들은 이성을 잃고 예수님을 살해하고 그분의 제자들에게 박해의 손길을 뻗친다. 루카는 필경 로마의 고관 가운데 하나였을 테오필로스에게 헌정하는 자신의 두 저서에, 그리스도교는 윤리적이고 합리적인 종교로서 결코 유다인들이 고발하는 것처럼 선동과 반란을 목적으로 하는 무질서하고 비상식적인 종교가 아님을 증언한다. 누구든 법과 질서를 존중하는 이성적인 권력자라면 그리스도인들에게서 아무런 혐의도 찾지 못할 것이다. 그런데 그리스도교는 왜 로마 황제에게 박해를 받는가? 그것은 그리스도교 자체에 문제가 있는 것이 아니라 그리스도교를 박해하는 로마 황제에게 문제가 있어서다. 그들이 역사를 주관하시는 하느님의 길에 역행하고 인간으로서 하느님의 권위에 도전하는 비이성적인 자들이기 때문이다.

한마디로 루카의 정치적 호교론은 박해의 손길을 뻗치는 무법하고 비이성적인 사람들로부터 신생 그리스도교를 보호하기 위해 그리스도인들의 무해와 무죄를 증언하는 것이 그 본 내용이요 목적이다. 이 정치적 호교론을 펴나가는 과정에서 루카는 결코 부패하고 불의한 권력자들과, 율법주의에 젖어서 복음을 배척하는 형식주의자들, 불의한 권력과 야합한 기회주의자들과의 타협이나 양보를 시도하지 않는다. 이런 루카의 타도는 다음 장에서 살펴볼 로마의 평화와 예수님의 평화 사이의 대립에 잘 나타난다.

XI
로마의 평화와 예수님의 평화

두 단락에 걸쳐 루카의 정치적 호교론을 살펴보았다. 연구 결과 루카가 자신의 정치적 호교론을 펼쳐 나가는 데 당대의 팔레스티나 권력층에 아부하거나 타협한 흔적이 전혀 없다는 결론에 도달했다. 법과 질서를 존중하는 이성적 권력자라면 누구나 그리스도와 그리스도인들에게서 아무런 혐의점도 찾지 못할 것이다. 따라서 그리스도교가 박해를 받은 이유는 유다인들이 고발하는 것처럼 이 종교가 선동과 반란을 목적으로 하는 무질서하고 비상식적인 종교이기 때문이 아니라, 박해를 가하는 권력자들이 역사를 주관하시는 하느님의 길에 역행하고 인간으로서 하느님의 권위에 도전하는 비이성적인 자들이기 때문이다.

불의한 권력과 타협이나 양보를 시도하지 않으신 루카의 예수님은 특히 평화 개념에서 당시 로마인들의 지배이념과 근본적으로 대립된 태도를 취하신다. 이 글에서는 먼저 예수님 당시 그리스–로마 문화에서의 평화개념을 일별하고 신약성경 저자들 가운데 '평화'라는 단어를 가장 많이 사용한 루카가 예수님의 평화 개념을 어떻게 정립하고 있는지 살펴보겠다. 그 연구 결과는 앞서 규정한 루카의 정치적 호교론을 좀 더 명백하게 설명해 주리라 믿는다.

1. 그리스인들과 로마인들의 평화 개념

평화를 뜻하는 그리스어 에이레네(εἰρήνη)는 평화로운 상태와 안전한 조건을 가리킨다. 이 해석에 따르면 사람들로부터 생명과 재산을 탈취함으로써 개인과 민족의 평화로운 상태를 짓밟는 전쟁이 무엇보다 평화의 반대 개념으로 나타난다. 그리고 평화가 전쟁의 반대 개념인 한 휴전이나 냉전 상태도 평화의 시기로 간주할 수 있다.

이러한 평화 개념은 예수님의 탄생을 전후로 40여 년간 지중해 연안의 패권을 장악했던 로마 황제 아우구스투스(기원전 27-기원후 14년)의 치세에서 더욱 분명하게 그 실체를 드러낸다. 가이우스 옥타비아누스는 기원전 63년에 태어나 증조부 율리우스 카이사르로부터 기원전 43년 가이우스 율리우스 카이사르 옥타비아누스라고 불리면서 그의 양아들로 채택된다. 이듬해 카이사르가 공화정을 수호하려는 부르투스에게 살해당하자 원로원의 승인을 받아 증조부이자 양아버지인 카이사르의 복수를 감행하면서 서서히 권좌의 핵심에 접근한다. 기원전 31년 옥타비아누스는 악티움 해전에서 정적 안토니우스와 그의 애인 클레오파트라를 꺾고 지중해 패권을 장악한다. 같은 해 그는 집정관이 되고 이듬해에는 이집트의 통치권을 이양받는다. 기원전 29년 옥타비아누스는 황제 칭호를 원로원으로부터 승인받고 나아가 27년 1월에 공화국의 최고 통수권자로서 아우구스투스, 곧 '존귀한 자'라는 칭호까지 부여받는다.

40년이 넘는 아우구스투스의 장구한 치세에 로마는 정치적으로 가장 안정되고 평화로운 시기를 맞는다. 그는 당시의 천하로 여겨진 지중해 연안 전체의 온갖 내란을 잠재우는 데 성공한다. 그의 통치기간 중 원로원은 크고 작은 전쟁과 내란이 계속되는 한 언제나 열려 있기 마련인 야누스 신전의 대문들을 세 번씩이나 닫도록 명할 정도였다. 원로원은 로마의 마르시우스 정원에 제단을 쌓고 아우구스투스의 평화를 위한 기념제와 감사제를 바쳤다. 이 제단은 지금도 복구된 상태로 로마에 남아 있는데 '아우구스투스의 평화 제단'ara pacis augustae이라고 불린다. 석판에 새겨진 글에 따르면 동부 지중해 연안 세계에서 아우구스투스는 '전 세계의 구세주'로 칭송받으며 신격화되었다. 사람들은 그의 탄생일을 축하하며 '신의 탄생은 세상에 기쁜 소식을 알리는 첫 순간이 되도다' 하고 노래하였다.

아우구스투스 통치 아래 이처럼 전쟁이 없는 평화의 분위기가 지중해 연안의 전 지역을 감돌고 있었다. 하지만 그 평화는 어디까지나 막강한 군사력 때문에 더 큰 폭력에 저항할 수 없어서 속으로 치욕과 원한과 분노를 삭여야 했던 다른 민족에게는 잠정적 또는 굴욕적 평화에 지나지 않았다. 로마인들은 아우구스투스가 무력으로 건설한 '로마의 평화'Pax Romana를 부정하거나 거기에 도전하지 않는 한 소수 민족들에게 상당한 정치적 자유와 종교적 자유를 허용하였다. 그러나 일단 로마의 평화에 도전하는 민족적 저항이 발생하면 무자비하게 짓밟았다. 가장 좋은 예가 기원후 66년에서 71년 사이에 있었던 유다인들의 항쟁이다. 항쟁의 결과는 저항 세력의 무자비한 살상과 예루살렘의 완전한 파괴, 그리고 식민 통치의 강화였다.

루카는 2,1에서 예수님의 탄생을 로마의 평화를 창출한 아우구스투스와 연결시키면서, 온 세상에 진정한 평화와 구원을 가져오는 분을 무력과 군사력으로 뭇 민족을 제압하는 로마 황제와 비교한다. 바꾸어 말하면 예수님의 평화와 로마의 평화를 대비시키고 있는 셈이다. "그 무렵 아우구스투스 황제에게서 칙령이 내려, 온 세상이 호적 등록을 하게 되었다." 여기서 호적 등록은 세금 징수와 징집을 위한 로마 시민들과 식민지 주민들의 인구조사를 말하는데, 역사적으로 아우구스투스 황제가 제국의 일부에 호적 등록을 명한 적은 있으나 로마인들이 장악한 전 지역에 호구조사를 명령했다는 기록은 문헌상 전혀 밝혀지지 않고 있다. 따라서 위 구절은 루카가 예수님의 탄생을 세계적인 중대사로 확대시키려는 의도에서 작성한 신학·문학적 기록이라고 할 수 있다.

아우구스투스의 평화 시대에 팔레스티나의 조그만 고을에서 탄생하신 예수님은 비록 아우구스투스 황제나 팔레스티나의 통치자 헤로데 대왕처럼 막강한 권력과 부귀영화를 누리지는 못하셨지만 이 세상에 참 평화를 심어주는 진정한 메시아가 되실 것이다. 이 사실은 포대기에 싸여 구유에 누운 가난한 아기 예수님을 찬미하는 하늘의 천사부대의 노래에 잘 나타나 있다. "지극히 높은 곳에서는 하느님께 영광 땅에서는 그분 마음에 드는 사람들에게 평화!"(루카 2,14). 루카는 예수님의 탄생에서부터 그가 가져오는 평화가 무력과 폭력을 바탕으로 안보 최우선, 안전제일을 강요하는 로마의 평화와 전혀 다른 것임을 시사하고 있다.

2. 성경의 평화 개념

구약성경에서 평화를 지칭하는 '샬롬'의 의미는 매우 풍부하다. 샬롬은 일차적으로 신체적 건강과 물질적 만족을 포함하는 '잘 있음, 안녕'이라는 뜻을 지닌다. 팔레스티나는 예로부터 강대국들에 둘러싸인 지정학적 위치 때문에 전란이 그칠 새가 없었다. 이집트에서 메소포타미아의 여러 나라들을 정복하려면 반드시 지나가야 할 통로였고 아시리아나 바빌론, 페르시아 등이 이집트를 정복하기 위해서도 이곳을 거쳐가야 했다. 마치 중국이 일본을 치기 위해, 반대로 일본이 중국 대륙을 침략하기 위해 한반도를 항상 거쳐야 했던 우리나라의 지정학적 상황과 비슷하다. 그 바람에 팔레스티나 주민들은 샬롬, 곧 평화를 일상의 인사말로 삼을 만큼 평화를 갈망하게 되었다. 그러나 본디 구약성경에서 샬롬은 전쟁이 없는 평화로운 분위기라는 소극적 의미를 훨씬 넘어선다. 샬롬과 연결된 축복과 가치들은 하느님이 계약관계를 통하여 이스라엘 백성에게 내리시는 은혜다.

예언서의 메시지에서 샬롬은 본격적인 평화 개념에 접근하며 더 나아가 하느님과의 관계 정상화, 곧 '구원'이라는 보다 포괄적인 신학 개념으로 발전된다. 마침내 샬롬은 구약성경의 종말론에서 '영원한 평화의 최종상태'를 의미하게 된다.

한편 구약성경 어디에서도 샬롬이 내적 평화나 마음의 고요함과 같은 수도적修道的 또는 초세적招世的 영적 상태를 가리키는 대목을 찾아볼 수 없다. 샬롬은 보다 적극적인 개념으로서 하느님의 도움으로 그분의 사랑받는 사람들이 성취해야 할 지상 과제다. 한마디로 구약성경에서 샬롬은 인간의 전체적 안녕을 의미하며 이는 무엇보다 하느님이 당신과의 관계에 충실한 사람들에게 선물로 내리시는 최상 행복이다.

샬롬이 원래 하느님과의 올바른 관계를 바탕으로 성립된 개념인 데 비해서 그리스어 에이레네는 앞에서 언급한 전쟁에 대한 반대 개념으로 평화로운 상태와 조건을 가리킨다. 기원전 3세기부터 백여 년에 걸쳐 완성된 칠십인역 성경은 히브리어 성경에 나오는 샬롬이란 단어를 에이레네로 옮겼다. 이렇게 옮기는 과정에서 샬롬이 원초적으로 지니고 있었던 '인간의 전체적인 안녕과 구원', '하느님과 백성 사이의 계약관계에 바탕을 둔 선물로서의 최상 행복' 등의 성경적 의미가 에이레네 안에 불가피하게 흘러 들어온다. 신약성경 저자들은 이 변화된 에이레네의 개념을 모두 받아들이면서, 다른 한편 예수님의 평화를 전쟁의 반대로 보거나 평화로운 상태를 군사력의 우위와 더 강한 폭력에 의해 유지하는 것으로 보는 로마의 평화와 배치된다고 선언한다. 신약성경의 저자들 가운데 예수님의 평화를 가장 심도 있게 다룬 저자는 루카다.

3. 루카의 평화 개념

다른 공관 복음 저자들과 비교해서 루카는 에이레네에 대한 특별한 기호를 보인다. 자신의 복음서에서 그는 에이레네를 열네 번 사용했고, 그 가운데 여섯 번이 루카의 특수사료에 나온다(루카 1,79; 2,14.29; 14,32; 19,42; 24,36). 이에 비해 마태오는 Q 전승을 받아들이면서 에이레네란 단어를 네 번 사용한다(마태 10,13.34). 루카도 Q의 같은 대목을 받아들이는 자리에서 에이레네를 세 번 사용한다(루카 10,6에 두 번, 12,51에 한 번). 마르코 복음에서는 이 단어가 단 한 번 등장하는데 그것은 "평안히 가거라"(마르 5,34)라는 인사말에 포함되어 있다. 마르코의 이 대목은 루카 복음에 그대로 채택된다(루카 8,50; 같은 식의 인사말 루카 7,48; 24,36; 참조: 요한 20,19.21.26). 그 밖에 루카는 마르코 복음의 본문을 옮겨 적으면서 덧붙인 대목에서 이 단어를 사용하거나(루카 7,50 비교 마르 14,3-9; 루카 11,21 비교 마르 3,26; 루카 19,38 비교 마르 11,10) Q를 옮기면서 삽입한다(루카 10,5 비교 마태 10,12). 사도행전에서 루카는 또다시 에이레네를 일곱 번 사용한다(사도 7,26; 9,31; 10,36; 12,20; 15,33; 16,36; 24,2).

이처럼 에이레네를 빈번하게 사용한 루카는 그것이 지니는 구약성경의 의미가 예수님의 생애와 언행에서 재발견되고 그의 인격 안에서 더욱 풍부하고 새롭게 발전되었음을 인식한다.

3.1. 평화는 하느님이 주시는 구원의 선물

루카는 평화란 무엇보다 하느님이 인간에게 내리시는 구원의 선물이라는 구약의 사상을 견지하며 예수님께서 인간을 "평화의 길로 이끌어 주실"(루카 1,79) 분기라고 선포한다. 이 사실은 앞에서 인용한 예수님의 탄생을 경축하는 천사들의 노래 후반부에 잘 나타나 있다. "지극히 높은 곳에서는 하느님께 영광, 땅에서는 그분 마음에 드는 사람들에게 평화!"

(2,14). 실제로 아기 예수님을 품에 안은 예언자 시메온은 예수님을 뵙고 오랫동안 고대하던 주님의 구원이 도래했음을 확인한다. "주님, 이제야 말씀하신 대로 당신 종을 평화로이 떠나게 해 주셨습니다. 제 눈이 당신의 구원을 본 것입니다. 이는 당신께서 모든 민족들 앞에서 마련하신 것으로 다른 민족들에게는 계시의 빛이며 당신 백성 이스라엘에게는 영광입니다"(2,29-32).

예수님께서 선교 여행 중에 선포하신 평화의 복음은 특히 죄인과 희망 없는 병자와 같은 가난한 사람들에게 일차적으로 주어진다. 마르코복음의 베타니아 여인의 이야기(마르 14,3-9)를 각색한 루카 7,36-50에서 예수님께서는 감사의 눈물을 흘리며 당신께 극진한 사랑을 보인 죄 많은 여자에게 그녀의 구원을 확인시켜 주시면서 평화의 인사를 보내신다. "네 믿음이 너를 구원하였다. 평안히 가거라"(루카 7,50). 열두 해 동안이나 부인병으로 신음하는 여인, 따라서 출산도 못하고 사람들로부터 부정을 끼치는 사람으로 무시당하며 사회적 죽음을 겪고 있는 부인을 고쳐주시면서 예수님께서는 같은 구원의 확신과 평화의 인사를 보내신다. "딸아, 네 믿음이 너를 구원하였다. 평안히 가거라"(루카 8,49 = 마르 5,34 병행구 마태 9,22 에는 이 평화의 인사가 생략됨).

마침내 예수님께서 갈릴래아에서 시작하신 당신의 선교 여행을 마무리 지을 예루살렘에 도착하셨을 때 그분의 탄생시에 울려 퍼졌던 천사들의 노래가락과 비슷한 환호성이 이번에는 군중들의 입에서 터져 나온다. "'주님의 이름으로 오시는 분 임금님은 복되시어라.' 하늘에 평화 지극히 높은 곳에 영광!"(19,38). 루카는 마르 11,9-10의 "'호산나! 주님의 이름으로 오시는 분은 복되시어라.' 다가오는 우리 조상 다윗의 나라는 복되어라. 지극히 높은 곳에 호산나!"에서 "호산나"와 "다가오는 우리 조상 다윗의 나라는 복되어라"를 빼고 그 대신 "임금님"을 "주님의 이름으로 오시는 분"에 덧붙인다. 이로써 루카는 백성들의 현세적 메시아관을 영적 메시아관으로 대치시킨다. 나귀를 타고 거룩한 도읍에 입성하시는 메시아 예수님께서는 로마의 평화를 유지하기 위해 막강한 군사력과 폭력으로 위장한 당대의 로마 제국의 권력자들과 전혀 다르다는 것이다.

이어 예루살렘에 입성하신 예수님께서는 평화의 길을 외면하는 백성들에게 참변을 예고하신다. 이때에도 마찬가지로 하느님이 주시려는 구원으로 해석된다. "오늘 너도 평화를 가져다주는 것이 무엇인지 알았더라면 …! 그러나 지금 네 눈에는 그것이 감추어져 있다. 그때가 너에게 닥쳐올 것이다. … 하느님께서 너를 찾아오신 때를 네가 알지 못하였기 때문이다"(루카 19,41-44 SL). 마지막으로 부활하신 그리스도께서 제자들에게 나타나 평화의 인사를 나누신 뒤 구원의 기쁜 소식을 모든 민족에게 전하라고 분부하신다(루카 24,36.47).

구세사적 측면에서 예수님의 인격과 생애를 하느님의 약속된 구원의 선물로 해석한 루카의 견해는 베드로 사도가 유다이즘에 매이지 않고 첫 이방인 교우를 교회에 영입할 때 행한 설교(사도 10,34-43)에서 종합적으로 잘 요약되어 나타난다. "하느님께서 예수 그리스도 곧 만민의 주님을 통하여 평화의 복음을 전하시면서 이스라엘 자손들에게 보내신 말씀을 여러분은 알고 있습니다"(10 36). 여기서 평화는 일부 학자들이 생각하는 것처럼 유다인들과 이방인들의 인종적 화해를 뜻하는 것이 아니라 루카의 일반적 평화 개념인 하느님께 뿌리를 둔 '인간의 전반적인 안녕과 구원'을 뜻한다. 왜냐하면 루카는 이 베드로의 설교에서 인종문제를 넘어서 자신의 폭넓은 구세사관을 피력하고 있기 때문이다.

3.2. 정의와 평화

구약성경의 샬롬처럼 루카의 평화 개념에도 사람들 사이의 화평(루카 14,32; 사도 7,26; 12,20), 안정(사도 9,31; 24,2)과 같은 구체적이고 현실적인 가치들이 포함된다. 따라서 루카의 평화는 마음의 평화나 고요한 양심을 추구하며 세상사에서 멀리 떠나 살고자 하는 정적주의quietism나 내세주의와 무관하다. 성경의 평화 개념에는 개인주의의 차원이 들어설 틈이 없다.

한 걸음 더 나아가 성경에서 말하는 평화는 그것이 비록 하느님의 선물이요 은총이라 하더라도 평화 속에 내포된 모든 가치를 실현시키기 위한 인간의 능동적인 반응과 창조적인 참여를 배제하지 않는다. 오히려 성경의 평화는 평화유지나 안전유지의 명분으로 온갖 불의가 자행되고 인권이 짓밟히는 상황 앞에서 침묵하는 것을 용납하지 않고, 박해를 받는 일이 있더라도 '평화 만들기'에 투신할 것을 요구한다(마태 5,9 참조). 이 요구는 거짓 평화를 고발한 이스라엘의 예언자들로부터 시작하여 '로마의 평화'에 정면으로 도전한 나자렛 예수님에게 와서 그 절정에 이른다. 예수님께서는 분명 사람들에게 평화를 주고자 하셨다(루카 7,50; 8,48; 24,36; 참조: 요한 16,33; 20,19.21.26). 그러나 예수님께서 주시려는 평화는 세상이 주는 평화와는 다르다(요한 14,27 참조). 어떻게 다른가?

적어도 루카가 이해한 예수님은 로마의 평화를 위협하기에 충분한 말씀과 행동을 서슴지 않으셨다. 마리아의 노래Magnificat는 "통치자들을 왕좌에서 끌어내리시고 비천한 이들을 좋은 것으로 배불리시고 부유한 자들을 빈손으로 내치"시는(루카 1,52-53) 분으로 예수님을 소개한다. 앞서 여러 번 언급한 예수님의 첫 설교는 이사 61장의 내용을 자신의 사명에 결부시키면서 가난한 사람들, 묶인 사람들, 억눌린 사람들에게 지대한 관심을 보이고 있는데 이는 힘 있는 사람들, 자유시민들, 부자들에 의해 유지되던 로마 제국의 지배체제에 역행하는 처사다(루카 4,18-19; 참조: 7,22-23). 예수님께서는 가난하고 억눌린 자들의 편에 서셨다. 부자들을 비판하고(루카 6,24-25), 재물 축적의 위험을 경고하며(8,14; 16,15.19-31; 18,24-25; 21,1-4), 부자들에게 가진 것을 없는 자와 나누라고 촉구하셨다(12,33-34; 16,9; 18,22). 사회적으로 천대받던 여인들(7,11-17.36-50; 8,2.43-48; 13,10-13), 윤리적으로 멸시당하던 죄인들도 예수님의 특별한 관심과 자비를 불러일으켰다. 예수님께서는 억압과 불의를 거슬러 말씀하시고 행동하셨다(18,1-5; 20,45-47). 동시에 그분은 무력과 폭력을 반대하시며(13,1.31; 19,45-46; 22,47-51), 봉사와 겸손에 바탕을 둔 사회를 이루고자 애쓰셨다(9,47-48; 14,7-11; 17,7-10; 20,46-47).

예수님의 이와 같은 태도는 그 자체로서는 당시의 젤롯파(열혈당원)처럼 로마 권력에 직접적인 도전이 되지 않았다. 그러나 이방인들의 통치자들에 대한 그분의 비판과 겸손과 봉사의 요청은 필연적으로 막강한 군사력과 보다 큰 폭력에 의지하고 있는 로마 제국과 그 정치 권력의 근원적 기반을 뒤흔들게 될 것이었다. 정치적 위험의 가능성은 그분이 정면으로 비판하고 도전한 예루살렘의 종교 지도자들, 특히 성전을 중심으로 막대한 부와 권세를 누리던 사두가이파 출신의 수석 사제들과 중간 계층의 사제들에 의해서 부풀려지고 과장된다. 그들은 예수님의 무죄를 인정하려는 빌라도 앞에서 그분을 백성 선동죄로 고발한다. "이자는 갈릴래아에서 시작하여 이곳에 이르기까지, 온 유다 곳곳에서 백성을 가르치며 선동하고 있습니다"(23,5 SL). 그리고 그들은 국사범에게만 해당하는 십자가형을 그분에게 선고하라고 빌라도에게 강력히 요청한다(루카 23,23 병행 마르 15,14 = 마태 27,22).

예수님께서 제시하신 평화의 길을 따르다가 붙잡혀 유다인들과 세상의 통치자들 앞에서 박해를 받게 될 그리스도인들도 그분과 같은 운명에 처할 것이다. "그러나 이 모든 일에 앞서, 사람들이 너희에게 손을 대어 박해할 것이다. 너희를 회당과 감옥에 넘기고, 내 이름 때문에 너희를 임금들과 총독들 앞으로 끌고 갈 것이다. 이러한 일이 너희에게는 증언할 기회가 될 것이다"(21,12-13 병행 마르 13,9-10 = 마태 10,17-18).

예수님의 가르침은 이처럼 무력과 폭력의 바탕 위에 선 로마의 평화와 필연적으로 충돌할 수밖에 없다. 예수님께서는 이 사실을 이미 예견하셨다. "내가 세상에 평화를 주러 왔다고 생각하느냐? 아니다. 내가 너희에게 말한다. 오히려 분열을 일으키러 왔다"(루카 12,51 병행 마태 10,34 Q). 마태오 복음의 병행구에는 분열 대신 칼이라는 단어를 쓰고 있는데, 루카는 폭력을 거부하신 예수님을 부각시키려는 신학적 의도 때문에 본문(Q)의 칼을 분열로 대치시킨 것 같다. 그러나 두 단어 모두 예수님의 평화와 거짓 평화인 로마의 평화를 철저히 분리시키려는 의도를 잘 반영한다.

예수님의 평화는 정의라는 튼튼한 기초 위에 서 있기 때문에 안전과 질서를 명분으로 자행되는 불의와 폭력에 침묵하기를 거부한다. 루카 복음에서 정의라는 말은 하느님의 원초적 계획이나 의도를 잘 살펴서 실현시킨다는 뜻이다. '의인'은 하느님의 뜻을 성실하게 받드는 자다. 십자가에 달리신 예수님께서 아버지께 철저히 순종하시면서 "아버지, '제 영을 아버지 손에 맡깁니다'" 하고 숨지시는 모습을 본 백인대장은 하느님을 찬양하며 "정녕 이 사람은 의로운 분이셨다"고 고백한다(루카 23,46-47 비교 마르 15,37-39과 마태 27,50-54). 마르코와 마태오는 백인대장의 고백을 메시아 고백(참으로 이 사람은 하느님의 아드님이었다)으로 기술하는 데 비해 루카는 의인 고백으로 보고한다.

예수님께서 선포하고 추구한 평화의 복음은 양면성을 지닌다. 평화는 하느님이 주시는 구원의 선물이며, 인간의 독자적인 투신을 요구하는 정의구현의 열매다. 이 양면성은 하느님과의 관계와 동료 인간들간의 관계에 연결된다. 곧 평화의 원천인 그리스도 안에서 하느님과 화해의 관계를 유지하는 한편, 불의와 억압에 시달리는 사람들에게 진정한 해방의 기쁨을 맛보도록 해 주는 것이다. 예수님께서 나자렛 회당에서 이사야서를 바탕으로 밝히신 당신 선교활동의 청사진은 이 양면성을 가장 잘 표현하고 있다.

세 단락에 걸쳐 정치적 호교론과 평화 개념 안에 나타난 루카의 정치관을 살펴보았다. 연구 결과 예수님의 삶이 자신의 안전을 위해 결코 당시의 권력에 아부하거나 타협하는 삶이 아니었음이 드러났다. 나아가 루카가 박해받는 초기 그리스도교 공동체를 보호할 목적으로 로마 제국이나 팔레스티나 권력층의 눈치를 살피거나 그들의 환심을 사려는 의도에서 정치적 호교론을 펴나가지 않았음도 알게 되었다. 오히려 루카는 예수님께서 하느님의 뜻인 평화의 복음을 전파하는 데 심혈을 기울이셨고 때로 당시 팔레스티나 제반 권력들과의 긴장과 충돌을 유발시킬 위험도 불사하시면서 당당하게 아버지께로부터 주어진 사명에 죽기까지 충실하셨다고 보고한다. 하느님의 뜻인 평화의 복음을 받아들이는 사람이면 이런 예수님의 삶과 그분을 따르는 그리스도인들의 삶을 무죄한 것으로, 의로운 것으로 인정할 것이요, 무력과 폭력을 바탕으로 한 거짓 평화에 길든 사람이면 예수님과 그리스도인들을 위험한 존재로 제거하려고 할 것이다.

성경에서 말하는 평화는 현실에 굳건하게 뿌리를 내리면서 인간의 전인적 구원을 지향한다. 따라서 성경의 평화 개념은 내세적이거나 초세적인 것이 아니며 정적주의와도 거리가 멀다. 그 개념은 무엇보다 하느님과의 관계와 동료 인간들과의 관계에서 풀이되어야 한다.

예수님의 평화가 부정적으로 불의와 폭력에 바탕을 둔 거짓 평화가 아닌 동시에 긍정적으로 하느님이 주시는 구원의 선물이라는 사실은, 그리스도인의 현실 참여에 당위성과 한계성을 제시해 준다. 한편으로 그리스도인은 어떠한 명분과 형태로든지 억압과 불의에 질식되어 가는 사회에서 로마의 평화와 같은 거짓 평화를 거부하고 정의에 바탕을 둔 예수님의 평화를 추구할 책임이 있다. 다른 한편으로 그리스도인은 평화가 그리스도를 통하여 주어지는 하느님의 선물임을 인정하는 한, 평화를 추구하는 과정에서 자신의 역부족과 미약함을 겸허하게 받아들이면서 언제나 그리스도께서 택하신 방법인 비폭력 저항을 존중해야 할 것이다.

모든 이에게
평화의
복음을

XII_
하느님의 공평성

앞 장에서 성경이 말하는 평화란 결국 하느님의 구원 이외에 다른 것이 아님을 밝혔다. 이 구원의 기쁜 소식은 예수 그리스도와 그분의 제자들에 의해서 온 세상에 전파된다. 그런데 이 평화의 복음은 어떤 경로를 밟아 세상에 전파되는가? 신약성경 저자들 가운데서 이 질문에 가장 논리정연한 대답을 한 저자는 루카일 것이다. 그는 자신의 두 저서를 통해 구원이 구약으로부터 세례자 요한을 거쳐 예수 그리스도에게 이어지고 그분이 파견한 제자들에 의해서 땅 끝까지 선포되었다고 보고한다.

예수 그리스도를 통한 보편적 구원의 실현은 실로 루카의 모든 신학 주제들을 수렴하는 핵심 주제다. 이 장에서는 루카가 보편적 구원의 근거를 어디에 두고 있는지와 그 근거를 강조하게 된 역사적 배경이 무엇인지를 밝히고, 다음 장에서는 베드로의 카이사리아 설교를 중심으로 구원의 전달 과정을 다루는 동시에 코르넬리우스의 이야기를 통하여 이제껏 다룬 루카의 신학 주제를 재조명하고자 한다.

1. 보편적 구원의 근거

하느님께서 모든 사람의 구원을 바라신다는 사상은 신약성경의 공통된 사상이다. 대표적 예들을 뽑아보자. "먼저 복음이 모든 민족들에게 선포되어야 한다"(마르 13,10 병행 마태 24,14). "그리하여 모든 사람이 하느님의 구원을 보리라"(루카 3,6 = 이사 40,5). "하느님께서는 세상을 너무나 사랑하신 나머지 외아들을 내주시어, 그를 믿는 사람은 누구나 멸망하지 않고 영원한 생명을 얻게 하셨다"(요한 3,16). "모든 사람이 죄를 지어 하느님의 영광을 잃었습니다. 그러나 그리스도 예수님 안에서 이루어진 속량을 통하여 그분의 은총으로 거저 의롭게 됩니다"(로마 3,23-24).

루카는 보편적 구원의 근거를 공평하신 하느님께 두고 있다. 하느님께서 사람을 차별대우하지 않으시고 그분을 믿는 모든 사람에게 구원의 혜택을 주신다는 생각은 신구약성경 양편 모두에 있다(창세 19,21; 신명 10,17; 2역대 19,7; 마태 5,45; 로마 2,11; 갈라 2,6; 에페 6,9; 콜로 3,25). 루카는 칠십인역 성경에서 이 사상을 찾고서 그 표현을 전적으로 수용한다.

1.1. 루카 복음

바리사이들은 세금논쟁에서 예수님을, 사람을 차별대우하지 않으시는 하느님과 비교하면서 치켜 세운다. 이 대목에서 루카는 마르코의 '얼굴을 보지 않다' οὐ βλέπω εἰς πρόσωπον(직역 마르 12,14 = 마태 22,16)라는 표현을 칠십인역 성경의 '얼굴을 받아들이지 않다' οὐ λαμβάνω πρόσωπον(루카 20 21)로 대치한다. '얼굴을 받아들인다' 는 표현은 고대 근동에서 임금이 부복해 있는 신하나 백성의 얼굴을 일으켜 세운다는 말이다. 이 말은 그를 총애한다는 뜻으로 이해되었다. 따라서 '얼굴을 받아들이지 않는다' 는 사람의 얼굴을 보고 판단하지 않는 것, 곧 차별대우하지 않는다는 것이다.

여기에서 '얼굴을 받아들이지 않다'는 히브리어 성경의 표현을 칠십인역 성경에서 그대로 직역하여 사용하였다(신명 10,17; 참조: 창세 19,21; 2역대 19,7). 그리고 어휘의 70%를 칠십인역 성경에 의존하는 루카가 이를 그대로 답습한다.

1.2. 사도행전

사도행전에서 하느님의 공평성을 가장 잘 드러낸 대목은 앞에서 여러 차례 언급한 10장의 코르넬리우스의 개종 이야기다. 야포에 도착한 베드로는 기도 중에 환시를 보았는데, 큰 아마포 같은 그릇 안에 온갖 길짐승과 날짐승이 들어 있었고 하늘에서 "일어나 잡아먹어라"는 소리가 들려왔다(9-13절). 베드로가 "저는 무엇이든 속된 것이나 더러운 것은 한 번도 먹지 않았습니다" 하고 하늘에서의 명령을 거부하자, "하느님께서 깨끗하게 만드신 것을 속되다고 하지 마라"는 꾸지람이 들려왔다(14-16절).

이 환시가 무슨 뜻을 내포하는지 궁금해하던 차에 카이사리아의 백인대장 코르넬리우스가 보낸 사람들을 만나면서 그 의문이 풀려간다. "유다 사람에게는 다른 민족 사람과 어울리거나 찾아가는 일이 불법임을 여러분도 알고 있습니다. 그러나 하느님께서는 나에게 사람을 속되다거나 더럽다고 하면 안 된다는 것을 보여 주셨습니다"(28절). 이런 유다 전통을 지키고자 하는 베드로의 뜻과는 달리, 하느님은 그에게 음식 규정을 폐기하는 환시를 보여 주신 뒤 이방인들에게 파견하심으로써 인종차별을 뛰어넘도록 요구하신다.

레위 11장에는 정결한 짐승과 부정한 짐승의 목록이 나온다. 이스라엘이 먹을 수 있는 정결한 짐승은 굽이 갈라지고 그 틈이 벌어져 있으며 새김질하는 짐승, 지느러미와 비늘이 있는 물고기들이다. 이와 반대로 먹어서는 안 될 짐승들은 새김질은 하지만 굽이 갈라지지 않은 낙타와

토끼, 굽은 두 쪽으로 갈라졌지만 새김질을 하지 않는 돼지, 지느러미와 비늘이 없는 물고기들, 날짐승으로서 독수리와 소리개와 까마귀 종류, 타조, 올빼미, 갈매기, 각종 매, 부엉이, 펠리컨, 따오기, 백조, 흰물오리, 고니, 해오라기, 오디새, 박쥐 등이며 길짐승으로서는 두더지, 쥐, 도마뱀, 수궁, 육지악어, 카멜레온 등이다. 곤충들 가운데서 네 발로 걸으며 날개 돋힌 것들은 혐오스러우나 그 가운데 다리가 있어 땅에서 뛰어오를 수 있는 메뚜기와 귀뚜라미 종류는 깨끗하다. 이 밖에 생명의 상징인 피도 먹어서는 안 된다(레위 7,10). 부정한 동물을 먹거나 그 시체에 닿으면 부정을 타게 되어 부정을 벗기까지는 경신례에 합당하게 참여할 수 없다. 이 까다로운 음식 규정 때문에 이스라엘 사람들은 이방인들과 식사를 함께할 수 없었다.

유다교의 오랜 전통에 뿌리내린 이 음식규정을 폐기하기에 베드로의 권위는 역부족이다. 그래서 루카는 베드로의 환시를 소개하면서 하느님께서 친히 이 규정을 없애셨음을 증언한다. 사실 이 음식규정은 이미 예수 그리스도에 의해서 폐기되었다. "'너희도 그토록 깨닫지 못하느냐? 밖에서 사람 안으로 들어가는 것은 무엇이든 그를 더럽힐 수 없다는 것을 알아듣지 못하느냐? 그것이 마음속으로 들어가지 않고 배 속으로 들어갔다가 뒷간으로 나가기 때문이다.' 예수님께서는 이렇게 모든 음식이 깨끗하다고 밝히신 것이다"(마르 7,18-19 병행 마태 15,17).

루카는 카이사리아의 코르넬리우스 집에서 행한 베드로의 설교(사도 10,34-43)를 통하여 환시의 큰 의미가 인종의 벽을 뛰어넘는 하느님의 공평성을 드러내는 데 있음을 밝힌다. 그런데 루카는 어떤 동기에서 하느님의 공평성을 강조하면서 인종의 벽을 허물고자 애쓴 것일까?

2. 그리스도교와 유다교의 갈등

신약성경의 저자들 가운데 구원 문제 앞에서 인종차별에 가장 예민한 반응을 보인 저자는 바오로와 루카다. 전자는 이방인 선교를 전담한 선교사고(사도 13,2-3; 갈라 2,7-8) 후자는 이방계 그리스도교 공동체를 위해서 복음과 초대 교회의 발전사를 기록한 저술가다.

2.1. 역사적 배경

원시 그리스도교 공동체는 유다교에 젖어 있는 유다인들이 그 주체였기 때문에, 이방인들 가운데 그리스도교로 입교하고자 하는 사람들에게 당연히 할례와 율법을 받아들일 것을 요구하였다. 처음에 한두 명의 이방인 개종자들이 교회에 들어올 때는 아무런 문제가 없었으나 나중에 이방인들이 대거 입교하는 사태가 벌어지자, 이방인 입교자들이나 바오로처럼 이방인 선교를 전담하던 유다 선교사들 사이에서, 유다교의 전통과 아무런 상관없이 살아온 이방인들이 굳이 그리스도교로의 입문 절차로서 까다로운 유다교의 규정에 구속을 받을 필요가 있겠느냐는 의문이 제기되었다. 더구나 음식 규정은 스승 예수님에 의해서 이미 단호하게 배척되지 않았던가!

2.2. 루카의 해결책

이방인 출신의 그리스도인으로서 그리고 주로 이방인들로 구성된 공동체에 몸담고 있었던 루카는 이 두 문제, 곧 음식 규정 및 식탁 친교 문제와 유다교에서 자유로운 이방인 입교 문제를 심각하게 받아들였을 것이다. 루카는 서로 다른 차원에서 제기된 이 두 문제를 별개의 것으로 보지 않았다. 유다계 그리스도인들 안에서 내적인 문제로 제기되었던 음식 규정과 이방인들과의 식탁 문제는 결국 이방인들의 대거 영입이라는 사태로 인하여 중대한 현안 문제로 새롭게 부각되었기 때문이다.

여기서 루카는 자신이 입수한 베드로의 현시 이야기에 우의적인 해석을 붙인다. 곧 정결한 음식과 부정한 음식의 구별 폐지를 인종차별의 철폐로 해석한 것이다. 루카는 자신의 해석을 코르넬리우스의 가족들에게 한 베드로의 설교 첫머리에서 명시적으로 밝힌다. '나는 이제 참으로 깨달았습니다. 하느님께서는 사람을 차별하지 않으시고, 어떤 민족에서건 당신을 경외하는 의로운 일을 하는 사람은 다 받아주십니다'(사도 10,34-35). 이런 해석을 통하여 루카는 하느님이 공평하신 분이라는 사실을 강조하고, 이 하느님의 공평성을 바탕으로 구원의 보편주의를 전개해 나간다.

물론 루카가 살던 시대에는 이미 이런 혼란이 진정 국면으로 접어들었겠으나 주변의 디아스포라 유다인이나 예루살렘 공동체에서 파견된 몇몇 소수 유다계 그리스도인들이 이따금 문제를 제기했을 것이다. 이런 상황에서 루카는 베드로의 견해와 예루살렘 첫 공의회에서의 사도들의 결정에 의거하여 문제를 해결했으리라고 본다.

2.3. 음식 규정과 식탁 친교에 대한 바오로와 루카의 견해 차이

바오로의 서간과 사도행전의 기록 모두 음식 규정과 식탁 친교의 문제를 심각하게 다룬다. 그런데 두 기록을 자세히 보면 유다교로부터의 해방이라는 대전제는 같이 공유하면서도 실천에서는 상당한 차이가 있음을 알 수 있다.

① 바오로 서간
바오로는 음식 규정과 이방인들과의 식탁 친교에서 루카보다 더 개방

적인 자세를 취한다. 바오로의 이 개방적인 자세는 예수님께 대한 그의 믿음에 근거한다. 바오로는 그리스도께서 이미 율법으로부터 자유롭게 사셨다는 사실을 알고 있었고, 이스라엘의 선민자격이 아니라 그리스도께 대한 믿음이 구원을 보장해 주는 것이라고 확신하고 있었다. "나는 주 예수님 안에서 알고 있고 또 확신합니다. 무엇이든지 그 자체로 더러운 것은 없습니다. 다만 무엇이 더럽다고 생각하는 사람에게는 그것이 더럽습니다"(로마 14,14). 바오로는 심지어 일반 음식뿐 아니라 우상에게 바쳐진 뒤 장터에서 팔리고 있는 음식까지도 깨끗하다고 주장한다. 왜냐하면 우상이란 존재하지 않기 때문이다(1코린 10,19.25-26).

이방인들과의 식탁 친교에 대한 바오로의 개방적인 태도는 갈라 2,11-14에 잘 나타난다. 안티오키아를 방문한 케파와 바르나바가 이방인 교우들과 식사를 함께하고 있을 때 예루살렘에서 야고보가 파견한 사람들이 들이닥치자 이방인들과 음식을 나누지 않은 듯이 행동하였다. 그 자리에 있었던 다른 유다계 그리스도인들도 케파와 바르나바와 똑같이 행동하였다. 그들의 가식적인 행동을 보고 바오로는 여러 사람이 보는 앞에서 케파에게 복음의 진리에 따라 행동하지 않는다고 면박을 주었다. "당신은 유다인이면서도 유다인으로 살지 않고 이민족처럼 살면서, 어떻게 이민족들에게는 유다인처럼 살라고 강요할 수가 있다는 말입니까?"

무슨 뜻인가? 바오로는 우선 베드로가 처음의 복음 정신대로 유다교의 음식 규정과 이방인들과의 식탁 친교 규정에서 자유롭게 행동하고 있었음을 상기시킨다. 베드로는 유다인으로 태어나서 유다교의 전통 속에서 성장했지만 그리스도의 제자가 된 뒤로 새 사람이 되어 유다교의 규정을 따르지 않기로 작정했던 것이다.

그러나 예루살렘의 수구파 유다인들이 온다는 소식을 듣고 슬그머니 이방인들과의 식탁 자리에서 물러났는데, 그의 태도를 보고 바르나바와 다른 유다인들도 함께 행동했다. 이것은 그리스도인적 생활방식을 포기한 행동으로서 자기 자신의 결단에 대한 정면 충돌인 동시에, 결과적으로 안티오키아의 다른 이방인 형제들에게도 유다 관습을 따르도록 강요하는 행위다. 나중에 다시 이방인 형제들이 베드로와 함께 식사하려면 할례를 받고 유다교의 율법규정들을 필히 지켜야 하지 않겠는가?

바오로는 베드로의 가식적이고 옹졸한 행위를 가차없이 비난했는데 스스로 이 비난을 사적으로가 아니라 공적으로 했다고 말한다. 베드로의 잘못된 행위가 공개적으로 일어났기 때문에 온 회중이 보는 앞에서 문제를 분명히 매듭지을 필요가 있었다. 바오로에게 그리스도의 가르침보다 더 높은 권위는 없었던 것이다. 그것이 바로 사도단의 수장인 베드로의 권위라 할지라도 말이다.

바오로는 음식 규정과 이방인들과의 식탁 친교 규정에 대한 자신의 개방적 태도가 예수 그리스도 안에 기초를 두고 있음을 이렇게 밝힌다. "유다인도 그리스인도 없고, 종도 자유인도 없으며, 남자도 여자도 없습니다. 여러분은 모두 그리스도 예수님 안에서 하나입니다"(갈라 3,28).

초대 그리스도인들은 이렇듯 이론적으로는 예수님의 가르침에 의존하여 구약의 음식 규정이 더 이상 효력을 상실했음을 인정하였다. 그러나 오랜 전통에 젖어 있던 유다인들 가운데 몇몇 보수주의자들은 선뜻 이 규정의 벽을 넘기 어려웠다. 바오로도 이 사실을 감안하여 적어도 음식 규정만큼은 경우에 따라 다소 유연한 태도를 취한다. 그는 이방인 형제들에게 수구파 유다인들의 마음을 상하지 않도록 형제애를 발휘해 줄 것을 당부한다.

"그대의 형제가 음식 문제로 슬퍼한다면, 그대는 더 이상 사랑에 따라 살아가는 것이 아닙니다. … 무엇을 먹어 남에게 장애물이 되는 사람에게는 그것이 해롭습니다. 고기를 먹든 술을 마시든, 그 밖의 무엇을 하든, 그대의 형제에게 장애물이 되는 일은 하지 않는 것이 좋습니다"(로마 14,15-21). "불신자 가운데 누가 여러분을 초대하여 여러분이 가고자 한다면, 양심을 따져 보지 말고 여러분 앞에 차려 놓는 것은 무엇이든지 먹으십시오. 그러나 누가 여러분에게 '이것은 제물로 바쳤던 것입니다.' 하고 말하거든, 그것을 알린 사람과 그 양심을 생각하여 먹지 마십시오"(1코린 10,27-28). 여기서 바오로가 권고하는 바는 선의의 유다인 형제들에게 스캔들을 주지 말라는 것이다. 그러나 바오로는 원칙적인 면에서 그리스도인들이 어떤 유다교 규정에서도 자유롭다고 주장한다.

② 사도행전

루카는 이 문제를 어떻게 해결하는가? 우선 베드로의 환시와 코르넬리우스 집에서의 설교를 통해서 하느님께서 유다교의 음식 규정을 폐기하심과 동시에 이방인들이 유다이즘에 얽매이는 것을 바라지 않으심을 증언한다. 또한 할례받지 않은 이방인들과 식탁을 함께 한 행위를 따져묻는 예루살렘의 수구파 유다인들에게 베드로 하여금 다시 한 번 환시의 내용과 의미를 설명하게 한다(사도 11,1-18). 사도들의 으뜸인 베드로가 이렇듯 명확하게 원칙을 밝혔는데도 그 원칙이 교회 전체, 특히 유다계 그리스도교 공동체에 뿌리를 내리기까지는 어느 정도의 갈등을 감수할 수밖에 없었다.

유다에서 내려온 수구파 유다인들이 모세의 관례대로 할례를 받아야 구원을 받을 수 있다고 하면서 바오로와 바르나바의 이방인 선교활동을 방해하자, 안티오키아의 신도들은 두 선교사를 예루살렘의 사도단과 원로들에게 파견하여 이 문제를 매듭짓도록 조처한다(사도 15,1-4). 이리하여 사도들은 예루살렘에서 최초의 공의회를 열고 할례와 율법에서 이방인 형제들을 자유롭게 풀어준다는 원칙을 덧붙여 몇 가지 예외규정을 제정한다. "성령과 우리는 다음의 몇 가지 필수 사항 외에는 여러분에게 다른 짐을 지우지 않기로 결정하였습니다. 곧 우상에게 바쳤던 제물과 피와 목 졸라 죽인 짐승의 고기와 불륜을 멀리하라는 것입니다"(사도 15,28-29; 참

조: 15,19-20).

　루카에게 이 예외규정들은 두 가지 의미를 지닌다. 한편으로 이 규정들은 이방인들에게 율법을 준수하도록 강요하기 위한 조처가 아니라 바오로 사도의 권고처럼 아직 관습의 장벽을 뛰어넘지 못하는 심약한 유다인들의 마음에 상처를 주지 않기 위한 형제애의 실천이라고 할 수 있다. 말하자면 사도들은 이방인 형제들과 유다인 형제들 모두에게 양해를 구하는 셈이다. 곧 유다계 그리스도인들에게는 율법의 짐을 이방인 형제들에게 지우지 말기를, 이방계 그리스도인들에게는 유다인들의 관습을 어느 정도 존중해 주기를 요청하고 있다. 다른 한편으로 루카는 사도들의 결정을 통하여 신생 교회가 하느님이 마련하신 구세사의 구도에 따라 유다교로부터 자연스럽게 발전되어 나오고 있음을 증언한다.

　문제는 사도행전의 예외규정들이 바오로의 서간에서와는 달리 구속력을 지닌다는 것이다. 이 규정들은 예루살렘 사도단의 공식적인 결정으로서 이방인 지역의 지방 교회들에 공한으로 통보되었기 때문이다(사도 15,20-32).

　③ 갈라 2장과 사도 15장의 차이
　전통적인 견해에 따르면 루카의 사도 15장의 기록이 갈라 2장의 사건과 직접 연관된다. 같은 사람들이 등장하고 같은 주제가 논란이 되고 있으며 근본적으로 같은 원칙이 채택되고 있다는 것이다. 그러나 자세히 살펴보면 두 기록에는 여러 가지 중대한 차이점들이 있다.
　첫째, 갈라 2,2에서 예루살렘 회의는 사적인 것이지만 사도 15,22에서는 공적인 것으로 되어 있다. 둘째, 위에서 언급한 대로 갈라 2장에 따르면 바오로가 이방인들에게 아무런 규정도 지켜주기를 요구하지 않는데 비해, 사도 15장에서는 이방인 형제들에게 몇 가지 예외규정을 요구한다. 셋째, 갈라티아서에서 보여 준 베드로의 태도는 코르넬리우스의 사건과 예루살렘 사도회의의 결정을 전제로 했을 때 이해하기 곤란하다. 넷째, 갈라 2,1-10에 기록된 바오로의 예루살렘 방문은 회심 이후 두 번째인 데 비해 사도 15장의 방문은 세 번째다(사도 9,26-29 비교 갈라 1,18-19; 사도 11,30; 12,25). 마지막으로 사도행전에 따르면 사도들의 편지가 안티오키아와 시리아와 킬리키아에 전달되었고(사도 15,23) 바오로가 여러 도시를 돌아다니면서 말로 전해 준 것으로 되어 있는데(사도 16,4), 갈라티아서에서는 아무런 언급이 없다.

여기서 루카의 일반적 저작 습관에 따라 사도 15장이 역사적이고 실제적인 기록이라기보다 그가 입수한 자료를 바탕으로 자신의 사상을 주입시켜 편집한 신학적 또는 문학적 기록임을 염두에 두어야 한다. 갈라티아서와의 비교 말고도 몇 가지 사실이 이를 증명한다. 사도 15,16-18에 야고보가 연설 중 인용한 아모 9,11-12은 히브리어 성경이 아니라 칠십인역 성경 가운데 한 대목이었다. 야고보가 골수분자 유다인이었음을 감안할 때 이는 논리적으로 안 맞는 보고다. 그리고 바오로가 예루살렘 회의의 결정사항을 알고 있었다면 위에서 인용한 로마 14장과 1코린 10장에서 이 사실을 언급하지 않았을 리 없다. 따라서 사도 15장의 기록은 역사적 관점에서가 아니라 신학적 관점에서 접근해야 한다.

물론 이 기록의 배경이 되는 상황은 초대 교회에서 실제로 일어났던 그리스도의 가르침과 유다교의 갈등이었다. 그러나 이 갈등 앞에서 루카가 제시하는 해결방안은 그의 구세사적 신학관에 뿌리를 둔다. 루카는 하느님의 구원이 인종이나 관습과는 아무런 관계가 없다는 기본 원칙에서는 바오로와 일치하나, 이 원칙의 적용에서는 바오로보다 한결 유연한 태도를 보인다. 루카의 이와 같은 태도는 위에서 설명한 대로 그의 구세사적 구원관 때문인 것으로 풀이된다. 곧 하느님께서 구원의 기쁜 소식을 모세와 예언자들을 통하여 이스라엘 사람들에게 먼저 선포하시고, 다음에 예수 그리스도를 통하여 팔레스티나 땅에, 그리고 마지막으로 제자들과 교회를 통하여 만민에게 선포하셨기에 그리스도교는 결코 유다교와 마찰이나 갈등 관계에 있지 않다. 따라서 유다인들과 이방인들은 그리스도의 가르침을 거스르지 않는 한 서로 양보함으로써 평화로운 관계를 유지해야 한다는 것이 루카의 입장이다.

루카는 구원의 보편주의를 주장하는 근거로 구약의 오랜 전통인 하느님의 공평성을 강조한다. 특히 하느님께서는 '얼굴을 받아들이시지 않는 분'이라는 칠십인역 성경의 표현을 그대로 받아들여 그분이 온갖 인종과 관습의 틀에서 자유로우심을 증언한다. 하느님의 공평성을 가장 잘 드러낸 일화는 사도 10장에 나오는 코르넬리우스의 개종 이야기다. 이 이야기의 역사적 배경은 유다인들의 음식 규정과 이방인들과의 식탁 나눔을 둘러싼 교회 내의 논란이다. 이 논란은 유다인들이 자신들의 공동체에서 내적으로 제기한 문제지만, 나중에 이방인들이 집단적으로 그리스도 교회의 문을 두드리면서 그들에게 율법으로부터 자유로운 상태로 입교하는 것을 허락해야 한다는 외적 문제와 맞물리게 된다. 똑같은 연결이 바오로 서간에서도 나오는데, 대표적 예로 갈라 2,11-14을 들 수 있다.

이 문제에서 루카는 바오로에 비해 다소 유연한 태도를 보인다. 그는 사도들의 첫 번째 예루살렘 회의의 결정을 소개하면서 이방인 교우들에게도 유다인들에게 혐오감을 일으킬 수 있는 몇 가지 음식을 삼가라고 요청한다. 루카의 해결책은 초대 그리스도교의 형제적 일치를 도모하기 위한 것인 동시에 자신의 세 단계 구세사관에 입각하여 유다교와 그리스도교를 자연스럽게 연결시키기 위한 것이다.

모든 이에게
평화의
복음을

XIII_
구원의 보편주의

루카의 신학 주제들에 대한 이 연구를 총결산할 차례가 왔다. 루카의 신학 주제들은 구원의 보편주의라는 개념으로 요약할 수 있다. 구원의 보편주의는 물론 다른 신약성경의 저자들에게서도 볼 수 있다. 그러나 루카만큼 이 주제를 선명하게 강조하고 이 주제에 강렬하게 집착한 저자는 없다. 이는 그가 속한 그리스도인 공동체가 이방인들을 중심으로 형성되었다는 사실을 뒷받침해 준다. 루카는 복음서와 사도행전에서 치밀하고 논리정연한 구도를 통하여 구원의 보편주의를 점진적으로 전개해 나간다. 그는 자신의 다양한 신학 주제들을 이 핵심 주제 안에 수렴시키는데, 이 사실은 코르넬리우스 개종 이야기(사도 10,1—11,18), 그 가운데에서도 특히 베드로의 카이사리아 설교 안에 잘 나타난다. 그래서 본 단락에서는 이 설교의 다각적인 분석을 토대로 루카의 구세사적 보편주의를 부각시키고자 한다.

지난 두 세기 동안 사도행전 연구가들은 이 책의 사분의 일 정도를 차지하는 설교들의 성격을 규명하는 데에 심혈을 기울여 왔다. 그것은 그들이 설교들 안에 사도행전의 문학 특성과 핵심 메시지가 뚜렷하게 드러나 있다고 보았기 때문이다. 다양한 방법론들을 동원하여 내린 결론은 다음 세 가지 방향으로 갈라진다.

첫째, 사도행전의 설교들은 초대 교회가 간직해 온 사도들의 설교들이나 초대 교회의 원초적 전승들을 충실히 전달 또는 반영한다.

둘째, 이 설교들은 사도행전의 저자가 전승과는 전혀 관계없이 자신의 의도를 표출하기 위하여 꾸며낸 창작품이다.

셋째, 이 설교들은 전승과 편집이 함께 어우러진 기록으로서, 초대 교회의 전통을 충실히 살다 간 루카의 원숙한 신학 사상과 문학적 기량을 유감 없이 드러낸다.

이 세 가지 방향 가운데 어느 것을 취하든지, 사도행전 연구가들은 설교들이 그 기본 구조와 내용에서 상호 연관성을 지니면서 사도행전의 전체 사상과 문학 특성을 대변한다는 견해에 동의한다. 그리고 모두가 이 설교들 가운데 카이사리아 설교를 가장 대표적인 것으로 꼽고 있기 때문에, 이 설교의 분석이 다른 설교들과 나아가 사도행전 전체의 성격을 규명하는 데 중요한 관건이 된다고 본다.

필자는 위의 세 가지 결론 가운데 셋째 것을 받아들인다. 여기에는 세 가지 이유가 있다. 그 이유를 아래에 세 항목으로 나누어 고찰해 보고자 한다.

1. 고대 역사 문헌의 연설과 구약성경의 설교와 사도행전의 설교들

루카의 문체와 문학적 기법을 연구한 학자들은 누구나 그가 신약성경의 저자들 가운데 가장 탁월한 문장가였음을 인정한다. 어휘와 표현이 풍부하고 사건들을 자신의 신학적 구도에 따라 순서에 맞게 논리적으로 전개시킨다. 그의 문학적 역량은 크게 두 가지 문헌, 당시의 그리스-로마 역사문헌과 칠십인역 성경에서 영향을 받아 발전된 것이다.

1.1. 그리스-로마 역사 문헌의 연설

고대 그리스와 로마의 역사가들은 역사적인 시간과 공간에서 실제로 일어난 사건들을 수집하는 데에는 별 관심이 없었고 사건들의 보다 깊은 의미를 밝히는 일에 더 주력하였다. 이로써 그들은 독자들이 사건들에 얽혀 있는 역사적 진실을 더욱 분명하게 이해하도록 도왔다. 이때 그들은 사건들의 의미를 밝히기 위해 독특한 방법을 사용하는데, 사건의 주역들로 하여금 연설을 하게 하는 것이다. 저자는 이 연설 속에 그가 보고하고 있는 사건에 관한 자신의 견해를 반영한다.

사건을 기록하는 저자는 연설의 원래 내용을 알아야 할 필요가 없다. 연설문이 그 역사가에게 입수되었다 할지라도 그것을 원문 그대로 충실하게 작품 속에 끼워넣어야 할 의무감을 느끼지 않는다. 여기서 연설은 저자의 집필 의도와 목적을 전달하는 도구일 뿐이다. 연설을 통하여 역사가는 독자와 더불어 역사적 사건에 얽힌 깊은 의미와 상황 전체를 꿰뚫어 볼 수 있는 통찰을 함께 나누고자 한다. 이때 역사적 사건의 깊은 의미는 역사적 실제를 뛰어넘는다. 역사가는 강조하고 싶은 내용이 있으면 이야기의 어느 대목에라도 연설을 끼워넣는다.

그러면 사도행전의 저자가 이런 그리스-로마 역사가들의 문학 기법을 따랐다고 주장할 만한 근거는 어디에 있는가? 신약성경의 다른 저자들은 이런 식의 문학 기법을 사용하지 않는다. 공관 복음서에서 예수님의 강화講話들은 일반적으로 말씀의 수집이라는 단순한 차원을 벗어나지 못한다. 이런 의미에서 예수님의 강화들은 당대의 역사 문헌에 소개된 연설의 범주에 속할 수 없다. 요한 복음의 강화들도 고대 역사 문헌의 연설과 거리가 멀다. 오히려 이 강화들은 질문과 대답, 역설과 대당對當 개념들을 동원한 동양문학의 설법說法과 비슷하다. 바오로 서간의 경우에도 수사학적 변증법은 있을 망정 역사 문헌에 등장하는 본격적 의미의 연설은 찾아볼 수 없다.

루카의 경우 자신의 첫 저서에서는 선임자들, 곧 마르코나 Q를 비교적 충실하게 따랐다. 그러나 두 번째 저서인 사도행전을 집필할 때는 본보기가 없었기 때문에 자신의 문학적 기량을 마음껏 발휘할 수 있었다. 저자는 수집된 자료들을 선택하고 축소시키거나 덧붙이며 때로는 서로 다른 대목을 연결시키기 위해 창작해 넣기도 한다. 무엇보다도 고대 역사가들의 특별한 기법, 곧 역사적 사건의 의미를 밝히기 위해 설화 중간에 연설을 끼워넣는 방법을 전적으로 받아들인다. 아마도 사도행전의 저자는 사도들의 설교를 작성해 넣을 때 사도 시대에 일어난 사건들보다 자신의 시대와 공동체에 발생한 문제들에 더 관심이 많았을 것이다. 이 경우 삽입된 설교는 이야기의 실제 상황에 부합하지 않게 된다. 사도행전의 선교 설교들은 대부분 사건들의 전개와 관계없이 책 전체의 기본 주제인 구원의 보편주의를 반영하는 데 이바지한다. 물론 이야기의 맥락에 맞춰 설교의 도입부와 결론 부분과 기본 내용을 조금씩 변형하기는 하지만, 하느님께서 이스라엘에게 선포하신 평화의 복음이 예수 그리스도를 통해서 만민에게 전달된다는 구원의 보편주의는 그대로 견지하는 것이다.

코르넬리우스의 개종 이야기에서 이야기의 원초적 관심은 두 환시가 보여 주듯이 음식 규정과 이방인과의 식탁 친교에 초점이 맞춰져 있다. 앞 장에서도 밝혔듯이 이 둘은 유다교에 뿌리를 둔 원시 그리스도교 공동체의 내적 문제였다. 그런데 이야기에 삽입된 베드로의 두 설교는 유다교에서 자유로운 이방인 영입 문제를 다루고 있다. 이 문제는 음식 규정이나 이방인들과의 식탁 친교와는 다른 차원에서 제기되었을 것이다.

곧 그리스도교가 이방인 지역에 급속도로 퍼져 나가면서 비교적 후대에 제기된 문제였다. 바오로를 비롯한 전문 이방인 선교사들의 활약으로 많은 이방인들이 한꺼번에 교회에 들어오면서, 이미 그리스도인이 된 기존의 유다계 그리스도인들과 이방인 새 입교자들 사이에 할례와 율법규정을 놓고 논란이 일어났을 것이다.

물론 루카의 세대에는 이런 논란이 어느 정도 가라앉았겠지만 적대적인 유다인들은 말할 것도 없고 수구파 유다계 그리스도인들도 유다교로부터 자유로운 이방인들이 자신들에게 익숙한 종교 관습을 무시하거나 해친다고 판단되면, 기회 있을 때마다 불만을 터뜨리고 비난을 퍼부었을 것이다. 루카는 초대 교회의 이 같은 갈등에 대한 해결책을 모색하면서 베드로와 사도단의 권위를 이용한다. 코르넬리우스의 개종 이야기에서 루카는 사도단의 우두머리인 베드로조차도 유다교에서 자유로운 이방인의 교회 영입을 막을 수 없었으며, 예루살렘의 사도단도 베드로의 설명을 듣고 하느님의 보편적 구원의지를 따르지 않을 수 없었다고 유다계 그리스도인들을 설득한다. 다른 한편 루카는 예루살렘 사도단의 권위를 빌려 선의의 심약한 유다인들에게 혐오감을 불러일으킬 몇 가지 음식과 행위를 삼가도록 이방인 그리스도인들에게 이해를 구하고 그들의 형제애에 호소한다(사도 15장 예루살렘 사도회의 참조).

요컨대 루카는 원래 음식 규정과 식탁 친교에 연결된 전승에 베드로의 카이사리아 설교와 예루살렘 설교를 첨부함으로써 자신의 핵심 사상, 다시 말해서 평화의 복음이 이방인들에게도 차별 없이 전해진다는 구원의 보편주의를 효과적으로 선포한다.

설교의 첨부 이외에 루카가 고대 역사 문헌에서 본떠 온 또 다른 문학 기법은 앞에 보고한 사건을 반복해 언급함으로써 자신의 특별한 관심과 의향을 독자에게 주지시키는 것이다. 고대 역사 문헌에서 이 반복수법은 주로 영웅담에서 자주 나온다. 그 좋은 예로 사도행전에서 세 번씩이나 보고되는 바오로의 회심 이야기와 코르넬리우스 회심 과정을 반복해서 설명하는 베드로의 예루살렘 설교를 들 수 있다.

1.2. 구약성경의 영향

저자의 의향과 집필 목적을 부각시키기 위해 연설을 첨부하는 것은 고대 그리스-로마의 역사가들만의 문학 기법이 아니다. 우리는 구약성경, 그 가운데에서도 특히 신명기계 문헌들과 역대기 상권과 마카베오기 하권에서 이 기법을 쉽게 발견할 수 있다. 루카의 어휘와 표현이 70% 정도 칠십인역 성경과 일치함을 감안하면 그가 연설을 첨부할 때 칠십인역 성경을 사용하면서 구약성경 저자들에게서도 영향을 받았음을 충분히 인정할 수 있다.

1.3. 사도행전 설교들의 내용

고대 역사 문헌들과 구약성경을 본받아 설화의 진행에 설교를 도입하여 저자의 사상을 피력하는 것은 루카의 문학 기법과 편집 활동에 속하는 일이지만, 그가 설교에서 전달하는 메시지와 사상의 기반은 전승에 뿌리를 내리고 있다. 특히 사도행전 전반부의 선교 설교들은 루카 24장에 나오는 부활하신 예수님의 설교에 바탕을 두고, 이 예수님의 설교는 물론 루카가 초대 교회의 전승에서 물려받은 것이다.

사도행전에서 설교 드는 연설의 배분을 보면 베드로의 설교가 8개(1,16-22; 2,14-40; 3,12-26; 4,8-12; 5,29-32; 10,34-43; 11,5-17; 15,7-11), 바오로의 설교가 9개(13,16-41; 14,15-17; 17,22-31; 20,18-35; 22,1-21; 24,10-21; 26,2-23; 27,21-26; 23,17-20), 그리고 저마다 다른 사람들의 설교와 연설이 7개, 곧 가말리엘의 설교(5,35-39), 스테파노의 설교(7,2-53), 야고보의 설교(15,13-21), 데메트리오스

의 연설(19,25-27), 에페소 시청 서기관의 연설(19,35-40), 테르틸로스의 연설(24,2-8), 페스투스의 연설(25,24-27)로 되어 있다. 이 가운데 눈길을 끄는 것은 2; 3; 5; 10장에 나오는 베드로의 선교 설교와 13장에 나오는 바오로의 선교 설교다. 위에서 언급한 대로 이 설교들은 루카 24장의 부활하신 예수님의 설교에 바탕을 두며 기본 요소를 공통으로 갖추고 있다. 아래에 위 다섯 설교의 기본 요소와 해당 성경 구절을 도표로 소개하였다.

설 교	2,14-40	3,12-26	5,29-32	10,34-43	13,16-41
상황과 연결	14-21	12	29	34-35	17-22
예수님의 생애	22-24	-	-	37-38	23-26
예수님의 죽음	23	13-15	30	39	28
예수님의 부활	24	13.15	30	40	30.33-37
제자의 증언	32	15	32	39.41	31
성경의 증언	25-31.34 이하	22-26	(31)	43	32-37
참회와 용서	38-40	17-20	31	43	38-41

의회에서 베드로가 한 설교(4,8-12)에도 예수님의 죽음과 부활에서 인간의 역할과 하느님의 역할이 강조된다. 한편 바오로의 다른 두 개의 선교 설교(14; 17장)는 이방인들을 겨냥하기 때문에, 예수님의 생애를 소개하는 대신 이방인들의 다신교를 비판하고 유일신교의 타당성을 강조하는 데에 역점을 둔다. 스테파노의 순교 설교를 제외한 그 밖의 설교는 바오로의 체포와 재판에 관련된 설교로서 사도행전에서 그다지 큰 비중을 차지하지 않는다.

사도행전의 선교 설교에 대한 고찰에서 얻을 수 있는 결론은 이 설교들이 루카의 편집 활동과 편집 의도를 드러내기는 하지만, 그 내용은 초대 교회의 전승에 뿌리를 둔다는 것이다. 설교의 기본 요소들에 대해서는 카이사리아 설교의 신학 특성을 다루며 구체적으로 해설하겠다.

2. 카이사리아 설교 본문(사도 10,34-43)의 용어와 표현

먼저 그리스어 원문에 가까운 번역부터 시도해 보자.

34베드로는 입을 열고 말하였다. "진실로 나는 깨달았습니다. 하느님은 차별대우하지 않으시고 35오히려 모든 민족 가운데서 그분을 두려워하고 의를 행하는 사람은 그분에게 영접받는 사실을 말입니다. 36그분은 예수 그리스도를 통하여 평화의 복음을 전하시면서 이스라엘 후손들에게 말씀을 보내셨는데, 바로 이분이 만민의 주님이십니다. 37여러분은 알고 있습니다. 요한이 선포한 세례 다음에 갈릴래아로부터 시작하여 유다 전체에 일어났던 일을, 38나자렛 출신 예수님을 하느님께서 어떻게 성령과 능력으로 도유하셨는지를 말입니다. 그분은 두루 다니며 선을 베풀고 악마에게 짓눌린 모든 사람을 고치셨습니다. 그것은 하느님이 그분과 함께 계셨기 때문입니다. 39또 우리는 그분이 유다인들의 지방과 예루살렘 (안)에 행하신 모든 일의 증인들입니다. 사람들이 이분을 나무에 매달아 죽였습니다. 40바로 이분을 하느님께서는 사흘 만에 일으키시고 이분으로 하여금 나타나게 해 주셨는데, 41그분은 백성 모두에게가 아니라 하느님께로부터 미리 선정된 증인들에게, 곧 우리에게 나타나셨습니다. 우리는 그분이 죽은 이들 가운데서 살아나신 뒤 그분과 함께 먹고 함께 마셨습니다. 42그리고 그분은 우리에게 분부하시어, 그분이 바로 산 이들과 죽은 이들의 심판자로 하느님께로부터 선택되었다는 사실을 백성에게 선포하고 증언하게 하셨습니다. 43모든 예언자들이 그분을 믿는 사람은 도두 그분의 이름으로 죄를 용서받는다고 그분에 관해서 증언합니다"(사도 10,34-43).

2.1. 루카가 즐겨 쓰는 낱말과 표현

본문의 언어학적 분석은 온갖 가변적 이론과 가설에 앞서 선행되어야 할 필수작업이다. 카이사리아 설교에는 루카가 즐겨 쓰는 용어와 표현들이 즐비하다. 34절에서 뒤따라올 엄숙한 선언과 관련하여 '입을 연다'는 표현은 신약성경 가운데 마태오 복음에 한 번 나오고 나머지 세 번이 사도행전에 등장한다. '진실로'라는 표현과 지성적 파악을 뜻하는 '깨닫다'라는 동사도 루카의 저서에서 주로 사용된다. 35절에서 '모든 민족', '그분(하느님)을 두려워하는 자', '영접받는'이라는 말마디도 루카 복음과 사도행전에 주로 등장한다. 36절의 '이스라엘 후손들', '평화', '복음을 전하다', '바로 이분이 …이다'라는 어휘와 표현도 루카 복음과 사도행전에 주로 나온다. 37절에서는 '일', '유다 전체', '요한의 세례', '…로부터 시작하여', 38절에서는 '나자렛', '성령과 능력', '도유하다', '두루 다니다', '모든', '고치다'가 루카가 즐겨 쓰는 용어와 표현들이다. 39절의 '증인'과 '지방'이라는 낱말과 40절의 '바로 이분'과 '…하게 해주다'라는 표현도 루카가 즐겨 사용하는 말마디들이다. 41절에 사용된 '백성 전체'와 '…한 뒤'와 43절의 '명령하다', '증언하다', '그분이 바로', '심판자', '선택되다'와 마지막으로 43절에 나오는 '증언하다'와 '죄사함'이 신약성경의 다른 저서보다 루카 복음과 사도행전에 자주 등장하는 어휘와 표현들이다.

2.2. 칠십인역 성경의 사용

카이사리아 설교 안에 암시적으로 인용된 칠십인역 성경 대목을 열거하면 아래와 같다.

이사 52,7(설교 36절): 평화의 소식을 기쁘게 전하는 자의 발.

이사 61,1(설교 38절과 루카 4,18): 주님의 영이 내 위에 (내리시어), 그분이 나를 도유하신다. 가난한 사람들에게 복음을 전하라고 나를 보내셨고 마음에 상처입은 자들을 치유하고 묶인 이들에게 해방을, 눈먼 이들에게 시력 회복을 선포하기 위해서.

신명 21,22(설교 39절): 그리고 죽여, 그를 나무에 매달아라.

호세 6,2(설교 41절): 그리고 우리는 사흘 만에 일으켜질 것이다.

일부 학자들은 루카가 테스티모니아Testimonia라는 초대 교회의 가상적 성경 증명록에서 이상의 구절들을 발췌하여 카이사리아 설교 본문에 인용한 것으로 주장한다. 이 성경 증명록이란 예수 그리스도와 관련된 사건들을 구약성경으로 조명하기 위해 초대 교회의 그리스도인들이 성경 구절을 뽑아 놓은 가상적 문집을 말한다. 그러나 르카의 칠십인역의 인용이 명시적이 아니라 암시적으로 되어 있기 때문에, 그가 자신의 머리 속에 암기된 성경 구절을 느슨하고 자유롭게 이용한 것으로 추정된다. 따라서 그 실재 여부를 증명하기도 어려운 초대 교회의 가설적 성경 증명록에 의존해서 칠십인역 성경과 카이사리아 설교 본문의 연관성을 설명할 필요는 없다고 본다.

2.3. 루카 복음의 인용

루카가 좋아하는 말마디와 칠십인역의 암시적 인용 이외에 카이사리아 설교가 루카의 편집 활동에 비롯된 것임을 드러내는 또 다른 요소는, 루카 복음에서 이미 사용된 표현과 내용이 설교에서 다시 반복된다는 점이다. 아래에서 그 구절들을 열거한다.

루카 23,5(설교 37절): 이자는 갈릴래아에서 시작하여 이곳에 이르기까지, 온 유다 곳곳에서 백성을 가르치며 선동하고 있습니다.

　　4,18(설교 38절): 주님께서 나에게 기름을 부어 주시니 주님의 영이 내 위에 내리셨다. 주님께서 나를 보내시어 가난한 이들에게 기쁜 소식을 전하고 잡혀간 이들에게 해방을 선포하며 눈먼 이들을 다시 보게 하고 억압받는 이들을 해방시켜 내보내며

　　13,26(설교 41절): 저희는 주님 앞에서 먹고 마셨고,

　　24,46(설교 40-41): 성경에 기록된 대로, 그리스도는 고난을 겪고 사흘 만에 죽은 이들 가운데에서 다시 살아나야 한다.

　　24,47(설교 42-43절): 예루살렘에서부터 시작하여, 죄의 용서를 위한 회개가 그의 이름으로 모든 민족들에게 선포되어야 한다.

　　24,48(설교 41-42절): 너희는 이 일의 증인이다.

　　24,44(설교 43절): 나에 관하여 모세의 율법과 예언서와 시편에 기록된 모든 것이 다 이루어져야 한다.

　　이와 같이 언어학적으로 분석해 보면 카이사리아 설교 본문의 대부분이 루카가 두 저서에서 자주 사용하는 용어와 표현이고, 예수님의 삶을 전하는 부분이 루카 복음과 칠십인역 성경 대목에 근거함을 알 수 있다. 따라서 카이사리아 설교는 초대 교회에 간직되어 온 베드로의 설교를 옮겨놓은 것이 아니라 칠십인역을 암시적으로 인용하면서 자기 복음서의 줄거리를 요약한 루카 자신의 작품이라고 할 수 있다. 동시에 이 작품은 칠십인역과 루카 복음에 기반을 둔다는 사실 때문에 전승적 요소를 그 기본 내용으로 삼는다 하겠다. 설교의 핵심인 예수님의 케리그마, 곧 그분의 삶과 공생활을 전하는 내용은 루카가 선임자들로부터 전달받은 것이기 때문이다. 설교 내용에 대한 상세한 해설은 다음 항목에서 살펴보겠다.

3. 카이사리아 설교의 신학 주제들

베드로의 카이사리아 설교에는 루카의 중요한 신학 주제들이 구원의 보편주의라는 대주제 아래 집대성되어 있다. 그러므로 이 설교의 신학 주제들을 분석하는 일은 루카 신학의 연구를 마무리짓는 결정적 작업이 될 수 있다.

순전히 해부학적인 본문 분석을 피하기 위해 앞에 소개한 설교 본문을 상이한 관심사에 따라 네 대목으로 분류하겠다. ① 앞의 상황과 뒤따라올 케리그마를 연결시키는 설교의 도입부(34-36절) ② 예수님의 공생활(37-39ㄱ절), ③ 예수님의 죽음과 부활(39ㄴ-41절), ④ 보편적 구원과 성경의 증언(42-43절).

3.1. 도입부어 드러난 하느님의 공평성과 보편적 구원(34-36절)

① 하느님의 공평성

앞 장에서 밝힌 대로 루카는 하느님의 공평성을 보편적 구원의 바탕으로 제시한다. 카이사리아 설교를 시작하기에 앞서 루카는 뒤따라올 베드로의 발언이 장엄하고 중대한 발언임을 강조하기 위하여 '입을 열어'라는 자신의 특수한 표현을 사용한다. 베드로는 이방인에 대한 첫 설교를 구약과 신약 모두에서 증언되는 성경의 핵심 주제로 시작한다. "하느님께서는 사람을 차별하지 않으시고, 어떤 민족에서건 당신을 경외하며 의로운 일을 하는 사람은 다 받아 주십니다." 하느님의 공평성은 이미 이 설교가 속해 있는 코르넬리우스 이야기의 환시 대목에서 시사되었다. "하느님께서 깨끗하게 만드신 것을 속되다고 하지 마라"(사도 10,15). "그러나 하느님께서는 나에게 사람을 속되다거나 더럽다고 하면 안 된다는 것을 보여 주셨습니다"(사도 10,28).

이제 베드로는 로마의 백인대장 코르넬리우스와 그에게 속한 사람들을 만나면서 환시의 깊고 넓은 의미를 확실히 깨달았다. 베드로의 이 말은 루카의 주관적 견해를 드러낸다. 원래 환시의 본 내용은 음식 규정과 이방인들과 나누는 식탁 친교에 관계된 것이었다. 그런데 루카는 정결한 음식과 부정한 음식을 유다인과 이방인으로 비유함으로써 이 환시를 인종적 장벽을 초월한 하느님의 공평성을 증언하는 데에 적절하게 이용한다. 그리고 본 설교에서 하느님의 공평성을 바탕으로, 마침내 루카는 복음서와 사도행전 전체를 통하여 그토록 부각시키고자 고심했던 예수 그리스도를 통한 구원의 보편주의를 장엄하게 선포하게 된 것이다.

② '하느님 경외자들'과 구세사(35절)

사도 10장 첫머리에서 코르넬리우스는 이방인이지만 "신심이 깊은 그는 온 집안과 함께 하느님을 경외하며, 유다 백성에게 많은 자선을 베풀고 늘 하느님께 기도하였다"(2절; 참조: 10,22; 루카 7,2-9 여기서도 루카의 중요한 신학 주제인 기도와 자선이 강조되고 있다). 코르넬리우스처럼 '하느님 경외자'로 분류되는 이방인들은 루카 복음과 사도행전에서 중대한 역할을 담당한다. 그들은 할례를 받고 유다교에 완전히 귀의한 이방인 개종자와 구별되는데, 적어도 루카 당시에 이들을 지칭하는 '하느님을 경외하는 자'라는 말이 전문 용어로 통용되었다는 구체적 증거가 없는 것으로 보아, 이들이 특정한 종교·사회적 계층을 형성했던 것으로는 보이지 않는다. 오히려 루카가 자신의 구세사적 구도를 위한 특정 그룹인 양 내세운 것이 아닌가 의심스럽다.

앞에서 살펴보았듯이, 루카는 구약에서 예언된 구원의 기쁜 소식이 예수 그리스도를 통하여 구체적으로 실현되고, 실현된 이 기쁜 소식이 사도들과 교회를 통하여 유다인들의 본거지 예루살렘으로부터 이방인들의 수도 로마에까지 전파된다는 일목요연한 구세사적 구도 아래 복음서와 사도행전을 집필하였다. 이 구세사의 점진적인 전개 과정에서 '하느님 경외자들'은 유다교와 구원의 보편주의를 이어 주는 교량 역할을 담당한다. 이들은, 구원으로부터 소외되었다고 자타가 공인했지만 예수님의 구원소식을 접하고는 그 소식을 전적으로 믿고 받아들인 세리와 창녀를 비롯한 죄인들이 복음서에서 맡은 역할과 같은 몫을 담당한다. '하느님 경외자들'은 이방인측에서, 죄인들은 유다인측에서 유다교의 칠흑 같은 밤과 보편적 구원을 약속받게 될 이방인들의 밝은 대낮 사이에 존재하는 여명의 회색지대를 형성하고 있는 셈이다. 여기에 사마리아인들과 개종자들이 포함될 수 있겠다. 특히 사마리아인들의 구세사적 위치는 이미 언급한 바 있는 루카의 공간적 구분과 긴밀히 연결된다. 곧 사마리아인들의 거주지는 유다인들의 영역인 유다와 갈릴래아에서 이방인들의 수도 로마에로 구원의 기쁜 소식이 옮겨가는 과정의 중간지대를 이룬다.

한편 루카는 하느님을 경외하고 의를 행하는 일이 구원을 위한 충분조건이 아님을 분명히 밝힌다. 베드로는 설교의 끝 부분에서(43절) 메시아적 구원을 위한 필수조건으로 죄사함을 가져오는 '예수님에 대한 믿음'을 강조한다. 또 "하느님께서 다 받아 주신"다는 표현은 구원을 온전히 차지하게 되었다는 말이 아니라 구원에 참여할 수 있는 자격을 얻었다는 뜻이다. 운전면허증 자체가 목적지까지 우리를 데려다 주는 보증이 되지는 못한다. 운전면허증 말고도 자동차와 도로와 안전 수칙의 준수와 기름 등 구체적인 여러 요소가 필요하다.

③ 예수 그리스도를 통해 선포된 구원(36절)

36절은 문법적으로 독립된 채 뒤따라오는 케리그마의 표제 역할을 해 준다. 36절의 전반부, "그분은 예수 그리스도를 통하여 평화의 복음을 전하시면서 이스라엘 후손들에게 말씀을 보내셨는데"는 유다 환경과 조건에서 구체적으로 이루어졌던 예수님의 메시아 구원활동에 대하여 언급한다. 이 내용은 후반부의 "바로 이분이 만민의 주님이시다"는 선언과 정면으로 충돌하는 것처럼 보인다. 유다 영역에 묶여 있는 예수 그리스도가 어떻게 만민의 주님이 되실 수 있는가? 그러나 이 구절은 루카의 두 저서를 관통하는 신학 전망을 제시한다. 예수님은 먼저 하느님의 구원소식을 유다인들에게 선포했는데 그들이 받아들이지 않고 오히려 그를 살해했다. 그래서 사도들과 초대 교회의 선교사들은 구원의 기쁜 소식을 이방인들에게 선포하였고 이방인들이 이를 받아들임으로써 예수님은 모든 민족에게 구원을 가져다 주신 분이 된 셈이다.

3.2. 예수님의 공생활(37-39ㄱ절)

① 예수 사건의 지리 · 시간적 무대 설정(37.39ㄱ절)

이미 루카의 세 단계 구세사관과 예수님의 길과 교회의 길을 고찰하면서 루카가 장소와 시간에 대하여 세심한 주의를 기울이고 있음을 알았다. 카이사리아 설교에서 루카는 예수님의 공적 선교의 위치를 정확히 규정한다. 예수님의 활동은 "요한이 선포한 세례 다음에 갈릴래아로부터 시작하여 유다 전체에 일어났던 일"(37절)이다. 사도들은 예수님을 따라다니면서 "그분이 유다인들의 지방과 예루살렘 안에서 행하신 모든 일들의 증인들"(39ㄱ절)이 된 사람들이다.

② 예수님의 공적 선교활동(38절)

38절은 이사 61,1-2을 바탕으로 기록된 루카 4,18-19과 동일한 내용을 선포한다. 후자를 기록하면서 루카가 구약의 예언서를 바탕으로 예수님의 사명과 활동을 설명하려 했던 마르코나 Q에게서 영감을 받았을 것이다. 그러나 루카가 두 대목을 기록하면서 위에서 언급한 바와 같이 증명도 되지 않는 초대 교회의 가상적 '성경 증명록'에 의존했을 것으로 추정하기에는 루카 자신의 편집 활동과 신학적 구도가 두 대목에서 매우 뚜렷하게 나타난다.

두 대목에 실린 '주님께서 나에게 기름을 부어 주시니 주님의 영이 내 위에 내리셨다'는 표현과 기름부음받은자로서의 나자렛 예수님의 활동들은, 예언자요 메시아로서의 그분의 모습을 부각시킨다. 루카 3—4장의 문맥도 이를 증언한다. 루카는 예수님의 왕적이고 메시아적인 출생을 확인시켜 주는 족보를 삽입하고(3,23-38), 엘리야와 엘리사 같이 기적을 행하는 예언자의 모습을 예수님께 적용시키며(4,25-27), 나자렛 사람들이 요셉의 아들을 예언자로 알아보지 못하고(4,22-24) 읍내 밖으로 쫓아내는 광경(4,28-30)을 묘사한다. 또한 루카는 이런 반대에도 굴하지 않고 끊임없이 억눌린 사람들을 풀어 주고 병자를 낫게 해 주면서(4,31-41) 기쁜 소식을 성실하게 전하는(4,42-44) 예수님의 모습을 보여 준다. 이런 메시아적이고 예언자적인 예수님의 모습과 활동은 루카 복음 전체에 걸쳐 소개된다. 카이사리아 설교는 이를 한 구절로 요약하여 소개한다. "여러분은 알고 있습니다. 나자렛 출신 예수님을 하느님께서 어떻게 성령과 능력으로 도유하셨는지를 말입니다. 그분은 두루 다니며 선을 베풀고 악마에게 짓눌린 모든 사람들을 고치셨습니다"(37ㄱ.38절).

3.3. 예수님의 죽음과 부활(39ㄴ-41절)

① 수난과 부활에 대한 성경 전통(39ㄴ-40절)

앞에서 예수님의 선교활동에 대한 본 설교의 요약이 이사 61,1-2을 바탕으로 이루어졌다고 주장한 바 있다. 공관 복음도 예수님의 죽음과 부활이 "반드시 이루어져야 했던"$\delta \varepsilon \hat{\iota}$ 것이라고 기록하면서 성경을 그 증인으로 끌어들인다. 이것은 전에 언급한 대로 하느님의 의지가 필연적으로 실현되어야 함을 성경으로 증언하는 유다인들의 사고방식을 따른 것이다. 루카 역시 이 전통적 사고방식을 받아들이지만 다른 공관 복음 저자들에 비해 필연성을 뜻하는 이 '데이'(…해야 한다)라는 동사를 더 자주 사용하는 한편, 이 낱말을 예수님의 죽음과 부활뿐 아니라 그의 생애 전체와 교회의 선교활동에도 적용한다. 루카에게는 구세사 전체가 다 하느님의 계획에 따라 전개되고 있다.

예수님의 십자가 처형과 사흘 뒤의 부활에 대한 루카의 보고에는 저마다 신명 21,22과 호세 6,2의 말마디가 암시적으로 인용된다. 물론 예수님의 죽음과 부활 사건을 구약성경의 본문과 연결시킨 과정은 루카 이전의 초대 교회의 전승에 바탕을 둔다. 그러나 칠십인역 성경의 표현을 인용하면서 예수 사건의 구세사적 필연성을 강조하는 것은 루카의 편집에 속한다.

② 인간의 행위와 하느님의 위업의 대비(39ㄴ-40절)

"사람들(유다인들)이 예수님을 나무에 매달아 죽였습니다. 바로 이분을 하느님께서는 사흘 만에 일으키시고 …"라는 대비정식對比定式은 사도행전의 선교 설교들에 자주 등장한다. 이 정식은 하느님의 결정적인 의지가 예수 사건의 중대한 순간에 실현되었음을 강조하기 위해 루카가 즐겨 사용하는 표현이다. 유다인들의 회개를 촉구하는 설교에서는 이 정식이 직접적 고발의 의미를 내포하는 '여러분'(사도 4,10; 5,30) 또는 '이스라엘인 여러분'(사도 2,22.36; 3,12)으로 시작한다. 그러나 코르넬리우스와 그의 가족들의 개종 시에 행해진 카이사리아 설교에서는 이들이 예수님의 죽음에 직접 책임이 없는 이방인들이기 때문에 주어가 제삼자를 가리키는 복수 삼인칭으로 동사에 묻혀 있다. 여기서 우리는 설화의 상황에 맞추어 정식을 유연하게 변화시키는 루카의 탁월한 편집기교를 엿볼 수 있다.

③ 예수 부활의 신체성(41ㄴ절)

설교에 나오는 주님의 발현기사는 루카 복음의 예수님 발현 대목(24,36-43)과 연결된다. 루카는 부활하신 예수님께서 유령이 아니라 몸을 지니고 계셨다는 사실을 강조하기 위하여 부활하신 예수님께서 제자들과 함께 식사를 하셨다고 보고한다(루카 24,30.35). "그분과 함께 먹고 마신다"는 표현은 루카 13,26에도 나오는데 다른 신약성경 저서들에서는 나오지 않는 특이한 표현이다. 루카가 이 표현을 사용하게 된 동기는 아마도 자신의 공동체에 번지기 시작한 영지주의Gnoticism의 위험으로부터 공동체를 보호하기 위해서였을 것이다. 곧 부활하여 사도들에게 나타난 예수님은 나자렛 예수님이 아니라 예수님의 형상을 잠시 빌려 나타난 신령한 존재일 것이라는 잘못된 생각을 바로잡기 위해서였을 수 있다. 나중에 이러한 생각이 더욱 발전하여 예수님의 지상 삶까지도 신적 활동으로만 보는 가현설(假現說, Docetism)이라는 이단을 이룬다.

④ 목격증인들로서의 사도들(39ㄱ.41절)

부활하신 예수님의 신체성에 대한 루카의 신학적 강조는 사도들의 목격증인 역할과 밀접하게 연결된다. 루카에게 '증인'의 개념은 첫째, 사변적 증언과는 거리가 멀다. 그것은 예수님의 인격과 메시지에 관계된 사건들에 구체적으로 참여하는 것을 말한다. 곧 예수님의 세례로부터 승천까지(사도 1,22; 10,37.41), 갈릴래아로부터 예루살렘에 이르기까지 전 팔레스티나를 통하여(루카 23,5; 사도 10,37; 13,31) 일어난 사건에 참여하는 것이다. 둘째, 목격증인이 되는 것은 사도직을 취할 자격이 된다(루카 24,48; 사도 1,22; 10,39; 10,41). 셋째, 증인은 하느님의 뜻에 의해서 선정된다. 열두 제자를 뽑으실 때 예수님께서는 하느님께 기도하셨고(루카 6,12 비교 마르 3,13), 제자들이 마티아를 뽑을 때 제비로 하느님의 뜻을 물었다(사도 1,23-26).

전체적으로 사도들의 목격증인 역할은 미리 정해진 하느님의 계획 안에서 시간과 공간을 통하여 예수님께서 하신 모든 일(37-39ㄱ절)과 예수님께 닥친 모든 일(39ㄴ-41절)에 연관된다.

3.4. 예수님의 최후 부탁과 보편적 구원(42-43절)

① 최후 부탁의 제반 요소들(42-43절; 루카 24,44-49)

공관 복음과 요한 복음은 예수님께서 제자들에게 하신 최후 부탁을 각 복음서의 마지막 부분에 다같이 싣는다. 그런데 마르코 복음의 최후 부탁 기록(16,9-20)은 원래의 것이라기보다 나중에 다른 복음서와 비교하여 구색을 맞추기 위해 삽입한 것으로 보인다. 이 기록을 제외하면 다른 복음서의 기록들은 각 저자들의 문학 특성과 신학 관점을 반영한다고 할 수 있겠다. 여기서 카이사리아 설교에 나타난 예수님의 최후 부탁과 루카 복음에 기록된 예수님의 최후 부탁이 그 신학 주제에서 어떤 연관성을 갖는지 살펴보는 것이다.

예수님의 최후 부탁에 대한 다른 복음서들의 기록과 비교하여 루카 복음의 기록에는 여러 가지 독특한 주제들이 발견된다. 회개의 촉구, 죄의 용서, 제자들의 증언, 성경적 증명, 성령의 은혜가 바로 그것이다. 이 주제들은 사도행전, 특히 선교 설교들에서 다시금 반복된다.

카이사리아 설교에서는 이 다섯 가지 주제들 가운데 세 가지만 등장한다. 곧 제자들의 증언과 성경적 증명, 그리고 죄의 용서다. 루카는 왜 다른 두 가지 주제인 성령의 은혜와 회개의 촉구를 뺐을까? 우선 성령의 은혜에 대해서는 저자가 베드로의 설교나 세례와 관계없이 하느님께서 이방인들을 받아들이신다는 표시로서 성령을 내리신다고 설화 부분에 기록하였기 때문에, 구태여 설교에서 그것을 언급할 필요가 없었을 것이다. "베드로가 이런 일들에 관하여 이야기하고 있을 때, 말씀을 듣는 모든 이에게 성령께서 내리셨다"(사도 10,44; 참조: 11,15).

그다음 회개의 촉구가 누락된 이유는 코르넬리우스가 차지하는 특별한 위치 때문이다. 사도들의 선교 설교를 보면 회개의 내용이 유다인들에게와 이방인들에게 달리 적용된다. 유다인들에게 회개란 그들이 예수님을 잡아 처형한 것에 대해 뉘우치고 이제 하느님의 권능으로 부활하신 그리스도를 믿고 그분의 가르침을 받아들이는 것이다. 그래서 사도행전의 앞부분에 기록된 유다인들에게 행한 선교 설교들에서는 예수님의 죽음에 대한 직접적인 책임을 유다인들의 지도자들과 예루살렘의 주민들에게 묻고 있다.

이와 달리 이방인들은 예수님의 죽음에 대해서 책임이 없기 때문에 이방인들을 대상으로 하는 설교에서는 예수님의 죽음에 대한 책임을 따지는 고발 요소가 생략된다. 대신 그들에게 회개는 우상 숭배로부터 유일신이신 하느님께로 돌아서는 것을 말한다. 그런데 코르넬리우스의 집안은 예수님의 죽음에 대해 책임을 져야 하는 유다인쪽도 아니고 그렇다고 우상 숭배에 빠져 있는 이교도쪽도 아니다. 코르넬리우스와 그의 가족들은 한 분이신 창조주 하느님을 이미 알고 경외하는 이방인들이었기에, 루카는 그와 그의 가족들에게 행한 연설에서 회개의 촉구를 일부 빠뜨린 것이다.

② 하느님이 미리 계획하신 보편적 구원

마태오 복음과 루카 복음 둘 다 예수님의 최후 부탁을 기록하면서 구원의 보편성을 시사한다.

마태 28,19-20: "그러므로 너희는 가서 모든 민족들을 제자로 삼아, 아버지와 아들과 성령의 이름으로 세례를 주고, 내가 너희에게 명령한 모든 것을 가르쳐 지키게 하여라."

루카 24,46-49: "성경에 기록된 대로, 그리스도는 고난을 겪고 사흘 만에 죽은 이들 가운데에서 다시 살아나야 한다. 그리고 예루살렘에서부터 시작하여, 죄의 용서를 위한 회개가 그의 이름으로 모든 민족들에게 선포되어야 한다. … 내 아버지께서 약속하신 분을 내가 너희에게 보내 주겠다."

그런데 루카는 여기서 마태오와는 달리 보편적 구원의 선포를 세례와 연결시키지 않았다. 루카에게 예수님의 부탁을 이루는 핵심 내용은, 죽음과 부활을 겪으신 그리스도의 이름으로 죄사함을 얻기 위한 회개를 선포하는 것이다. 그런데 루카는 모든 민족에게 선포되어야 할 내용인 그리스도의 죽음과 부활, 그리고 죄사함을 얻기 위한 회개가 모두 하느님께서 미리 정하신 계획에 따라 이루어져야 한다고 강조한다. 보편적 구원과 하느님의 정해진 계획 사이의 이 같은 연결이 바로 루카 복음이 전하는 예수님의 최후 부탁이 지닌 특이한 점이다.

3.5. 설교의 축인 구원의 보편주의

하느님의 예정된 계획에 따라 전개되는 보편적 구원이라는 신학 전망은 카이사리아 설교 전체를 받치는 축이다.

· 베드로는 하느님의 공평함이 보편적 구원의 토대임을 선포한다(34-35절).
· 구원이 모든 인류의 주님이신 예수 그리스도를 통하여 먼저 이스라엘에게 선포된 것은 하느님의 예정된 계획에 따른 것이었다(36절).
· 구원의 말씀은 하느님께서 기름 부으신(38ㄱ절) 나자렛 예수님이 일정한 장소와 시간 안에서 선포하셨다(37절).
· 예수님께서 좋은 일을 많이 하시고 악마에게 억눌린 모든 사람들

을 치유하시는 동안 하느님이 그분과 함께 계셨다(38ㄴ절).
· 유다인들이 예수님을 죽였지만 하느님은 그분을 되살리시고 영광스럽게 하셨다(39-40절).
· 부활하신 예수님께서는 하느님이 미리 정하신 제자들에게 나타나셨다(41절).
· 예수님께서는 제자들에게 당신이 하느님에 의해서 산 이들과 죽은 이들의 심판자로 선정되었다는 사실을 증언하라고 명령하셨다(42절).
· 마지막으로 루카는 베드로의 입을 빌려 자신의 복음서의 기록에 맞추어 선언한다. "바로 이 예수님에 대하여 모든 예언자들이 증언하기를, 그분을 믿는 모든 사람들은 그분의 이름을 통하여 죄사함을 얻는다고 증언하였다"(43절).

베드로의 카이사리아 설교는 사도행전의 설교 가운데 가장 잘 짜여진 구조를 갖춘 동시에 신학적으로도 풍부한 주제들을 담고 있어 일찍부터 사도행전 연구가들의 주목을 끌어왔다. 그런데 이 설교의 성격과 본질을 규정하는 일이 그리 쉽지 않다. 전승 요소와 편집 요소가 저자의 탁월한 문학 기법에 의해 매끄럽게 어우러져 있기 때문이다.

언어 분석과 신학적 고찰을 통해 일차적으로 이 설교가 루카 자신의 작품임을 받아들일 수 있었다. 물론 루카가 이 설교를 작성할 때 무(無)에서부터 창조하지 않았다. 루카 자신이 칠십인역을 통해 성경 전통을 수용하고, 루카 복음을 요약 반복하는 과정에서 마르코 복음과 Q에 의존하고 있기 때문에 전승에서 완전히 자유롭다고 말할 수는 없다. 그리고 '예수 그리스도는 산 이들과 죽은 이들의 심판자이시다'(42절)라는 말은 루카가 초대 교회의 신앙고백 전승에서 취한 것이다.

한마디로 카이사리아 설교는 베드로의 역사적 설교가 아니라 루카가 창출한 작품이지만, 루카 자신이 전승 안에 서 있기 때문에 자연히 이 설교에서 전승 요소들을 쉽게 만날 수밖에 없다. 그리고 이 전승 요소들은 치밀한 구도에 따라 예수 그리스도를 통한 구원의 보편주의라는 루카의 신학 전망을 부각시키는 데 동원된다. 이 구원의 보편주의는 실로 루카 복음과 사도행전을 관통하는 핵심 사상이다.

모든 이에게
평화의
복음을

맺음말_

구약성경에서 하느님의 이름이 여러 가지로 소개되는 이유는 그분의 모습과 위업을 어느 한 이름으로 충분히 표현할 수 없기 때문이다. 이것은 신약성경에서 다양한 이름으로 소개되는 예수 그리스도께도 그대로 적용된다. 어느 한 이름으로 그분의 위대하고 신비스런 인격과 삶을 온전하게 포착할 수 없다. 나자렛 예수님의 짧은 공생활을 표현하는 데도 마찬가지다. 네 명의 복음서 저자들이 그분의 공생활을 정성들여 기록했지만 모두 조금씩 다르다. 이것은 근본적으로 그들이 수집한 자료들에 오류가 있었다거나 아니면 그들이 입수한 자료를 고의로 왜곡시켰기 때문이 아니라, 그분의 삶이 하도 풍부하고 심오해서 접근하는 사람(또는 공동체)의 처지와 믿음에 따라 달리 이해할 수밖에 없었기 때문이다.

우리는 예수님에 대한 기록들을 수집하고 편찬하는 과정에서 셋째 복음서 저자 루카가 보여 준 신학적 관심과 전망을 열 가지 주제로 구별하여 고찰하였다. 구세사와 하느님의 계획, 예수님의 길과 교회의 길, 잃어버린 이들에 대한 관심, 부와 가난, 기도, 성령, 정치적 호교론, 로마의 평화와 예수님의 평화, 하느님의 공평성, 구원의 보편주의가 바로 그 주제들이다. 이 신학 주제들은 루카 복음의 후편으로 생각할 수 있는 사도행전에서도 그대로 반영된다.

이 주제들을 특별히 루카의 것으로 선정했다고 해서 그것들이 다른 복음서 저자들로부터 외면당했다거나 그들의 저서에서 누락되었다는 말은 결코 아니다. 다만 루카가 이 주제들에 특별한 관심을 갖고 자신의 두 저서에서 부각시키려고 애썼다는 것이다. 이 주제들 가운데 어떤 것은 다른 복음서 저자의 주요 관심사일 수도 있다. 예를 들면 구원의 보편주의는 그 정도와 양상을 약간 달리하면서 마태오 복음에도 나오는 주제다. 더욱이 이 열 가지 주제들은 예수 그리스도의 역사적 삶과 인격이 굳건한 뿌리를 내리고 있기에, 그분의 공생활을 묘사하는 모든 복음서에 때로는 직접적으로 때로는 암시적으로 나타난다.

필자는 이 신학 주제들이 나자렛 예수님과 그분을 통하여 모든 이에게 평화의 복음을 선포하신 하느님께로 나아가는 표지들이라고 믿어 의심치 않는다. 사거리에 높이 달린 교통 표지판은 목적지 자체는 아니지만 목적지로 향하는 차량의 통행과 행인들의 발걸음을 친절하게 인도해 준다. 루카 복음과 사도행전의 독자들이 우선적으로 이 열 개의 표지판을 이해하고 그것을 언제나 염두에 두면서 독서해 나간다면, 이 두 저서를 통하여 예수 그리스도와 초대 교회의 풍부하고 심오한 삶에 한층 효과적으로 다가갈 수 있으리라.

아울러 루카의 신학 주제들에 대한 연구는 우리가 당면한 현실 문제에 해결의 빛을 던져준다. 우리는 루카가 자신의 공동체에 예수님의 가르침과 초대 교회의 모범을 어떻게 적용시킬 것인가 노심초사하던 가운데 위와 같은 신학 주제들에 관심을 갖게 되었음을 알게 되었다. 그런데 루카 공동체가 당면한 문제들, 이를테면 부와 가난, 소외된 자들에 대한 관심, 기도와 활동, 교회와 정치, 배타적 선민주의와 보편적 구원 등의 문제는 대부분 오늘 우리 교회와 사회 공동체 안에서도 심각하게 제기되고 있는 문제들이다. 따라서 예수님의 가르침과 교회의 모범을 자기 시대의 갖가지 문제들에 연결시키려 했던 루카의 신학·사목적 제반 노력은 우리에게도 원칙적이고 구체적인 해결 방안을 제시해 줄 것으로 기대한다.

루카는 당대에 문학적 소양을 탁월하게 갖춘 지식인들과 어깨를 나란히 했지만, 현실의 온갖 갈등 앞에서 내세적인 가치만을 내세우는 종교적 형식주의나 실현성 없는 추상적 이론만을 제시하는 탁상공론가가 아니었다. 그렇다고 하느님의 섭리와 계획을 무시한 채 인간의 본성적 노력에만 매달리는 현세적 인본주의자도 아니었다. 그는 하느님께서 나자렛 예수님을 통하여 선포하신 평화의 복음과 초대 교회의 사도적 전통을 바탕으로 당대의 종교·정치·경제·사회적 모순들과 맞서서 구체적인 해결 방안을 모색해 나갔다.

루카의 신학 주제들을 관통하는 구원의 보편주의는, 하느님이 역사의 현장에서 인종과 관습을 넘어 고통과 소외로 가난해진 모든 이에게 예수 그리스도를 통하여 평화의 복음, 곧 구원을 주시고자 한다는 그의 구세사적 전망에 기반을 둔다. 이후 루카의 보편주의는 그리스도교 구원관의 기초가 된다. 그러나 루카의 보편주의는 그리스도교보다 더 오랜 전통을 가진 동양의 종교들 안에서도 구원적 표지를 읽어낼 수 있을 정도에는 이르지 못했다. 루카의 구세사적 전망이 당대의 어느 누구의 구원관보다 폭넓었지만, 그에게 알려진 세계와 종교는(유다교와 그리스도교를 제외한) 지중해 연안의 나라들과 그곳의 다신교적 신앙뿐이었기 때문이다.

모든 이에게
평화의
복음을

참고 문헌_
성경 찾아보기_

참고 문헌

1. 루카 복음 주석서

Ernst, J., *Das Evangelium nach Lukas. Übersetzt und erklärt* (Regensburg 1977).

Fitzmyer, J.A., *The Gospel according to Luke I* (New York 1981).

―――, *The Gospel according to Luke II* (New York 1985).

Grundmann, W., *Das Evangelium nach Lukas* (Berlin 1961).

Marshall, I.H., *The Gospel of Luke. A Comentary on the Greek text* (Exeter 1978).

Plummer, A., *A Critical and Exegetical Commentary on the Gospel according to St. Luke* (1996).

Sabourin, L., *L'Evangile de Luc. Intoduction et commentaire* (Roma 1985).

Schneider, G., *Das Evangelium nach Lukas, I – II* (Würzburg 1977).

Schürmann, H., *Das Lukasevangelium I* (Freiburg 1969).

Schweizer, E., *Das Evangelium nach Lukas* (Göttingen 1982).

2. 사도행전 주석서

Alexander, J.A., *Acts of the Apostles. A Commentary* (Edinburgh 1980).

Conzelmann, H., *Die Apostelgeschichte* (Tübingen ²1972).

Delebecque, E., *Les Actes des Apôtres. Texte traduit et annoté* (Paris 1982).

Dupont, J., *Les Actes des Apôtres. Traduction et notes* (Paris 1953).

Haenchen, E., *Die Apostelgeschichte: neu übersetzt und erklärt* (Göttingen ¹⁶1977).

Jacquier, E., *Les Acts des Apôtres* (Paris 1953).

Krodel, G.A., *Acts* (Minneapolis 1986).

Lindijer, C.H., *Handelingen van de Apostelen I* (Nijkerk 1975).

_____, *Handelingen van de Apostelen II* (Nijkerk 1979).

Loisy, A., *Les Actes des Apôtres* (Paris 1920).

Lüdemann, G., *Das frühe Christentum nach den Traditionen der Apostelgeschichte. Ein Kommentar* (Göttingen 1987).

Marshall, I.H., *The Acts of the Apostles. An Introduction and Commentary* (Leicester 1980; Grand Rapids 1984).

Mussner, F., *Apostelgeschichte* (Würzburg 1984).

Pesch, R., *Die Apostelgeschichte, I – II* (Zürich 1986).

Roloff, J., *Die Apostelgeschichte* (Göttingen 1981).

Schille, G., *Die Apostelgeschichte des Lukas* (Berlin 1983).

Schmithals, W., *Die Apostelgeschichte des Lukas* (Zürich 1982).

Schneider, G., *Die Apostelgeschichte I* (Freiburg 1980).

_____, *Die Apostelgeschichte II* (Freiburg 1982).

Weiser, A., *Die Apostelgeschichte I* (Würzburg 1981).

_____, *Die Apostelgeschichte II* (Würzburg 1985).

3. 루카 복음과 사도행전 연구 논문

Argyle, A.W., "The Greek of Luke and Acts", *NTS* 20 (1974), 441–445.

Barrett, C.K., *Luke the Historian in Recent Study* (London 1961).

Beck, B.E., "The Common Authorship in Luke and Acts", *NTS* 23 (1977), 346–352.

Black, M., *An Aramaic Approach to the Gospels and Acts* (Oxford ³1967).

Bock, D.L., "Proclamation from Prophecy and Pattern", *Lucan Old Testament Christology* (Sheffield 1987).

Boismard, M.E., Lamouille, A., *Textes Occidental des Actes des Apôtres I: introduction et textes* (Paris 1984).

_____, *Textes Occidental des Actes des Apôtres II: Apparat Critique* (Paris 1984).

Bovon, F., *L'œuvre de Luc. Etudes d'exégèse et de théologie* (Paris 1987).

Cadbury, H.J., *The Style and Literary Method of Luke I: The Diction of Luke and Acts* (Cambridge 1919).

_____, *The Style and Literary Method of Luke II. The Treatment of Sources in the Gospel* (Cambridge 1920).

_____, *The Making of Luke–Acts* (London 1961).

Cassidy, R.J., *Jesus, Politics and Society. A Study of Luke's Gospel* (New York 1978).

Cassidy, R.J., Scharper, P.J. (eds.), *Political Issues in Luke–Acts* (New York 1983).

Conzelmann, H., *Die Mitte der Zeit. Studien zur Theologie des Lukas* (Tübingen 1953, ⁴1964).

Denaux, A., "Het Lucaanse reisverhaal (Lc 9,51—19,44) (I)", *CBQ* 14 (1968), 214-242.

─────, "Het Lucaanse reisverhaal (Lc 9,51—19,44) (II)", *CBQ* 15 (1969), 464-501.

Dibelius, M., *Aufsätze zur Apostelgeschichte* (her. von H. Greeven; Göttingen 1951).

Dodd, C.H., *The Apostolic Preaching and its Dvelopments. Three Lectures with an Appendix on "Eschatology and History"* (London 1936).

Dupont, J., *Etudes sur les Actes des Apôtres* (Paris 1967).

─────, *Nouvelles études sur Actes des Apôtres* (Paris 1984).

Foakers Jackson, F.J., Lake, K.(eds.), *The Beginnings of Christianity: Part one. The Acts of the Apostles* (London 1920-1933).

   vol. I: Prologomena I (1920).

   vol. II: Prologomena II, Chriticism (1922).

   vol. III: The Text (ed. J.H. Ropes; 1926).

   vol. IV: Translation and Commentary (by K. Lake, H. J. Cadbury; 1933).

   vol. V: Additional Notes (eds. K. Lake, H. J. Cadbury; 1933).

Harnack, A., *Beiträge zur Einleitung in das Neue Testament I: Lukas der Arzt. Der Verfasser des dritten Evangeliums und der Apostelgeschichte* (Leipzig 1906).

Jeremias, J., *Die Sprache des Lukasevaneliums. Redaktion und*

Tradition im Nicht-Markusstoff des dritten Evangeliums (Göttingen 1980).

Keck, L.E., Martyn, J.L. (eds.), *Studies in Luke-Acts* (Fs P. Schubert; Nashville 1966).

Kremer, J.(ed.), *Les Actes des Apôtres. Tradition · rédaction · Théologie* (Gembloux 1979).

Marshall, I.H., *Luke: Historian and Theologian* (Exeter 1970).

Neirynck, F. (ed.), *L'Evangile de Luc. Problèmes litteraires et théologiques* (Gembloux 1973).

Neirynck, F., Van Segbroeck, F., "Le Texte des Actes des Apôtres et les caractéristiques stylistiques lucaniennes", *ETL* 61 (1985), 304-339.

O'Neil, J.C., *The theology of Acts in its Historical Setting* (London 1961).

Plümacher, E., *Lukas als hellenistischer Schriftsteller: Studien zur Apostelgeschichte* (Göttingen 1972).

Rese, M., *Alttestamentliche Motive in der Christologie des Lukas* (Gütersloh 1969).

Robinson, W.C., "The Theological Context for Interpreting Luke's Travel narrative (9,51 ff.)", *JBL* 79 (1960), 20-31.

Sanders, J.T., *The Jews in Luke-Acts* (London 1987).

Schmidt, J., "Les Discours missionnaires des Actes et l'histoire des traditions prépauliniennes", *RSR* 69 (1981), 165-180.

Schmithals, W., "Prédication apostolique. Discours des Actes", *Supplément au Dictionnaire de la Bible 8 cols*, 246-273.

Schneider, G., *Lukas, Theologe der Heilsgeschichte. Aufsätze zum lukanischen Doppelwerk* (Bonn 1985).

Sorof, M., *Die Entstehung der Apostelgeschichte* (Berlin 1890).

Spitta, F., *Die Apostelgeschichte: ihre Quellen und deren geschichtlicher Wert* (Halle 1891).

Stanton, G.N., *Jesus of Nazareth in New Testament Preaching* (London 1974).

Stuhlmacher, P. (ed.), *Das Evangelium und die Evangelien* (Tübingen 1983).

Talbert, C.H. (ed.), *Perspectives on Luke-Acts* (Danville 1978).

Torrey, C.C., *The Composition and Date of Acts* (Cambridge 1916).

Trocme, E., *Le "livre des Actes" et l'histoire* (Pairs 1957).

Wilckens, U., *Die Missionsreden der Apostelgeschiche. Form-und traditionsgeschichtliche untersuchungen* (Neukirchen ³1974).

Wilcox, M., *The Semitisms of Acts* (Oxford 1965).

4. 국내 문헌

가스끄, W.W., 『사도행전 비평사』, 권성수 외 옮김 (바실래 1988).
굿쯔빌러, R., 『루가복음 해석』, 김택준 옮김 (성바오로출판사 ²1983).
김득중, 『누가의 신학』 (컨콜디아사 1991).
니콜라스, A., 『루가복음』, 서울대교구 사목국 옮김 (가톨릭출판사 1986).
마르띠니, C.M., 『루가복음 - 성서묵상 3』, 성염 옮김 (성바오로출판사 1988).
마샬, I.H., 『루가복음 1·2』, 강요섭 옮김 (한국신학연구소 1983-1984).
문세화, 『사도행전 해설서 - 세상 끝까지 나의 증인들』 (성신출판사

1981).

안병철,『새로운 시각으로 살펴본 공관복음 문제』(가톨릭대학 출판부 1989).

예레미아스, J.,『예수의 비유』, 허혁 옮김 (분도출판사 ^{3}1984).

조르즈, O.,『루가복음』, 김건태 옮김 (가톨릭출판사 1989).

카시디, R.J.,『예수·정치·사회』, 한완상 옮김 (대한기독교출판사 1983).

크로델, G.,『사도행전(선포주석)』, 조달진 옮김 (컨콜디아사 1984).

헨드릭스, H.,『성서로 본 평화와 폭력』, 이현주 옮김 (분도출판사 1988).

헨헨, E.,『사도행전 I·II』, 박경미 외 옮김 (한국신학연구소 1987-1989).

헹엘, M.,『성서의 역사 기술과 사도행전』, 전경연 옮김 (한신대학출판부 1990).

성경 찾아보기

창세기
19,21   207, 208

레위기
11   208
12,8   85
17,10   209
21,7–14   62

신명기
10,17   207, 208
21,22   229, 236

사무엘기 상권
14,42   118

열왕기 상권
8,54   126

역대기 하권
6,13   126
19,7   207, 208

에즈라기
9,5   126

시편
95,6   126

이사야서
6,9–10   42
40,3   46, 47
40,4–5   47
40,5   207
49,6   41, 50
52,7   229
53,7   51
58,6   70
61   64, 200
61,1–2   70, 234, 235
61,1   64, 229
61,2   54

예레미야서
3,1–3   62

에제키엘서

16,16-58	62
23	62
36,23	110

호세아서

6,2	229, 236

요엘서

3,1-5	147

아모스서

9,11-12	216

하바쿡서

1,5	41

마태오 복음

1,18.20	131
2	166
2,1-12	85
3,2	35
3,10	46
3,11	131, 132
3,16	104, 132, 134
4,1	132, 135
4,17	185
4,23	185
5,1	104
5,3-12	87
5,3	87
5,9	200
5,18	91, 180
5,21-48	24
5,44	101
5,45	207
6,5-8	101
6,5	126
6,9-13	109
6,14-15	100
6,19-21	176
6,19	89
6,24	90, 176
6,25-34	88
6,25-33	101
6,33	108
7,7-11	101, 108
7,9-11	107
7,11	132, 136
7,24-27	24
8,5-13	158
8,5-10	48
8,7	185
8,8	158

8,20	85	12,1–8	181
8,28	48	12,3–8	181
9,2–3	170	12,9–14	180
9,4–5	181	12,9	185
9,9	67	12,11–12	181
9,11	170	12,14	171
9,12–13	76, 181	12,18.28	138
9,18	126	12,31	137
9,22	198	12,32	131, 132
9,35	93	13,54–58	185
9,37–38	101	14,3–12	166
10,1–4	104	14,23	99
10,1.7–11.14	93	15,1	170
10,3	67	15,17	209
10,12	197	16,1	171
10,13.34	197	16,13–20	105
10,17–18	201	17,1–9	105
10,19–20	137	18,1–5	176
10,20	131, 132, 149	18,12–14	71
10,34	202	18,23–35	112
11,5–6	86	18,25	71
11,5	63, 65	19,3	171
11,12–13	91	19,9	91
11,19	66, 68	19,16–26	92
11,23	132	19,16–22	175
11,25–27	101, 106	19,23–26	175
11,25	136	19,27	92

20,34	106	26,36	99
20,25-27	176	26,39	100, 108
21,12-13	178	26,41	99
21,13	100	26,47-56	168
21,22	100, 102	26,51-54	179
21,23-27	167	26,57-66	168
21,46	168	26,64	179
22,1-10	78	27,11	177
22,15-22	176	27,22	201
22,15	168, 171	27,35	86
22,16	207	27,50-54	202
22,23-33	168	27,54	106
22,37-40	181	27,57-60	86
23	182, 184	27,62	171
23,1-36	77	28,19-20	239
23,4.13.29-32.34-36	182	28,19	131
23,4.13	183		
23,6-7.23.25-26.27-28	182	**마르코 복음**	
23,14	100	1,2-3	46
23,26	89	1,4-5	35
23,29-32.34-36	183	1,4	70
24,14	207	1,8	131, 132
24,20	100	1,9	104
26,1-5.14-16	168	1,10	132, 134
26,6	170	1,12	132, 135
26,28	70	1,14-15	185
26,36-46	105	1,23-28	185

1,35	99	6,17-29	166
1,39	185	6,45—8,26	48
1,40-42	65	6,45	48
2,4	24	6,46	99
2,5-7	170	7,1-23	24
2,7	112	7,1	170
2,8-9	181	7,18-19	209
2,14	67	7,24.31	48
2,16	68, 170	7,31	48
2,17	76, 181	8,27-30	105
2,23-28	181	8,27	48
2,25-28	181	9,2-10	105
3,1-6	180	9,5	24
3,1	185	9,29	100
3,4-5	181	9,30	48
3,13-19	104	9,33-37	176
3,13	237	10,2	171
3,18	24	10,1-12	91
3,26	197	10,17-27	92
3,28-30	137	10,17-22	175
3,29	131, 132	10,23-27	175
5,1	48	10,28	92
5,23	126	10,42-44	176
5,34	197, 198	10,51	24
6,1-6	185	10,52	106
6,5	126	11,9-10	198
6,6ㄴ-13	93	11,9	106

11,10	197	14,36	108
11,15–17	178	14,38	99
11,17	100	14,43–50	168
11,18	167, 185	14,47	179
11,24	100, 102	14,61–64	168
11,25	100, 126	14,61–62	179
11,27–33	167	14,62	179
12,12	168	15,2	177
12,13–17	176	15,14	201
12,13	168, 171	15,22	24
12,14	181, 207	15,24	86
12,18–27	168	15,37–39	202
12,30–31	181	15,39	106
12,35–37	139	15,41	86
12,36	131	15,43–46	86
12,38–40	184	16,9–20	238
12,40	100		
13,9–10	201	**루카 복음**	
13,10	207	1,1–4	25, 31
13,11	131, 132, 137, 149	1,1	25
13,18	100, 102	1,2	26
14,1–2.10–11	168	1,3	26
14,3–9	197, 198	1,4	26
14,3	170	1,5—2,52	31
14,32–42	105	1,5	24, 26, 166
14,32	99	1,8–20	125
14,35	100	1,10	104

1,13	107	3,1—24,51	32
1,15-16	133	3—4	235
1,28-29	118	3,1-2	32, 134
1,29	104	3,1-2ㄱ	33
1,30-35.46-55	127	3,1	26
1,35	133, 143	3,3	70
1,42	133	3,4-6	46
1,52-53	87, 200	3,5-6	47
1,54-55	32	3,6	34, 207
1,67 이하	133	3,11	88
1,68.72.78-79	32	3,13	62
1,70-71	40	3,16	131, 132
1,77	70	3,19-20	166
1,79	197	3,21-22	104, 127, 134
1,80	134	3,22	132
2,1-20	85	3,23-38	235
2,1	194	4,1—9,50	47
2,14.29	197	4,1-2	134
2,14	195, 198	4,1	132
2,21-38	104	4,14	135
2,21-24	85, 185	4,15	185
2,25-28	133	4,16-30	63, 185
2,29-32	32, 198	4,16-19	65
2,32	50	4,16	126
2,40	134	4,18-19	70, 135, 200, 234
2,41-42	185	4,18	63, 86, 87, 229, 230
2,52	134	4,22-24	235

4,25-27	235	6,12	104, 237
4,28-30	235	6,15	24
4,31-41	235	6,17	24, 48
4,33-37	185	6,20-26	87
4,40	126	6,20-23	87
4,42-44	235	6,20	87
4,42	99	6,24-26	88, 90
4,44	24, 185	6,24-25	200
5,11	92	6,24	87
5,16	99	6,27-28	101
5,19	24	6,48-49	24
5,20-24	68	7,1-10	48, 158
5,20-22	170	7,2-9	232
5,21	112	7,4-5	158
5,22-23	181	7,5	185
5,27-32	91	7,6-7	158
5,27	67	7,11-17.36-50	200
5,28	92	7,17	24
5,29	66	7,22-23	65, 86, 200
5,30	68, 170	7,22	63, 87
5,31-32	76, 181	7,26-28	35
6,1-5	181	7,27	46
6,2.7	170	7,34	66, 68
6,3-5	181	7,36-50	73, 91, 198
6,6-11	180	7,36	170
6,6	185	7,39	170
6,9	181	7,40-42	182

7,41-42	74	9,58	49, 86
7,42	71	9,59-60	50
7,43	74	9,62	50
7,47	74, 75	10—12	135
7,48	197	10,1-12	93
7,50	74, 197, 198, 200	10,2.18	50
8,2.43-48	200	10,2	101
8,3	86	10,4	93
8,14	200	10,5	197
8,26	48	10,6	197
8,48	200	10,21-22	101, 106
8,49	198	10,21	132, 136
8,50	197	10,27	131
9,1-6	93	10,28	131
9,18-21	104	10,38	49
9,18	48, 107	11,1	110
9,28-36	105	11,2-4	109
9,30-31	52	11,2.5	50
9,33	24	11,5-8	107
9,43	48	11,9-13	101
9,46-48	176	11,11-13	107, 108
9,47-48	201	11,13	132, 136
9,51—19,27	49	11,21	197
9,51—18,14	50	11,37-54	77
9,51.53	49	11,37-44	182
9,51	49, 135	11,37	170
9,57	49	11,38.53	170

11,39-52	182	13,26	230, 237
11,39-44	182	13,31-33	177
11,41	89, 91	13,31	166, 171
11,45	182	14,1-24	91
11,46-52	182	14,1-6	180, 182
11,46.52	183	14,1	170
11,47-51	183	14,7-11	201
12,1.15.16.22	50	14,12-14	90
12,10-12	136	14,16-24	78
12,10	131, 132, 137	14,25-33	90
12,10ㄴ	137	14,25	49
12,11-12	137	14,32	197, 199
12,12	131, 132, 138, 148	14,33	90, 92
12,13-21	89	15	61, 71
12,15	89	15,1	66, 91
12,22-32	88	15,2	68, 170
12,22-31	101	15,4-7	71
12,30-31	108	15,7	71
12,32	88	15,8-10	71, 182
12,33-34	176, 200	15,10	71
12,33	89	15,11-32	72
12,51	197, 202	15,29 이하	68
13,1.31	201	16	90
13,10-16	181	16,1-13.19-31	91
13,10-13	200	16,1-9	90
13,10	126, 185	16,1	50
13,22	49	16,9	90, 200

16,10–13	90	18,28–30	175
16,10–12	90	18,28	92
16,13	90, 176	18,31	49
16,14–18	91	18,37	49
16,14–15	91	18,41	24
16,15.19–31	200	18,43	106
16,16–17	91	19,1–10	67, 92
16,16	34	19,1	49
16,17	180	19,2	62
16,18	91	19,7	67, 68
16,19–31	90, 91	19,11.28	49
17,1–4	91	19,27	50, 135
17,1.22.37	50	19,28—24,51	50
17,7–10	201	19,28–40	50
17,11	49	19,28	50, 135
17,20	171	19,36–44	51
17,21	77	19,37	106
18,1–8	107	19,38	197, 198
18,1–5	201	19,41–44	50, 199
18,1.31	50	19,42	197
18,9–14	107	19,45–47	51
18,11.13	126	19,45–46	50, 178, 201
18,18–27	92	19,46	50, 200
18,18–23	175	19,47	167
18,22	200	19,47ㄱ	185
18,24–27	175	20,1–8	167
18,24–25	200	20,19	168

20,20-26	176	22,47-53	168
20,20	168	22,47-51	201
20,21-34	179	22,49-51	179
20,21	207	22,52	168
20,25	176	22,66—23,5	168
20,27-40	168	22,67-71	69
20,42	131	22,67-70	177
20,45-47	201	22,67-68	179
20,46-47	184, 201	22,69	179
20,47	100	23,3	177
21,1-4	200	23,4.14-15.22	160
21,12-13	201	23,5	24, 47, 201, 230, 237
21,20-24	19	23,6-12	169, 177
22,1-6	168	23,11	166
22,25-26	176	23,23	201
22,31-32	108	23,33	24
22,35-38	93	23,34	86, 105, 179
22,35	93	23,41	161
22,36-38	93	23,46-47	202
22,36	94	23,46	105
22,38	94	23,47	106, 160
22,39-46	105	23,50-53	86
22,40	99, 112	24	225, 226
22,40.46	107	24,18	34
22,41	126	24,20	102
22,42	100, 108	24,30.35	237
22,46	99	24,36-43	237

24,36.47	199	20,19.21.26	197, 200
24,36	197, 200	20,22	131
24,44-51	127		
24,44-49	238	**사도행전**	
24,44	40, 230	1,1-5	36
24,46-49	239	1,1-2.21-22	26
24,46	230	1,1-2	27
24,47	52, 70, 230	1,1	20, 25
24,48	230, 237	1,4-5	139, 143
24,49	52, 117, 138, 139, 143	1,5	148
24,50-51	36, 52	1,8	54, 143
24,52-53	36, 52, 117, 178, 186	1,9	36
24,52	53	1,11	37
24,53	125	1,12	37, 53
		1,12-14	117
요한 복음		1,13-14	37, 118
1,33	131	1,13	24
2,13-17	178	1,14	53, 126
2,20	32	1,15-26	148
3,16	207	1,16-22	225
4,46-54	48	1,21-22	35, 134
14,13-14	103	1,22	237
14,26	131	1,23-26	237
14,27	200	1,24-25	118
16,33	200	2	148, 226
17	102	2,1-28.31	36
18,10-11	179	2,1-4	37, 126

2,2-4	146	4,7	169
2,2	24	4,8-12	225, 226
2,5-11	146	4,10.18-21	169
2,14-40	225, 226	4,10	51, 160, 236
2,17-20	147	4,23-31	127, 149
2,22.36	236	4,23-30	119
2,23	51, 160	4,27	160
2,33-36	145	4,29-30	119
2,36	180	4,31	119, 148
2,38-39	147	4,32-37	82, 83, 92
2,38	70	4,32	83
2,41	148	4,36-37	92
2,42-47	82, 92	5	226
2,42	83, 119	5,1-11	83
2,44	83, 119	5,9	143
2,45-47	119	5,12-16	120
2,46-47	117	5,20-25.40	186
2,46	186	5,29-32	225, 226
3	226	5,30	51, 160, 236
3,1-10	83, 119, 178	5,31	43, 70
3,1	117, 125, 186	5,34-39	171
3,12-26	225, 226	5,35-39	225
3,12	236	5,42	120
3,13	160	6,1-6	83
3,14	51	6,2-4	120
4,1-22	149	6,3.5	149
4,1	186	6,5-7	120

6,6	126	9,31ㄱ	54
7	54, 169	9,36–41	83
7,2–53	225	9,36–40	121
7,26	197, 199	9,36	89
7,52	160	9,40	126
7,54–56	149	10–11	186
7,59–60	120	10,1—11,18	220
7,60	126	10	159, 208, 217, 226, 232
8,1	54	10,1–48	84
8,4–25	54	10,1–43	55
8,5–13	150	10,2–6.9–17	125
8,14–17	150	10,2.4.31	89
8,16–17	120	10,2	121, 232
8,32	51	10,3.30	125
8,39	143	10,4–6	121
9	150	10,9–16	121
9,1–30	55	10,9–13	208
9,1–19	18, 122	10,14–16	208
9,2	53	10,14	121
9,17–18	149	10,15	122, 231
9,17	150	10,19.44	148
9,18–19	150	10,22	232
9,20	125, 186	10,24–25	159
9,26–30	18	10,28	208, 231
9,26–29	216	10,34–43	199, 209, 225, 226, 227
9,26–28	55	10,34–36	231
9,31	37, 197, 199	10,34–35	211, 240

10,34	228	10,42	241
10,34ㄴ-35	39	10,43	43, 52, 70, 228,
10,35	228, 232		230, 233, 241
10,36	197, 199, 228, 229, 233, 240	10,44-48	151
10,37-39	48	10,44	238
10,37-39ㄱ	231, 234, 238	10,47	41
10,37-38ㄱ	35	10,48	159
10,37.39ㄱ	234	11,1-18	55, 214
10,37.41	237	11,2	91
10,37	24, 26, 228, 230	11,5-17	225
	234, 237, 240	11,15-17	151
10,37ㄱ.38	235	11,15	238
10,38	138, 228, 229, 230, 234	11,17	41
10,38ㄱ	240	11,19	48, 54
10,38ㄴ	241	11,22.25-26	150
10,39-40	241	11,27-30	84
10,39	228, 229, 237	11,28	148
10,39ㄱ.41	237	11,30	216
10,39ㄱ	234	12,2-3	166
10,39ㄴ-41	231, 235, 238	12,5	119
10,39ㄴ-40	235, 236	12,6-19	119
10,40-41	230	12,20	197, 199
10,40	51, 228, 229	12,25	216
10,41-42	230	13-14	55
10,41	228, 230, 237, 241	13	226
10,41ㄴ	237	13,1-3	122, 125
10,42-43	230, 231, 238	13,2-4	150

13,2-3	210	15,20-32	215
13,2.4	148	15,20.29	186
13,3	126	15,22	215
13,5.14.42-43	186	15,23	216
13,5.14 이하	125	15,28-29	56, 214
13,9	123	15,28	148
13,16-41	225, 226	15,33	197
13,27-28	160	15,36-41	123
13,31	237	16	56
13,37	51	16,1-5	137
13,38	70	16,3	18
13,41	41	16,4	216
13,47	41, 50	16,6-7	144, 148
14	226	16,10-17	21
14,1	125, 186	16,13	123
14,15-17	225	16,16-40	162
14,23	123, 125	16,16	123
15	215, 216, 224	16,17	22, 53
15,1-29	186	16,25-34	162
15,1-4	214	16,25	123
15,1-2	55	16,36	197
15,4	18	17	226
15,5	91, 171	17,1-9	162
15,7-11	225	17,1.10.17	186
15,13-21	225	17,1 이하	125
15,16-18	216	17,16-34	147
15,19-20	215	17,16-18	37

17,22-31	225	21,5-6	123
18,3	84	21,5	126
18,4.19	186	21,11	149
18,4	125	21,17-26	187
18,12-17	162	21,18	22
18,25	53	21,27—28,16	56
18,26	53	21,27-36	163
19	163	22—24	169
19,1-6	150	22,1-21	225
19,8	125, 186	22,3-21	18
19,9.23	53	22,4	53
19,11 이하	126	22,17-21	186
19,21-41	162	22,17	125
19,21	148, 163	23,6-9	171
19,25-27	226	23,11	56
19,35-40	226	24,2-8	226
19,37	162	24,2	197, 199
20,5-15	21	24,10-21	225
20,18-35	225	24,14.22	53
20,22-24	149	24,17	84, 89, 94
20,22.28	148	24,24-27	163
20,28	149	25,1-5	169
20,33-35	84	25,6-12	170
20,36-37	123	25,12-21	163
20,36	126	25,24-27	226
21,1-18	21	26	167
21,4	148	26,2-23	225

26,5	171
26,9-18	18
26,18	70
26,26	32
26,31-32	163
27,1—28,16	21
27,13-20	22
27,21-26	225
27,35	124
28	164
28,8	124, 126
28,16	57
28,17-20	164, 225
28,25-28	42
28,30-31	38, 57, 124

로마서

2,11	207
3,23-24	207
8,9	144
8,15	109
14	216
14,14	212
14,15-21	213

코린토 1서

9,1	18
10	216
10,19.25-26	212
10,27-28	214
15,8	13

코린토 2서

10,10	18

갈라티아서

1,15-16	18
1,18-19	216
1,18	18
2	215
2,1-10	216
2,2	215
2,6	207
2,7-8	210
2,11-14	212, 217
3,28	213
4,6	109

에페소서

6,9	207

필리피서

1,19	144
3,12	18

콜로새서

1,14	70
3,25	207
4,14	17

티모테오 1서

4,14	126
5,22	126

티모테오 2서

1,6	126
4,11	17

필레몬서

1,24	17

베드로 1서

1,11	144

이레네우스 『이단 논박』

3.1.1	17